DIETER NEUMEYER

Die Klagebefugnis im Verwaltungsprozeß

Schriften zum Prozessrecht

Band 62

Die Klagebefugnis im Verwaltungsprozeß

Von

Dr. Dieter Neumeyer

DUNCKER & HUMBLOT / BERLIN

Gedruckt 1979 bei Buchdruckerei Bruno Luck, Berlin 65
Printed in Germany
ISBN 3 428 04495 9

Meiner lieben Frau

Vorwort

Der Arbeit liegt meine Dissertation zugrunde, die im Oktober 1975 abgeschlossen war und vom Fachbereich Rechtswissenschaft der Wilhelms-Universität in Münster angenommen wurde.

Inzwischen sind, wenn auch nur sehr vereinzelt, weitere Äußerungen zu den hier behandelten Fragen bekanntgeworden. Ich habe mich bemüht, die seit November 1975 erschienene Literatur und Rechtsprechung zum Themenkreis einzuarbeiten, wobei zum Teil nur noch eine Berücksichtigung in den Fußnoten möglich war.

Für den Hinweis auf das Thema habe ich dem Erstberichterstatter meiner Arbeit, Herrn Professor Dr. Achterberg, zu danken. Dank gebührt auch dem Korreferenten Professor Dr. Menger für die unverzügliche und gründliche Durchsicht der Dissertation. Einen besonderen Dank habe ich schließlich Herrn Professor Dr. J. Broermann für die Aufnahme dieser Schrift in sein Verlagsprogramm abzustatten.

Kassel, im Januar 1979.

Dieter Neumeyer

Inhaltsverzeichnis

Abkürzungsverzeichnis

a.A.	anderer Auffassung
a.a.O.	am angegebenen Ort
AöR	Archiv des öffentlichen Rechts (Band u. Seite)
AcP	Archiv für zivilistische Praxis (Band u. Seite)
Bay VBl	Bayrische Verwaltungsblätter (Erscheinungsjahr u. Seite)
BauO	Bauordnung
BauR	Baurecht (Erscheinungsjahr u. Seite)
BBauBl	Bundesbaublatt (Erscheinungsjahr u. Seite)
BBauG	Bundesbaugesetz
BGB	Bürgerliches Gesetzbuch
BGBl	Bundesgesetzblatt
BGH	Bundesgerichtshof
BGHZ	Entscheidungen des Bundesgerichtshofs in Zivilsachen (Band u. Seite)
BRS	Baurechtssammlung (Band u. Nr.)
BSG	Bundessozialgericht
BSGE	Entscheidungen des Bundessozialgerichts (Band u. Seite)
BVerfG	Bundesverfassungsgericht
BVerfGE	Entscheidungen des Bundesverfassungsgerichts (Band u. Seite)
BVerfGG	Gesetz über das Bundesverfassungsgericht vom 23.9.1952 (BGBl. I S. 625)
BVerwG	Bundesverwaltungsgericht
BVerwGE	Entscheidungen des Bundesverwaltungsgerichts (Band u. Seite)
ders.	derselbe
DÖV	Die öffentliche Verwaltung. Zeitschrift für Verwaltungsrecht und Verwaltungspolitik (Erscheinungsjahr u. Seite)
DVBl.	Deutsches Verwaltungsblatt (Vereinigt mit „Deutsche Verwaltung“) (Erscheinungsjahr u. Seite)
DWW	Deutsche Wohnungswirtschaft (Erscheinungsjahr u. Seite)
Dt.Bt.	Deutsche Bundestagsdrucksache
Erl.	Erläuterungen
EGGVG	Einführungsgesetz zum Gerichtsverfassungsgesetz vom 27.1.1877 (RGBl. 77)
ESVGH	Entscheidungssammlung des Hessischen und des Verwaltungsgerichtshofs Baden-Württemberg (Band u. Seite)
EVwGO	Entwurf einer Verwaltungsgerichtsordnung
FGG	Gesetz über die Angelegenheiten der freiwilligen Gerichtsbarkeit
FGO	Finanzgerichtsordnung vom 6.10.1965 (BGBl. I S. 1477)
FStrG	Bundesfernstraßengesetz i.d.F. vom 6.8.1961 (BGBl. I S. 1742)
Gew.Arch.	Gewerbearchiv (Erscheinungsjahr u. Seite)
Hess.VGH	Hessischer Verwaltungsgerichtshof
JurA	Juristische Analysen (Erscheinungsjahr u. Seite)
JUS	Juristische Schulung (Erscheinungsjahr u. Seite)
JZ	Juristenzeitung (Erscheinungsjahr u. Seite)

LAG	Lastenausgleichsgesetz
MDR	Monatsschrift für Deutsches Recht (Erscheinungsjahr u. Seite)
NJW	Neue Juristische Wochenschrift (Erscheinungsjahr u. Seite)
OVG	Oberverwaltungsgericht
OLG	Oberlandesgericht
OLGZ	Rechtsprechung der Oberlandesgerichte (Band bei neuer Folge, Jahr und Seite)
OVGE	Entscheidungen der Oberverwaltungsgerichte für das Land Nordrhein-Westfalen in Münster und für die Länder Niedersachsen und Schleswig-Holstein in Lüneburg (Band u. Seite bzw. Nr.)
Pr	preußisch
Pr. OVG	Entscheidungen des preußischen Oberverwaltungsgerichts (Band u. Seite)
RG	Reichsgericht
RGBl.	Reichsgesetzblatt
RGZ	Amtliche Sammlung von Entscheidungen des Reichsgerichts in Zivilsachen (Band u. Seite)
RGaO	Reichsgaragenordnung vom 17.2.1939 (RGBl. 219)
Reg.B.	Regierungsblatt
SSG	Sozialgerichtsgesetz vom 3.9.1953 (BGBl. I S. 1239)
StVO	Straßenverkehrsordnung
U. v.	Urteil vom .....
VG	Verwaltungsgericht
VGG	Gesetz über die Verwaltungsgerichtsbarkeit (für Bayern, Bremen, Hessen und Württemberg-Baden)
Verw.Arch.	Verwaltungsarchiv (Band und Seite)
VRspr.	Verwaltungsrechtsprechung in Deutschland (Band u. Seite)
Verk.Bl.	Verkehrsblatt (Erscheinungsjahr und Seite)
VVDStRL	Veröffentlichungen der Vereinigung der Deutschen Staatsrechtslehrer (Band u. Seite)
VwGO	Verwaltungsgerichtsordnung
WpflG	Wehrpflichtgesetz i.d.F. vom 28.9.1969 (BGBl. I S. 1773)
ZBR	Zeitschrift für Beamtenrecht (Erscheinungsjahr u. Seite)
ZPO	Zivilproßeßordnung
ZZP	Zeitschrift für Zivilprozeß (Band und Seite)

Einleitung

Anlaß und Gegenstand der Erörterung

Die Klagebefugnis im Verwaltungsprozeß hat eine Reihe von Streitfragen aufgeworfen, die bis heute nicht abschließend geklärt sind. Sie entzünden sich teilweise an Wortlaut und Tragweite des § 42 Abs. 2 VwGO selbst, teils aber auch an dem Verständnis und der Funktion der Verwaltungsgerichtsbarkeit überhaupt. § 42 Abs. 2 VwGO, nach dem — soweit nichts anderes gesetzlich bestimmt ist — die Klage nur zulässig ist, wenn der Kläger geltend macht, in seinen Rechten verletzt zu sein, umschreibt zwar die Klagebefugnis mit den drei Begriffen *„geltendmachen"*, „in *seinen Rechten*" *„verletzt"* zu sein, läßt aber gleichwohl offen, welchen Inhalt diese Begriffe haben. Eine Legaldefinition dieser Merkmale im einzelnen findet sich auch nicht an anderer Stelle in der VwGO. Die Vorschrift des § 113 Abs. 1 S. 1 VwGO, wonach der Verwaltungsakt aufzuheben ist, wenn er rechtswidrig und der Kläger dadurch in *seinen Rechten verletzt* ist, korrespondiert zwar insofern mit § 42 Abs. 2 VwGO, als sie für die Begründetheit der Klage das Vorliegen einer Rechtsverletzung voraussetzt. Sie sagt aber ebenfalls nichts darüber aus, was der Gesetzgeber unter Rechtsverletzung versteht. Das gleiche gilt für § 113 Abs. 4 VwGO, der bestimmt, daß das Gericht, soweit die Ablehnung oder Unterlassung des Verwaltungsaktes rechtswidrig und der Kläger dadurch in *seinen Rechten verletzt* ist, die Verpflichtung der Verwaltungsbehörde ausspricht, die beantragte Amtshandlung vorzunehmen, wenn die Sache spruchreif ist.

Für § 42 Abs. 2 VwGO ergibt sich zunächst rein äußerlich die Schwierigkeit festzustellen, ob sich das *Geltendmachen* schwerpunktmäßig auf *Rechte* oder auf *Verletzung* der Rechte oder aber insgesamt auf das Begriffspaar in *seinen Rechten verletzt* zu sein erstreckt. Weder der Wortlaut des § 42 Abs. 2 VwGO noch dessen Stellung im Gesetz geben hierauf eine klare Antwort. Abgesehen davon sind Definition und Tragweite der einzelnen Begriffe *geltendmachen, Rechte* und *Verletzung* der Rechte an sich im Rahmen des § 42 Abs. 2 VwGO umstritten. Die weithin fehlende Systematisierung der Klagebefugnis hat in der Rechtspraxis zu einer höchst unbefriedigenden und fast unübersehbaren Kasuistik bezügl. der Anforderungen an das Geltendmachen der Rechtsverletzung geführt. Das wird besonders in den von der Rechtsprechung entschiedenen Fällen deutlich, in denen vom Kläger Verwaltungsakte angegriffen werden, die ihn nicht als Adressaten ausweisen, z.B. bei Nachbarklagen im Baurecht.

Lassen sich trotz der offenen Fragen in der Literatur und Rechtsprechung wenigstens noch Ansätze zur Klärung der Klagebefugnis des § 42 Abs. 2 VwGO, der sich seinem Wortlaut nach nur auf Anfechtungs- und Verpflichtungsklagen erstreckt, finden, so erscheint doch die Frage der Klagebefugnis bei der allg. Leistungsklage im Verwaltungsprozeß, d.h. bei Klagen gegen die Verwaltung, die nicht auf den Erlaß eines Verwaltungsaktes, sondern auf eine schlicht hoheitliche Tätigkeit gerichtet sind, gänzlich ungeklärt. Die Verwaltungsgerichte haben bisher nur vereinzelt zur Klagebefugnis bei allg. Leistungsklagen Stellung genommen. Hinsichtlich der Anforderungen werden — überwiegend ohne nähere Begründung — die Voraussetzungen des § 42 Abs. 2 VwGO herangezogen[1]. Das Bundesverwaltungsgericht begnügt sich in einem Urteil vom 28. 10. 1970 —VI C 48.68 mit der bloßen Behauptung, kein Zweifel bestehe, daß § 42 Abs. 2 VwGO auch bei der allg. Leistungsklage anzuwenden sei. In einer jüngeren Entscheidung wendet es § 42 Abs. 2 VwGO auf allgemeine Leistungsklagen ohne weitere Begründung entsprechend an[2].

Die aufgezeigte Problematik soll im folgenden dargestellt und auf Lösungsmöglichkeiten hin untersucht werden[3].

---

[1] OVG Hamburg, U. v. 23.9.1960, DVBl. 1961, 136/37; U. v. 20.8.1965, DVBl. 1967, 86; Hess. VGH, U. v. 9.2. und 15.3.1968; DVBl. 1969, 502/504; Wolff, Verwaltungsrecht III, 2. Aufl., 1967, § 171 III b 4 (in der 3. Aufl., 1973, behandelt Wolff die Frage der Klagebefugnis nicht mehr, vielmehr weist er im Vorwort zu dieser Auflage darauf hin, daß die Darstellung des verwaltungsgerichtlichen Rechtsschutzes entfallen sei, nachdem C. H. Ules „Verwaltungsprozeßrecht" in diese Kurzlehrbuchreihe aufgenommen worden sei); Tschira-Schmidt-Glaeser, Bay.VBl. 1975, 495 (496); ablehnend W. Hoppe, Organstreitigkeiten vor den Verwaltungs- und Sozialgerichten, 1970, S. 129; Holland DÖV 1965, 410 u.a.

[2] B. v. 1.9.1976, NJW 1977, 118.

[3] Die Untersuchung erstreckt sich nur auf die Klagebefugnis bei den verschiedenen Klagearten, nicht aber auf die Antragsbefugnis im Verwaltungsstreitverfahren, insbesondere nicht auf die Antragsbefugnis im Normenkontrollverfahren gem. § 47 VwGO. Die Behandlung der letzteren würde wegen der gesonderten Problematik den Rahmen dieser Erörterung sprengen.

I. Einordnung und Begriff der Klagebefugnis. Ihre Bedeutung im allgemeinen. Abgrenzung zum allgemeinen Rechtsschutzinteresse

1. In der Verwaltungsgerichtsbarkeit (§ 42 Abs. 2 VwGO)

Für Anfechtungs- und Verpflichtungsklagen enthält § 42 Abs. 2 VwGO eine gesetzliche Regelung der Klagebefugnis. Der Kläger muß hiernach geltendmachen, durch den Verwaltungsakt oder seine Ablehnung oder Unterlassung in seinen Rechten verletzt zu sein. Nur wenn diese Voraussetzungen erfüllt sind, ist die Klage vorbehaltlich einer anderweitigen gesetzlichen Regelung zulässig. Es handelt sich also um eine Sachurteilsvoraussetzung. Sie wird teils als *Rechtsschutzbehauptung* bezeichnet und dem Rechtsschutzbedürfnis zugeordnet[1], teils auch als *Klagerecht* und schließlich als *Klagebefugnis* beschrieben[2]. Das Bundesverwaltungsgericht verwendet den Begriff Klagebefugnis[3], bisweilen spricht es auch davon, daß der Kläger *befugt* sei, Rechte geltend zu machen[4], und teils vermeidet es auch einen solchen Terminus überhaupt[5].

Als besondere, selbständige Sachurteilsvoraussetzung ist die Klagebefugnis vom allg. Rechtsschutzinteresse zu trennen. Dies ergibt sich aus folgenden Erwägungen:

a) § 42 Abs. 2 VwGO dient dem Ausschluß der *Popularklage,* d.h. eine Anfechtungs- und Verpflichtungsklage kann nicht von demjenigen, der nur als Sachwalter eines Dritten oder der Allgemeinheit auftritt bzw. auftreten will, also nicht von dem sog. *quivis ex populo* erhoben werden. Damit soll vermieden werden, daß die Behörde in der Rolle des Beklagten einer Unzahl von Prozessen über die Rechtmäßigkeit ein- und desselben Verwaltungsaktes ausgesetzt wird[6]. Diese negatorische Funktion des § 42 Abs. 2 VwGO entspricht der allg. Auffassung in der Literatur und Recht-

[1] Vgl. Hoffmann, Die Rechtschutzbehauptung im Verwaltungsprozeß, Verw. Arch. Bd. 53 (1962), 297 (302 ff.).

[2] Vgl. Ule, Verwaltungsprozeßrecht, 5. Aufl., § 33, S. 145.

[3] Vgl. BVerwG, U. v. 6.10.1964 in BVerwGE 19, 269 f.

[4] Vgl. BVerwG, U. v. 4.10.1965 in BVerwGE 22, 113/114.

[5] Vgl. BVerwG, U. v. 16.7.1968 in BVerwGE 30, 135 f. und U. v. 25.2.1972 in BVerwGE 39, 345 f.

[6] Grunsky, Grundlagen des Verfahrensrechts, Bielefeld 1970, § 28 II, S. 235; BVerwG, U. v. 6.10.1964.

sprechung[7]. § 42 Abs. 2 VwGO hat somit den Schutz des *Prozeßgegners*, d.h. in der Regel der beklagten Behörde zum Ziel.

Der Gesetzgeber hat mit § 42 Abs. 2 VwGO aber gleichzeitig die Rechtsschutzgarantie des Art. 19 Abs. 4 GG konkretisiert[8], wonach jemandem, der durch die öffentliche Gewalt in seinen Rechten verletzt wird, der Rechtsweg offensteht. § 42 Abs. 2 VwGO erhält hierdurch seine verfassungsmäßige Legitimation als Norm des Individualrechtsschutzes. Diese positive Funktion des § 42 Abs. 2 VwGO soll an dieser Stelle nur angedeutet, aber nicht vertieft werden; ihr wird unter II und III der folgenden Ausführungen noch nähere Beachtung geschenkt.

b) Hingegen kommt dem allg. Rechtsschutzinteresse eine andere Bedeutung als § 42 Abs. 2 VwGO zu. Die Anerkennung eines Rechtsschutzinteresses hat ihren Grund in der Aufgabe der Gerichte, dem Bürger bei der Durchsetzung seines subjektiven Rechts zu helfen. Da der Einzelne grundsätzlich keine Möglichkeit hat, sein Recht im Wege der Selbsthilfe durchzusetzen, ist er auf gerichtliche Hilfe angewiesen, will man ihn nicht praktisch schutzlos stellen.

Dieses Angewiesensein bedeutet aber gleichzeitig die Grenze der Möglichkeiten der Inanspruchnahme gerichtlicher Hilfe[9], d.h. das Rechtsschutzinteresse fehlt, wenn der Bürger gerichtlicher Hilfe nicht bedarf. Dies besagt auch, daß bei Inanspruchnahme der Gerichte der einfachere oder effektivere Weg zu beschreiten ist (z.B. keine Feststellungsklage, wenn die Leistungsklage möglich ist). Das Rechtsschutzinteresse dient also in seiner negatorischen Funktion dem *Schutz* des *Gerichts*[10].

Dieser grundsätzliche funktionelle Unterschied zwischen der Klagebefugnis und dem Rechtsschutzinteresse, nämlich der Schutz des Prozeßgegners einerseits und der Schutz des Gerichts andererseits verbieten es, die Klagebefugnis dem Rechtsschutzinteresse zuzuordnen[11]. Er erfordert auch unterschiedliche Begriffe. Die Bezeichnung Klagebefugnis ist daher als Unterscheidung zum Rechtsschutzinteresse sinnvoll.

---

[7] Lüke, Die Abgrenzung der Klagebefugnis im Verwaltungsprozeß, AöR 84, S. 185 ff.; Eyermann/Fröhler, VwGO, 7. Auflage, § 42 Rdnr. 85; Klinger, Kommentar zur VwGO, Göttingen 1964, § 42, Anm. B 1; Ule, Kommentar zur VwGO, 2. Auflage 1962, § 42 Anmerkung III 1 a, S. 121; Ule, Verwaltungsprozeßrecht, 5. Aufl. 1971, S. 147; Bachof, in Festschrift für Jellinik, 1955, S. 300; Stern, Sachlegitimation, S. 232; BVerwG U. v. 6.10.1964, S. 271; Die Begründung des Regierungsentwurfs zu § 41 EVwGO, vgl. Deutscher Bundestag, Drucksache 3/55.

[8] BVerwG, U. v. 6.10.1964; Hoppe, a.a.O., S. 86.

[9] Grunsky, § 39 I, S. 337.

[10] Grunsky, § 39 I 2, S. 339.

[11] So im Ergebnis auch die h.M., vgl. Klinger, § 42 Anm. B 1 u. 2; Ule, Kommentar zur VwGO, S. 118; Bettermann, Klagebefugnis und Aktivlegitimation im Anfechtungsprozeß, in: Staatsbürger und Staatsgewalt, Bd. II (1963), S. 449 ff.; Stern, Sachlegitimation, Prozeßführungsbefugnis und Beiladung, in: Rechtsschutz im Sozialrecht, 1965, S. 232.

2. In der Sozial- und Finanzgerichtsbarkeit (§§ 54 Abs. 1 S. 2 SGG, 40 Abs. 2 FGO)

Dem Paragraphen 42 Abs. 2 VwGO entsprechende Regelungen enthalten die §§ 54 Abs. 1 S. 2 des Sozialgerichtsgesetzes — SGG — und 40 Abs. 2 der Finanzgerichtsordnung —FGO —.

Während der Wortlaut des § 40 Abs. 2 FGO — von der Ausnahme abgesehen, daß auch die allgemeine Leistungsklage in die Regelung des § 40 Abs. 2 FGO mit einbezogen ist — dem des § 42 Abs. 2 VwGO entspricht, weicht der Wortlaut des § 54 Abs. 1 S. 2 SGG jedoch von dem des § 42 Abs. 2 VwGO insofern ab, als der Kläger *behaupten* muß, durch den Verwaltungsakt oder durch die Ablehnung oder Unterlassung eines Verwaltungsaktes *beschwert* zu sein. Anstelle von „geltendmachen" verwendet § 54 Abs. 1 S. 2 SGG somit den Begriff „behaupten" und anstelle von „in seinen Rechten verletzt zu sein" den Begriff „beschwert zu sein". Diese Unterschiede sind nach allg. Rechtsauffassung aber nur terminologischer, nicht sachlicher Art. Die Vorschriften der §§ 40 Abs. 2 FGO und 54 Abs. 1 S. 2 SGG dienen — ebenso wie § 42 Abs. 2 VwGO — dem Ausschluß der *Popularklage*[1]. § 54 Abs. 1 S. 2 SGG, der bereits geraume Zeit vor Inkrafttreten der VwGO geltendes Recht war, ist in Lehre und Rechtsprechung der Sozialgerichtsbarkeit auch stets als Sachurteilsvoraussetzung angesehen worden[2].

3. In der Verfassungsgerichtsbarkeit (§ 90 BVerfGG)

Für die Verfassungsgerichtsbarkeit findet sich in § 90 des Bundesverfassungsgerichtsgesetzes (BVerfGG) eine Parallele zu § 42 Abs. 2 VwGO. Gem. § 90 BVerfGG ist die Verfassungsbeschwerde u.a. nur zulässig, wenn der Antragsteller behauptet, in einem Grundrecht oder grundrechtsgleichem Recht verletzt zu sein. Hiermit wird für den Bereich der Grundrechte und der grundgesetzlich geschützten subjektiven Rechte dasselbe Ziel verfolgt wie mit Art. 19 Abs. 4 GG. Beide Bestimmungen schützen nur die Verletzung *eigener*, dem *Beschwerdeführer* zustehender Rechte. § 90 BVerfGG schließt hiernach ausdrücklich die in Bayern zugelassene Popularklage[3] aus, durch die Interessen der Allgemeinheit geltend

Das BVerwG hat in seinem Urteil vom 30.10.1963, DVBl. 1964, 191 = JZ 1964, 301 noch offen gelassen, ob § 42 Abs. 2 VwGO eine selbständige Zulässigkeitsvoraussetzung oder nur ein besonders geregelter Fall des Rechtsschutzinteresses ist; in den späteren Entscheidungen prüft das BVerwG aber die Klagebefugnis nicht mehr unter dem Stichwort „Rechtsschutzinteresse", vgl. z.B. U. v. 6.10.1964 und v. 4.10.1965; a.A. Hoffmann, S. 297 ff.

[1] Zu § 54 Abs. 1 S. 2 SGG vgl. BSG, U. v. 28.4.1967, BSGE 26, 237 ff.; Peters/Sautter/Wolff, SGG, 3. Aufl. 1962, § 54 Anm. 2 d, S. 177; zu § 40 Abs. 2 FGO vgl. Ziemer/Birkholz, Kommentar zur FGO, 1966, Bem. IV a, Rdnr. 79.

[2] BSGE 7, 169 (170); 14, 164 (165/66); Peters/Sautter//Wolff, S. 177.

[3] Maunz/Sigloch/Schmidt/Bleibtreu/Klein, Bundesverfassungsgerichtsgesetz, 1972, Rdnr. 38 zu § 90; Leibholz/Rupprecht, Rechtsprechungskommentar zum

gemacht werden, und die das Erfordernis der Selbstbetroffenheit nicht kennt (vgl. Art. 98 Abs. 4 BayVerf i.V.m. § 54 BayVerfGHG). Somit dient auch § 90 BVerfGG — wie § 42 Abs. 2VwGO — dem Ausschluß der Popularklage.

4. In der Zivilgerichtsbarkeit

Das Zivilprozeßrecht einschließlich der Verfahrensvorschriften der freiwilligen Gerichtsbarkeit regelt — mit Ausnahme des § 23 i.V.m. § 24 Abs. 1 des Einführungsgesetzes zum Gerichtsverfassungsgesetz (EGGVG) —[1] dagegen die Klagebefugnis nicht. Dementsprechend ist dieser Begriff dem Zivilprozeßrecht fremd. Rechtslehre und Rechtsprechung haben jedoch den Begriff der *Prozeßführungsbefugnis* geprägt. Die Prozeßrechtslehre versteht unter Prozeßführungsbefugnis das Recht, einen bestimmten Prozeß als Kläger oder Beklagter in eigenem Namen zu führen mit der Wirkung, daß zur Sache entschieden werden muß[2].

Historisch hat die Lehre von der Prozeßführungsbefugnis ihre Wurzel darin, daß sich im Laufe der Zeit der Parteibegriff von einem ursprünglich materiellen zu einem formellen hin entwickelt, genauer: verkürzt hat. Solange dem Prozeßrecht der materielle Parteibegriff zugrunde lag, nach dem Parteien die Subjekte des behaupteten materiellen Rechtsverhältnisses waren[3], bedurfte es des Instituts der Prozeßführungsbefugnis

BVerfGG, 1968, Rdnr. 72 zu § 90, S. 370 ff.; BVerfGE 1, 97 (102); 2, 292 (294); 6, 273 (278); 12, 230 (232); 10, 134 (136); 15, 256 (262 f.); 22, 114 (118 f.).

[1] § 23 EGGVG bestimmt, daß über die Rechtmäßigkeit der Anordnungen, Verfügungen oder sonstigen Maßnahmen, die von den Justizbehörden zur Regelung einzelner Angelegenheiten auf den Gebieten des bürgerlichen Rechts einschließlich des Handelsrechts, des Zivilprozesses, der freiwilligen Gerichtsbarkeit und der Strafrechtspflege getroffen werden, auf Antrag die ordentlichen Gerichte entscheiden .... Nach Absatz 2 dieser Vorschrift kann mit dem Antrag auf gerichtliche Entscheidung auch die Verpflichtung der Justiz- oder Vollzugsbehörde zum Erlaß eines abgelehnten oder unterlassenen Verwaltungsaktes begehrt werden. Die hier angesprochenen Maßnahmen sind öffentlich-rechtlicher Natur; für Streitigkeiten über deren Rechtmäßigkeit ist jedoch Kraft ausdrücklicher Zuweisung nach § 23 Abs. 1 EGGVG der ordentliche Rechtsweg gegeben. Wie die Klage gem. § 42 Abs. 2 VwGO ist der Antrag auf gerichtliche Entscheidung i.S.d. § 23 EGGVG gem. § 24 Abs. 1 EGGVG nur zulässig, wenn der Antragsteller geltendmacht, durch die Maßnahme oder ihre Ablehnung oder Unterlassung in seinen Rechten verletzt zu sein. Auch diese Vorschrift konkretisiert die Rechtsschutzgarantie des Art. 19 Abs. 4 GG und hat den Sinn, Popularklagen auszuschließen (vgl. die Übersicht bei Baumbach/Lauterbach, Komm. zur ZPO, 33. Aufl., Anm. 1, 2 u. 4 zu § 24 EGGVG, S. 2095/96; BVerwG, U. v. 3.12.1974, NJW 1975, 893).

[2] Stein/Jonas/Pohle, Kommentar zur ZPO, 19. Aufl. 1964, Vorbem. II, 1 vor § 50 II; Baumbach/Lauterbach, Grdz. 4 A vor § 50; Blomeyer, Zivilprozeßrecht, Erkenntnisverfahren, 1963, § 41, S. 204 ff. (205) und § 41 IV 1, S. 211; Rosenberg, Zivilprozeßrecht, 9. Aufl. 1961, § 45 I 2, S. 193; Thomas/Putzo, Zivilprozeßordnung mit Nebengesetzen, § 51 Anm. IV (8. Aufl. 1975); Lüke ZZP 76, 6, 15 a.E., 19 Mitte; BGHZ 31, 279 ff.; BGH, NJW 1962, 633 (636); BVerwGE 3, 150 ff.

nicht, weil Rechtsfremde wegen der Verknüpfung der materiell — rechtlichen Berechtigung mit der prozessualen Parteistellung als Parteien ausschieden[4]. Da der Parteibegriff aber heute ein formeller ist, d.h. als Partei derjenige in Betracht kommt, der vom Gericht Rechtsschutz begehrt bzw. gegen den Rechtsschutz begehrt wird[5], kann ein Unbeteiligter in fremden Rechtsangelegenheiten aus eigenen Stücken oder vom Rechtsinhaber vorgeschoben prozessieren, so daß die Möglichkeit der Popularklage besteht. Es mußte daher ein Korrektiv geschaffen werden, das die Einmischung Rechtsfremder verhinderte[6]. Diese Funktion fällt der Prozeßführungsbefugnis zu[7].

Die Prozeßführungsbefugnis dient daher ebenfalls dem Ausschluß der Popularklage, soll mithin — wie § 42 Abs. 2 VwGO — den Prozeßgegner davor schützen, hinsichtlich desselben Gegenstandes mit einer Vielzahl von Prozessen überzogen zu werden[8]. Abgesehen von Ausnahmefällen[9] hat die Prozeßführungsbefugnis im Zivilprozeß nur Bedeutung, wenn der Kläger nicht aus eigenem, sondern aus fremdem Recht klagt, mithin Rechtsinhaberschaft und Prozeßführungsrecht auseinanderfallen[10]. Das erklärt sich daraus, daß eine zivilrechtliche Klage in der Regel nicht einen Verwaltungsakt oder einen anderen Staatsakt — diese könnten theoretisch von jedermann angefochten werden —, sondern die Gestaltung privater Rechte oder Rechtsverhältnisse zum Gegenstand hat. Bei diesen Streitverfahren liegt regelmäßig bereits in der Erhebung der Klage die Behauptung, daß ein eigenes Recht des Klägers geltend gemacht werde, es sei denn, der Kläger läßt erkennen, daß er ein fremdes Recht verfolgt. Diederichsen fordert daher, die Prozeßführungsbefugnis „im Prozeß um eigene Rechte und Pflichten der Parteien als positive Voraussetzung

---

[3] Wach, Handbuch des Deutschen Civilprozeßrechts, Bd. I (1885), § 46 I 1, S. 518/19.

[4] Stern, Sachlegitimation, S. 230.

[5] Henckel, Parteilehre und Streitgegenstand im Zivilprozeß, 1961, S. 17 ff., 126 ff. und 146 ff.; Blomeyer, § 6 I 2, S. 41; Rosenberg, § 39 I 1, S. 162.

[6] Lüke ZZP 76, 10 ff.; auch Diederichsen ZZP 76, 401; Stern, Sachlegitimation, S. 231; so schon Kohler, in: Gesammelte Beiträge zum Civilprozeß, 1894, S. 346 ff., und Hellwig, Lehrbuch des Deutschen Civilprozeßrechts, Bd. I (1903), § 23 III 4, S. 155 ff., und §§ 48—56, S. 316 ff.

[7] Bisweilen wird auch statt von Prozeßführungsbefugnis von „Prozeßlegitimation", wohl in Anlehnung an die legitimatio ad processum des gemeinen Prozeßrechts, gesprochen (vgl. Stein/Jonas/Pohle, Vorbem. II 1 vor § 50 II; Klinger, Komm. zur VwGO, 1960, § 61 Anm. B 2, S. 309; Rohwer/Kahlmann, SGG, 1953, § 53 Anm. 5 b).

[8] Grunsky, § 28 I 2, S. 225; Lüke ZZP 76, 13; Diederichsen, S. 413.

[9] Z.B. in den Fällen der Prozeßstandschaft, insbes. im Falle des § 265 ZPO, bei den vollstreckungsrechtlichen Gestaltungsklagen der §§ 323, 767, 771 ZPO, den Anfechtungsklagen gegen Ausschlußurteile im Aufgebotsverfahren gem. §§ 957, 958 ZPO und der Wiederaufnahme des Verfahrens gem. §§ 579, 580, 581 ZPO.

[10] Ule, Verwaltungsprozeßrecht, 5. Aufl., § 33 I, S. 155.

fallen zu lassen", und sie nur im Prozeß um fremde Rechte, d.h. bei der sog. Prozeßstandschaft zu verlangen, weil ihr „eigentlicher Sinn ... nur in der Einschränkung von Drittpersonen, also in dem Ausschluß von Popularklagen liegt[11]".

Bei der sog. Prozeßstandschaft sind zwei Erscheinungsformen, nämlich die gesetzliche und die gewillkürte Prozeßstandschaft zu unterscheiden, wobei letztere auf der Ermächtigung durch den Rechtsinhaber (§ 185 BGB) bzw. auf Rechtsgeschäft nach materiellem Recht beruht[12]. Hierauf soll aber an dieser Stelle nicht näher eingegangen werden.

Für die Rechtspraxis bedeutsamer ist die gesetzliche Prozeßstandschaft, bei welcher das Gesetz dem Rechtsinhaber entweder die Möglichkeit gänzlich genommen hat, sein Recht selbst im Prozeß durchzusetzen, oder dem Dritten gestattet hat, neben dem Rechtsinhaber als Partei aufzutreten[13]. Die wichtigsten Fälle einer gesetzlichen Prozeßstandschaft — nur sie sollen hier genannt werden — bilden die sog. Parteien kraft Amtes. Hierzu zählen nach der herrschenden Amtstheorie der Konkursverwalter, der Testamentsvollstrecker, der Nachlaßverwalter und der Zwangsverwalter. Sie sind nicht Vertreter des Rechtsträgers, sondern Partei, so daß sie ein fremdes Recht im eigenen Namen geltend machen, mithin gesetzlich zur Prozeßführung — und zwar allein — ermächtigt sind[14].

5. Abgrenzung der Prozeßführungsbefugnis und der Klagebefugnis von der Sachlegitimation (Aktivlegitimation)

a) Die Prozeßführungsbefugnis ist von der Sachlegitimation zu trennen, die sich allein nach materiellem Recht bestimmt und — anders als die Prozeßführungsbefugnis — nicht zur Zulässigkeit, sondern zur Begründetheit der Klage gehört. Die herrschende Prozeßrechtslehre versteht unter Sachlegitimation „die subjektive Seite des streitigen Rechtsverhältnisses, die Rechtszuständigkeit"[1]. Der aus der mittelalterlichen

---

[11] S. 422.

[12] Thomas/Putzo, § 51 Bem. IV 4 (h.M.); RGZ 91, 390 und 166, 218 (238); BGHZ 4, 153 (165); 30, 162 (166); LM Nr. 6 zu § 50; Für das sozialgerichtliche Verfahren auch vom BSG anerkannt, vgl. BSGE 10, 131.

[13] Statt vieler Grunsky, § 28 I 3, S. 226.

[14] Rosenberg/Schwab, Zivilprozeßrecht, 10. Aufl., 1969, § 40 III; Schönke/Kuchinke, Zivilprozeßrecht, 9. Aufl., 1969, § 95 III; RGZ 81, 292 und BGHZ 30, 67 für den Testamentsvollstrecker; BGHZ 32, 114, 118 und OLG Hamm OLGZ 1965, 298 für den Konkursverwalter; BGHZ 38, 281, 283 für den Nachlaßverwalter; z.B. OLG Stuttgart NJW 1968, 1353 für den Zwangsverwalter; a.A. Thomas/Putzo, Anm. IV 3 und III 1d zu § 51, der nicht die herrschende Amtstheorie, sondern die Vertretungstheorie vertritt.

[1] Rosenberg, § 45 I 2, S. 193; Blomeyer, § 41 I, S. 204; Baumbach/Lauterbach, Grdz. 4 A; Thomas/Putzo, § 51 Bem. IV 1 und Vorbem. § 253, IV B 2; Henckel, S. 37 Fn. 1; Lent/Jauernig, Zivilprozeßrecht, 11. Aufl. 1963, § 22 I, S. 52; BGHZ 31, 279 ff.; 36, 187 ff.

legitimatio ad causam entwickelte Begriff wird heute noch verwendet[2], obwohl ihm — worauf verschiedentlich hingewiesen wird —[3] keine prozeßrechtliche Eigenfunktion mehr zukommt, weil er nur besagt, ob gerade *dieser* Kläger — Aktivlegitimation — aus dem *materiellen* Recht berechtigt ist, gegen gerade *diesen* Beklagten — Passivlegitimation — den eingeklagten *Anspruch* mit *Erfolg* durchsetzen zu können. Es handelt sich also bei der Sachlegitimation um Fragen, die allein das materielle Recht entscheidet. In der neueren Prozeßrechtsliteratur wird daher auch die Auffassung vertreten, daß „der Begriff der Sachlegitimation aus der Prozeßrechtslehre hätte verbannt werden können"; denn er stelle „keine strukturelle Verbindung von Zivilrecht und Prozeßrecht her"[4].

b) Der Begriff der Sachlegitimation ist auch der Verwaltungsprozeßrechtslehre bekannt, wird jedoch hier nicht so einheitlich verwendet wie in der Zivilprozeßrechtslehre. Stern erklärt dies damit, daß einerseits eine einheitliche Verfahrensrechtswissenschaft nur rudimentär vorhanden sei, andererseits § 42 Abs. 2 VwGO zumindest die Terminologie von Sachlegitimation, Prozeßführungsbefugnis, Klagebefugnis, wenn nicht sogar den Sachgehalt verunsichert habe[5]. Bachof hat deshalb empfohlen, den Begriff Sachlegitimation „ganz zu meiden oder ihn jedenfalls nicht ohne Erklärung der jeweils gemeinten Bedeutung zu verwenden"[6]. Im übrigen wird die Sachlegitimation aber auch im Verwaltungsprozeß von der h.M. als die subjektive Seite der Anspruchsberechtigung oder -verpflichtung verstanden, die allein nach materiellem Recht bestimmt wird und daher zur Begründetheit der Klage gehört[7]. Hiernach hat die Klagebefugnis des § 42 Abs. 2 VwGO als Sachurteilsvoraussetzung mit der Sachlegitimation nichts zu tun[8].

c) Im sozialgerichtlichen Verfahren wurde der Begriff Sachlegitimation von Anfang an als die subjektive Seite des streitigen Rechtsverhält-

---

[2] Schrifttum wie unter 1 und Rechtsprechung z.B. BGHZ 18, 224 und 31, 280.

[3] Stern, Sachlegitimation, S. 225 mit weiteren Nachweisen.

[4] Diederichsen, S. 407 ff.; Lüke, ZZP 76, 19; Schönke/Schröder/Niese, Zivilprozeßrecht, 8. Aufl. 1956, § 23 VIII 2, S. 122.

[5] Stern, Sachlegitimation, S. 225.

[6] In: Verfassungsrecht, Verwaltungsrecht, Verfahrensrecht, in der Rechtsprechung des Bundesverwaltungsgerichts, 2. Aufl. 1964, S. 219.

[7] BVerwGE 3, 216; 10, 146; BVerwG, NJW 1956, 1291 Nr. 21; Lüke, AöR 84, 196; Bachof, S. 45, 61, 219; Klinger, § 61 Bem. B 2, S. 309; Eyermann/Fröhler, VwGO, 1974, Rdnr. 14 zu § 62; Menger, System des verwaltungsrechtlichen Rechtsschutzes, 1954, S. 121.

[8] A.A. Baring, Die Prozeßvoraussetzungen im Verwaltungsrechtsstreit, AöR 76 (1950), 445 ff., der die Auffassung vertritt, im Verwaltungsprozeß gelte ein eigener Begriff der Aktivlegitimation. Diese fehle dem Kläger, wenn nicht seine eigenen Rechte betroffen seien. Da die Aktivlegitimation im Verwaltungsstreitverfahren Prozeßvoraussetzung sei, müsse die Anfechtungsklage, wenn jene nicht gegeben sei, als unzulässig abgewiesen werden.

nisses, d.h. als die Rechtszuständigkeit und damit als Element der Begründetheit der Klage gewertet[9].

d) Nichts anderes gilt für das finanzgerichtliche Verfahren. Auch hier kennzeichnet die Sachlegitimation die subjektive Seite des streitigen Rechtsverhältnisses, die Rechtszuständigkeit, und ist keine Prozeßvoraussetzung, sondern eine Voraussetzung der Begründetheit der Klage[10].

---

[9] BSGE 6, 282; 10, 133; Stern, Sachlegitimation, S. 226/27.

[10] Ziemer/Birkholz, Rdnr. 80 zu § 40, unter Bezugnahme auf Rosenberg, § 45.

II. Bedeutung der Klagebefugnis im besonderen

1. Meinungsstand bezüglich der Anforderungen an die Klagebefugnis und ihrer Handhabung

So sehr weitgehend Einigkeit darüber besteht, daß mit § 42 Abs. 2 VwGO die Popularklage ausgeschlossen, also dem „quivis ex populo“ die Klagemöglichkeit vorenthalten werden soll, so streitig ist jedoch die Auslegung des § 42 Abs. 2 VwGO im Hinblick auf die an die Klagebefugnis zu stellenden Anforderungen und damit bezüglich ihrer Handhabung. Zu der Frage, welche Voraussetzungen im Einzelfall gegeben sein müssen, um die Zulässigkeit der Klage gem. § 42 Abs. 2 VwGO bejahen zu können, haben sich fünf Rechtsauffassungen herauskristallisiert.

a) Nach h.M. genügt für die Zulässigkeit nicht die bloße Behauptung des Klägers, durch den Verwaltungsakt in seinen Rechten verletzt zu sein; es muß vielmehr hinzukommen, daß eine Verletzung der Rechte des Klägers zumindest *möglich* erscheint (sog. Möglichkeitstheorie)[1]. Das BVerwG bringt die Sachurteilsvoraussetzung des § 42 Abs. 2 VwGO in der zitierten Entscheidung vom 30. 10. 1963 auf die Formel: „Nach dieser Vorschrift ist eine Klage nur unzulässig, wenn offensichtlich und eindeutig nach keiner Betrachtungsweise die vom Kläger behaupteten Rechte bestehen oder ihm zustehen *können*“.

In einer jüngeren Entscheidung spricht das Bundesverwaltungsgericht *ohne* die einschränkenden Attribute „nur“ „offensichtlich“ und „eindeutig nach keiner Betrachtungsweise“ davon, daß die Klage unzulässig sei, wenn der Kläger keine Rechte habe, die durch den Verwaltungsakt verletzt sein könnten[2]. Ob die geltend gemachte Rechtsverletzung tatsächlich vorliegt, gehört nach der h.M. zur Begründetheit der Klage. Anders ausgedrückt bedeutet dies, daß die rechtliche Betroffenheit in *abstracto* im Rahmen der Zulässigkeit und in *concreto* im Rahmen der Begründetheit der Klage zu prüfen ist[3].

---

[1] BVerwG, U. v. 30.10.1963, JZ 1964, 301 = DVBl. 1964, 191; BVerwGE 18, 157; BVerwG, U. v. 28.10.1970 — VI C 48.68 —; Bachof JZ 1962, 663 (665); Eyermann/Fröhler, VwGO, Rdnr. 84 u. 85 zu § 42; Redeker/v. Oertzen, Kommentar zu VwGO, Rdnr. 14 ff., zu § 42 (6. Aufl.); Schwarze, DÖV 1972, 273 (274).

[2] U. v. 25.2.1972, BVerwGE 39, 345 (347).

[3] Insbesondere Köhler, Verwaltungsgerichtsordnung, 1960, Anm. C IV 1 zu § 42 VwGO.

Das Bundessozialgericht hat sich für die Auslegung des § 54 Abs. 1 S. 2 SGG trotz des nicht mit § 42 Abs. 2 VwGO übereinstimmenden Wortlautes die Auffassung des Bundesverwaltungsgerichts zu eigen gemacht, indem es ausführt, es sei daran festzuhalten, daß die Klage jedenfalls dann unzulässig sei, wenn die von den Klägern in Anspruch genommenen Rechte diesen unter keinem erdenklichen Gesichtspunkt zustehen könnten[4].

Die Möglichkeitstheorie wird auch in der Finanzgerichtsbarkeit für die Klagebefugnis gem. § 40 Abs. 2 FGO vertreten[5].

b) Strengere Anforderungen an die Klagebefugnis stellt eine verbreitete Meinung, der zufolge die Rechtsbeeinträchtigung des Klägers *schlüssig* behauptet werden und die Rechtswidrigkeit des Verwaltungsaktes bei der Zulässigkeitsprüfung unterstellt werden muß (Schlüssigkeitstheorie)[6].

Ule modifiziert allerdings diese Auffassung dahin, daß eine Schlüssigkeitsprüfung in vollem Umfang an das Vorbringen des Klägers nicht angelegt werden dürfe, weil die vollumfängliche Schlüssigkeitsprüfung eine Frage der Begründetheit der Klage sei. Für die Zulässigkeit der Klage genüge die *schlüssige* Behauptung des Klägers, daß er — und d.h. gerade er — durch den Verwaltungsakt oder seine Ablehnung oder Unterlassung in seinen Rechten verletzt werde, falls sich der Verwaltungsakt oder seine Ablehnung oder Unterlassung als objektiv rechtswidrig erweise. Stelle sich im Prozeß heraus, daß diese Behauptung unbegründet sei oder daß der Verwaltungsakt oder seine Ablehnung oder Unterlassung den Kläger nicht in seinen Rechten verletze, weil er nicht rechtswidrig, sondern rechtsmäßig sei, so sei die Klage nicht als unzulässig, sondern als unbegründet abzuweisen. Desgleichen sei in der Zulässigkeit der Klage nicht zu erörtern, ob der Verwaltungsakt oder seine Ablehnung oder Unterlassung nach dem Vorbringen des Klägers rechtswidrig sei oder nicht[7]. Dieser Auffassung stimmt Engelhardt mit der Maßgabe zu, die Schlüssigkeitsprüfung für die Klagebefugnis könne sich in der Tat

[4] U. v. 28.4.1967, S. 237 ff.

[5] Ziemer/Birkholz, Bem. 103 zu § 40.

[6] Ule, Verwaltungsprozeßrecht, 6. Aufl., § 33 II, S. 156; Engelhardt JZ 1961, 588; Die ältere Rechtsprechung des Bundesverwaltungsgerichts, vgl. U. v. 5.5.1959 BVerwGE 8, 283 ff., U. v. 28.1.1960 BVerwGE 10, 122 ff. und U. v. 13.1. 1961 BVerwG 11, 331 ff.; erst im U. v. 30.10.1963, schwenkt das BVerwG auf die Möglichkeitstheorie ein. — Der hier verwendete Begriff „Schlüssigkeit“ deckt sich freilich nicht mit demjenigen im Sinne der Zivilprozeßrechtslehre. Dort ist eine Schlüssigkeitsprüfung grundsätzlich im Rahmen der Begründetheit der Klage anzustellen. Eine vor dem Zivilgericht erhobene Klage ist dann schlüssig, wenn die vom Kläger vorgetragenen Tatsachen den Klageantrag rechtfertigen. Werden diese Tatsachen vom Prozeßgegner nicht bestritten, so ist die schlüssige Klage zugleich begründet, vgl. hierzu Thomas/Putzo, Vorbemerkung B 1 vor § 253 ZPO.

[7] Ebd., S. 156, 157.

nur auf die Frage erstrecken, ob der Kläger in seinen Rechten beeinträchtigt, d.h. betroffen sei. Der Ausdruck „Verletzung“ werde hier besser vermieden, weil er streng genommen schon die Rechtswidrigkeit der angegriffenen Maßnahme einschließe; diese sei aber bei der Klagebefugnis noch nicht zu prüfen[8]. Zusammenfassend kommt Engelhardt zu dem Ergebnis, daß die Klagebefugnis in der Regel, d.h. wenn sie nicht ausnahmsweise aus dem Klageantrag festgestellt werden könne, der tatsächlichen Begründung der Klage zu entnehmen sei. Sie sei zu bejahen, wenn sich eine Rechtsbeeinträchtigung aus dem Klägervortrag *schlüssig* ergebe oder wenn das Gericht aufgrund hinreichender Anhaltspunkte annehme, eine nach § 86 VwGO veranlaßte Ergänzung des Klägervortrags werde insoweit zur *Schlüssigkeit* führen[9]. Ähnlich hatte es bereits Lüke vor Inkrafttreten der VwGO für die ihr vorangegangenen Regelungen der Klagebefugnis in den Verwaltungsgerichtsgesetzen der Länder — von ihnen wird später noch zu sprechen sein —, aber bereits unter Würdigung des Wortlautes des § 41 Abs. 2 EVwGO formuliert[10].

Inhaltlich unterscheidet sich also die Schlüssigkeitstheorie von der herrschenden Möglichkeitstheorie dadurch, daß nach der ersteren der Vortrag des Klägers zwar keine Verletzung, aber bereits eine Beeinträchtigung seiner Rechte *ergeben* muß, während eine solche nach der letzteren nur *möglich* zu sein braucht oder anders ausgedrückt: nicht *ausgeschlossen* sein darf, *ohne* daß der *Vortrag* des Klägers insoweit *schlüssig* sein müßte.

c) Demgegenüber wird aber auch die Meinung vertreten, die Klagebefugnis hänge allein von einer *Verbal*behauptung ab, d.h. der Kläger müsse lediglich *behaupten*, durch den Verwaltungsakt in seinen Rechten verletzt zu sein[11]. Bei dieser Betrachtungsweise wäre die Klagebefugnis im Verwaltungsprozeß nicht anders zu behandeln als die Prozeßführungsbefugnis im Zivilprozeß. Eine besondere selbständige Bedeutung käme ihr insoweit nicht mehr zu. Rupp[12] meint, rechtsdogmatisch und dogmengeschichtlich stelle sich der Streit um die Klagebefugnis nur

[8] Ebd., S. 589.

[9] Ebd., S. 593.

[10] AöR 84, S. 185 ff., 212; auf Seite 212 heißt es wörtlich: „Die bloße Behauptung des Betroffenseins genügt nicht, wie andererseits das objektive Vorliegen nicht erforderlich ist, da das Betroffensein als Voraussetzung der Rechtsverletzung wie diese zugleich ein sachliches Element der Klage ist. Vielmehr muß der Kläger das Betroffensein *schlüssig* behaupten. Er muß also darlegen, daß er durch den Verwaltungsakt in einer Rechtsstellung berührt ist, deren Verletzung einen Aufhebungsanspruch auslöst. Mithin ist das wesentliche Problem der Klagebefugnis, welche Rechtsstellungen schutzwürdig sind und die Grundlage für einen Aufhebungsanspruch abgeben.“

[11] Henke, Das subjektive öffentliche Recht, Tübingen 1968, § 20, S. 137; Bachof II Nr. 240 f.; vereinzelt auch das BVerwG, z.B. in DVBl. 1968, 35.

[12] Rupp, Grundfragen der heutigen Verwaltungsrechtslehre, Tübingen 1965, S. 250.

als abgeschwächte Folgeerscheinung des historischen Vorstellungsbildes dar, daß die verwaltungsgerichtliche Anfechtungsklage eine subjektive Beanstandungsklage bedeute, die zur Vermeidung einer Popularklage prozessual nur dann zulässig sei, wenn eigene Interessen betroffen würden. Sei aber dieses noch heute unterschwellig praktizierte Denkschema erst einmal widerlegt, und sei es durch eine Sicht ersetzt worden, die in der verwaltungsgerichtlichen Individualklage — wie im Zivilprozeß — die Geltendmachung materieller subjektiver Rechte sehe, dann sei — konsequent zu Ende gedacht — für eine *besondere* prozessuale Klagebefugnis eigentlich kein Raum mehr. Henke[13] führt hierzu aus, daß bei der Geltendmachung der Rechtsverletzung die materielle Berechtigung, das Bestehen des behaupteten Anspruchs, für die Prüfung der Prozeßführungsbefugnis unterstellt werde. Dies sei im Zivilprozeß so selbstverständlich, daß die ZPO keine dem § 42 Abs. 2 VwGO entsprechende Bestimmung enthalte. Es sei nicht zu fragen, ob ein subjektives öffentliches Recht möglich oder schlüssig vorgebracht sei, sondern allein, ob es substantiiert behauptet, d.h. mit Tatsachen begründet sei, die eine Individualisierung möglich machten, kurz gesagt: erkennen ließen, was der Kläger wolle, und ob der Kläger einen eigenen oder einen fremden Anspruch geltend mache. Ergebe sein Vortrag, daß er einen Anspruch zu haben glaube, dann sei die Klage zulässig, einerlei ob ein solcher Anspruch möglich sei oder nicht. Ähnlich formuliert es Grunsky:[14] Halte man sich vor Augen, daß das Erfordernis der Klagebefugnis nach §§ 42 Abs. 2 VwGO, 40 Abs. 2 FGO und 54 Abs. 1 S. 2 SGG die gleiche Funktion zu erfüllen habe, die im Zivilprozeß der Prozeßführungsbefugnis zukomme, nämlich Popularklagen auszuschließen, so sei nicht einzusehen, inwiefern die Klagebefugnis eine strengere Zulässigkeitssperre darstellen solle als das Erfordernis der Prozeßführungsbefugnis, bei welcher noch niemand auf den Gedanken verfallen sei, es erfordere mehr als die bloße Behauptung, ein eigenes Recht geltend zu machen.

d) Grunsky geht jedoch über die zuletzt geschilderte sog. Behauptungstheorie noch insofern hinaus, als er den Streit um die Klagebefugnis als *Scheinproblem*[15] ansieht und damit dem Erfordernis der Klagebefugnis als Sachurteilsvoraussetzung keinerlei Bedeutung beimißt. Nach seiner Auffassung ist es letztlich gleichgültig, welcher Rechtsmeinung man bei der Auslegung des § 42 Abs. 2 VwGO folgt. Denn er meint, daß es einer Unterscheidung zwischen Zulässigkeit und Begründetheit der Klage nicht bedürfe. Es sei insbesondere die immer wieder vertretene Auffassung unrichtig, der Umfang der materiellen Rechtskraft sei bei einem Prozeßurteil anders als bei einem Sachurteil zu bestimmen.

[13] S. 137 u. 138.

[14] S. 237.

[15] 235, 236 u. 237.

e) Schließlich ist noch — allerdings ganz vereinzelt — die sehr strenge Auffassung anzutreffen, nach der im Rahmen der Klagebefugnis auch zu prüfen ist, ob der Verwaltungsakt nach dem Vorbringen des Klägers *rechtswidrig* ist oder nicht[16].

2. Konsequenzen der h.M. sowie der Schlüssigkeitstheorie für die Rechtspraxis

a) Adressatentheorie: Unterschiedliche Anforderungen an die Klagebefugnis bei Klagen von Adressaten des Verwaltungsaktes und bei Klagen Dritter sowie bei Anfechtungsklagen einerseits und bei Verpflichtungsklagen andererseits

Die Klagebefugnis ist nach h.M. in Lehre und Rechtsprechung unproblematisch bei Klagen der Adressaten des Verwaltungsaktes, d.h. derjenigen, gegen die der Verwaltungsakt ergangen ist (Adressatentheorie), während sie bei Klagen von Nichtadressaten für problematisch gehalten wird. Dementsprechend beschäftigt die Klagebefugnis bei der Verpflichtungsklage, die stets einen Antrag des Anspruchstellers und — abgesehen von den Fällen der sog. Untätigkeitsklage gem. § 75 VwGO — einen an ihn gerichteten ablehnenden Bescheid der Behörde voraussetzt, die Rechtsprechung kaum. Nur wenn der Kläger *offensichtlich* keinen Rechtsanspruch hat, wird ihm die Klagebefugnis versagt[1]. Als Grund für die Ungleichbehandlung von Adressaten- und Drittklagen wird bei der Anfechtungsklage angeführt, bereits jede rechtswidrige Belastung des Bürgers durch staatliche Maßnahmen greife in seinen Rechtskreis ein; die Rechtsverletzung des Adressaten liege daher auf der Hand, sei mit der Rechtswidrigkeit der Maßnahme identisch. Das gelte für den Nichtadressaten, der nur „reflexartig" betroffen werde, nicht[2]. Diese Auffassung ist

---

[16] OVG Lüneburg, U. v. 4.4.1955 NJW 1956, 238 f.; OVG Hamburg, U. v. 13.1. 1956 DVBl. 1956, 658 f.; U. v. 31.5.1957 Verw.Rspr. Bd. 10, S. 10 ff. Diese Auffassung wird allerdings — soweit ersichtlich — in der neueren Literatur und Rechtsprechung nicht mehr vertreten.

[1] BVerwG, U. v. 30.10.1963, a.a.O.; OVG Münster DVBl. 1967, 546/47 und 779/80.

[2] Ule, 5. Aufl., § 33 S. 149; In der 6. Aufl. führt Ule auf S. 159 in diesem Zusammenhang folgendes aus: „Allein schon dadurch, daß der Verwaltungsakt gegen ihn ergangen ist, hat die Verwaltungsbehörde in seine Rechtssphäre eingegriffen. Erhebt der Kläger gegen einen solchen Verwaltungsakt Anfechtungsklage, so braucht er für die Zulässigkeit der Klage nicht mehr ausdrücklich darzulegen, daß er durch den Verwaltungsakt in seinen Rechten verletzt werde. In der Klageschrift würde daher zur Klagebefugnis kein Wort zu sagen sein. Ist der Verwaltungsakt dagegen nicht gegen den Kläger ergangen, so muß er für die Zulässigkeit der von ihm erhobenen Anfechtungsklage darlegen, weshalb er trotzdem durch den Verwaltungsakt in seinen Rechten verletzt sein kann. Dazu wird er nur in der Lage sein, wenn der an einen anderen gerichtete Verwaltungsakt wenigstens *mittelbar* in seine Rechte eingreifen kann"; Menger, System, S. 119; Bettermann, in: Festschrift für Schima, S. 90.

jedoch gerade in jüngster Zeit auf Kritik gestoßen[3]. So führen Rehbinder-Burglacher-Knieper hierzu aus, daß es sich bei der Ungleichbehandlung von Adressaten und Nichtadressaten eines Verwaltungsaktes bezügl. der Klagebefugnis offenbar um eine hinter der Stringenz dogmatischer Schlüsse durchscheinende wertende Entscheidung nach der (faktischen!) Schwere des Eingriffs handele. Sie lasse sich nur aus der traditionellen, vom Staatsverständnis der 2. Hälfte des 19. Jahrhunderts übernommenen Konzeption erklären, die allein von der Eingriffsverwaltung als möglicher Staatsbetätigung ausgehe und übersehe, daß sich die Intensität des Eingriffs in den Lebens- und Rechtskreis mit dem Kriterium Adressat oder Nichtadressat kaum gewichten lasse. Die Fragen, ob z.B. eine Polizeiverfügung belastender sei als eine nur für Konkurrenten bewilligte Subvention, die Nichterteilung der Baugenehmigung den Antragsteller empfindlicher treffe als ihre Erteilung den Nachbarn, seien offenbar allenfalls im Einzelfall zu entscheiden; der generalisierende Ansatz der Rechtsprechung sei notwendig unzutreffend[4].

b) Abgrenzungsschwierigkeiten für die Rechtsprechung

Die geschilderte h.M. hat in der Tat für die Praris zu nicht unerheblichen Abgrenzungsschwierigkeiten bei der Beurteilung der Klagebefugnis im Einzelfall geführt und die Handhabung des § 42 Abs. 2 VwGO in unerfreulicher Weise kompliziert. Nicht zuletzt entwickelte sich daraus eine starke Kasuistik in der Rechtsprechung, die weitgehend eine Systematisierung der Klagebefugnis vermissen läßt.

aa) Dies zeigt sich zum einen bei der Auslegung des Begriffs „Rechtsverletzung" i.S.d. § 42 Abs. 2 VwGO. Die h.M. geht zwar heute davon aus, daß die subjektive Rechtsverletzung nicht der Verletzung subjektiver Rechte gleichzusetzen ist, sondern daß die Geltendmachung der Verletzung *rechtlich geschützter Interessen* ausreicht, um die Klagebefugnis zu bejahen. Dabei bleibt aber im Einzelfall problematisch, unter welchen Voraussetzungen ein Interesse als rechtlich geschützt angesehen werden kann. Die Rechtspraxis grenzt danach ab, ob die in Betracht kommende gesetzliche Bestimmung nur dem Schutz der Allgemeinheit oder — zumindest auch — dem Schutz des jeweiligen Klägers dient (sog. Schutzgesetzlehre)[5]. Im Einzelfall bereitet diese Abgrenzung jedoch große

---

[3] Rehbinder/Burglacher/Knieper, Bürgerklage im Umweltrecht, 1972, S. 35.

[4] Wie 3, S. 39: Nach Auffassung Rehbinder/Burglacher/Kniepers fehlt denn auch jedes sachgemäße oder auch nur faßbare Kriterium für die Ungleichbehandlung von Adressaten und Drittbetroffenen. Sie wollen deshalb stets auf den Einzelfall abstellen und die Klagebefugnis sowohl bei Adressaten als auch bei Drittklagen in gleicher Weise prüfen.

[5] BVerwG, U. v. 28.4.1967, BVerwGE 27, 29, 30 u. 33 = NJW 1967, 1770/1771/1772; BVerwGE 28, 131 (133 ff.); U. v. 6.10.1967, BRS 18, 156 Nr. 87; U. v. 21.10.1968, DVBl. 1969, 263 u. U. v. 16.4.1971, DÖV 1971, 639.

Schwierigkeiten, zumal keine endgültige dogmatische Klarheit darüber herrscht, ob das Allgemeininteresse nach heutigem Staatsverständnis überhaupt stets von dem Individualinteresse des einzelnen Bürgers getrennt oder gar als Gegensatz verstanden werden kann. Denn es wäre durchaus zu erwägen, ob nicht das Allgemeininteresse in einem demokratischen Rechtsstaat nur die *Summe* des Interesses aller oder einer Vielzahl der Bürger darstellt und damit nicht mehr als wesensverschieden vom Individualinteresse anzusehen ist.

bb) Zum anderen ist in der Rechtsprechung keine einheitliche Linie bei der Beurteilung des Tatbestandsmerkmals „geltendmachen" i.S.d. § 42 Abs. 2 VwGO festzustellen. Unter dem Stichwort der *Möglichkeit* der Rechtsverletzung als i.S.d.h.M. für die Klagebefugnis erforderliches, aber auch ausreichendes Kriterium trifft man — insbesondere in der Rechtsprechung des Bundesverwaltungsgerichts — eine bunte Palette von Entscheidungen an, die letztlich von der *vollumfänglichen* und *abschließennde* Behandlung[6] der Frage der Rechtsverletzung im Rahmen des § 42 Abs. 2 VwGO bis hin zur bloßen Feststellung reicht, für § 42 Abs. 2 VwGO genüge die *bloße Behauptung*[7] der Rechtsverletzung.

3. Darlegung der Problematik anhand von Fallgruppen

a) Öffentlich-rechtliche Nachbarklagen

aa) im Baurecht

Geschichtlich reicht die Diskussion um die Zulassung der öffentl.-rechtl. Nachbarklage zurück bis in die Zeit vor dem Aufbau der heutigen Verwaltungsgerichtsbarkeit in der Bundesrepublik nach dem 2. Weltkrieg. Das Preußische OVG[1] hatte sich bereits mit ihr befaßt und eine ablehnende Haltung eingenommen. Die Rechtsprechung des Preußischen OVG, welche — mit Ausnahme des Sächsischen OVG[2] — auch von den Oberverwaltungsgerichten anderer Länder[3] vertreten wurde, schlug seit dem Beginn der 50-iger Jahre in eine Tendenz um, die dem öffentl.-rechtl. Nachbarschutz freundlicher gegenüberstand[4]. So bejahte das OVG Berlin in seinem Urteil vom 29.2.1952[5] erstmalig die öffentl.-rechtl. Nachbarklage und gab damit das Startzeichen für eine zunehmende Beschäfti-

[6] Z.B.BVerwG, U. v. 30.8.1968, BVerwGE 30, 191 (197/198).

[7] Z.B. BVerwG, U. v. 23.8.1974, Akt.Z. IV C 29.73.

[1] OVGE 2, 351 (354 ff.); 14, 378 ff.; 70, 377; 78, 259.

[2] Sächs. OVG, Jahrb. 2, 77.

[3] Z.B. Württ. VGH, zitiert bei Bühler, Die subjektiven öffentlichen Rechte (1914), S. 347 m.F. 122.

[4] Sendler, BauR 1970, S. 4.

[5] OVGE 1, 39.

gung mit ihr sowohl in der Rechtsprechung als auch in der Rechtsliteratur. Andere Oberverwaltungsgerichte schlossen sich der Rechtsprechung des OVG Berlin — wenn auch teilweise erst Anfang der 60er Jahre — an[6]. Nachdem auch das Bundesverwaltungsgericht den Nachbarschutz im Baurecht in seiner grundsätzlichen Entscheidung vom 5.10.1965[7], in der es sich eingehend mit den verneinenden Auffassungen, insbesondere mit der ablehnenden Haltung des früheren Preuß. OVG auseinandersetzte, anerkannt hatte, wird die Zulässigkeit der öffentl.-rechtl. Nachbarklage von der Rechtsprechung nicht mehr ernsthaft in Zweifel gezogen. In der Rechtsliteratur hingegen waren und sind die Auffassungen nach wie vor geteilt[8].

Es kann jedoch nicht bestritten werden, daß die Anerkennung der Nachbarklage im Baurecht ein weiterer Schritt zur Verwirklichung der Rechtsschutzgarantie des Art. 19 Abs. 4 GG bedeutet. Das Bundesverwaltungsgericht[9] weist zu Recht darauf hin, daß sich die Zulässigkeit der öffentl.-rechtl. Nachbarklage augenscheinlich nur unter Verstoß gegen Art. 19 Abs. 4 GG allgemein verneinen lasse, und daß ferner der Schutz des Art. 19 Abs. 4 GG lückenhaft bleibe, wenn er sich nicht auch auf die keinesfalls seltenen Fälle im Baurecht erstrecken würde, in denen die einem Rechtsgenossen gewährte Begünstigung, z.B. in Form der Baugenehmigung, zugleich Rechte eines anderen beeinträchtigen kann. Mit dieser letzteren These hat das Bundesverwaltungsgericht den sog. Drittbetroffenen angesprochen und auch ihm grundsätzlich eine Klagebefugnis eingeräumt, ohne daß sich die von ihm angefochtene Maßnahme der öffentlichen Gewalt an ihn als Adressaten richtet.

Alsdann hat sich das Bundesverwaltungsgericht in einer Reihe von Entscheidungen mit dem Problem der öffentl.-rechtl. Nachbarklage befaßt. Es geht dabei von folgenden Fragen aus:

(1) kann sich der Kläger auf eine nachbarschützende Norm berufen?

(2) Für den Fall, daß dies nicht der Fall ist: gibt ihm die Eigentumsgarantie des Art. 14 Abs. 1 GG im Einzelfall ein Abwehrrecht gegen die dem Nachbarn erteilte Begünstigung?

Eine nachbarschützende Norm ist nach der Rechtsprechung immer dann gegeben, wenn die gesetzliche Bestimmung nicht oder nicht nur dem All-

---

[6] VGH Bad.-Württ., U. v. 20.1.1964, DÖV 1964, 388; Hess. VGH, U. v. 5.6.1964, BBauBl. 1965, 69.

[7] BVerwGE 22, 129 ff. (130, 131); inzidenter bereits in BVerwGE 1, 83 und U. v. 29.8.1961, DVBl. 1962, 225 = NJW 1962, 507.

[8] Bejahend Peters DÖV 1965, 744 (745) und DÖV 1968, 547; Friauf DVBl. 1969, 368; Sendler, S. 4 ff.; Gelzer, Bauplanungsrecht, 2. Aufl. 1972, Rdnr. 650 ff.; Verneinend Redeker NJW 1959, 749; Kemnade, Der Rechtsschutz des Nachbarn im Baurecht, 1965, S. 9 ff.; Sellmann DVBl. 1963, 273 u. NJW 1964, 155.

[9] BVerwGE 22, 131.

gemeininteresse, sondern zumindest auch dem Schutz des jeweiligen Klägers dient[10]. Dieser Grundsatz stellt eine Konkretisierung des Begriffs „Rechte", d.h. des rechtlich geschützten Interesses dar. Hat die betreffende Norm nachbarschützende Wirkung, so ist dem jeweiligen Kläger (Nachbarn) ein subjektiv öffentliches Recht eingeräumt, das er im Wege der Klage verfolgen kann (§§ 42 Abs. 2, 113 Abs. 1 S. 1 VwGO). Für die Auslegung, wann eine Norm nur dem Allgemeininteresse dient und wann sie zumindest auch das Interesse des Einzelnen im Auge hat, d.h. wann ihr nachbarschützender Charakter zukommt, hat die Rechtsprechung keine Rechtsregel entwickelt, vielmehr stets auf den Einzelfall abgestellt und den Schutzzweck der jeweiligen Norm anhand ihres Wortlautes sowie ihres Sinns und Zwecks auch unter Einbeziehung ihrer Bedeutung im Rahmen des jeweiligen Gesetzes ermittelt, dem die einzelne Vorschrift angehört. So hat das Bundesverwaltungsgericht die nachbarschützende Funktion des § 11 Abs. 1 S. 1 RGaO mit der Begründung verneint, es fehle bei § 11 Abs. 1 S. 1 RGaO an einer klaren Abgrenzung des Kreises der Berechtigten[11], und dabei auf die Rechtsprechung des BGH zur Frage des Schutzgesetzes i.S.d. § 823 Abs. 2 BGB verwiesen, wonach ein Gebot oder Verbot nur dann als Schutzgesetz geeignet ist, „wenn das geschützte Interesse, die Art seiner Verletzung und der Kreis der geschützten Personen hinreichend klargestellt und bestimmt ist"[12]. Ein solcher von der jeweiligen Norm her bestimmter und abgrenzbarer Kreis der Berechtigten ist nach Auffassung des Bundesverwaltungsgerichts jedenfalls bei baurechtlichen Vorschriften zu verlangen, um ein subjektives Recht bejahen zu können. Eine klare Entscheidung des Gesetzgebers zugunsten eines hinreichend klar abgrenzbaren Personenkreises hält das Bundesverwaltungsgericht im Baurecht — anders als in anderen Rechtsbereichen — vor allem deshalb für erforderlich, weil der Schutz zugunsten eines oft nicht mehr übersehbaren Kreises von angeblich Berechtigten, der keineswegs auf die Nachbarn im eigentlichen Sinne des Wortes beschränkt sei, den Bauherrn — und jedenfalls wirtschaftlich nicht in erster Linie die Baugenehmigungsbehörde — einem für ihn ebenfalls nicht mehr übersehbaren Risiko aussetze und ihn — mit allen damit verbundenen wirtschaftlichen und sonstigen Folgen — oft über Jahre hinweg im Ungewissen lasse[13]. Gemeint ist mit dem Risiko und dem Ungewissen das Risiko des Bauherrn, eventuell über Jahre hinweg Einsprüchen und Verwaltungsstreitverfahren ausgesetzt zu sein, die ihn letztlich daran hindern könnten, sein Bauvorhaben zu verwirklichen. Diesen Gedanken greift das Bundesverwaltungsgericht in einer späteren Entscheidung[14]

[10] BVerwG, U. v. 28.4.1967, a.a.O.; v. 6.10.1967, S. 156 ff.; v. 21.10.1968, S. 263; U. v. 16.4.1971, a.a.O.; v. 23.8.1974, Akt.Z. IV C 29.73, S. 14 ff.

[11] U. v. 28.4.1967, a.a.O.

[12] BGHZ 40, 306 (307) = NJW 1964, 396.

[13] U. v. 28.4.1967, a.a.aO.

wieder auf, vertieft ihn und kommt dabei im Hinblick auf die Frage des abgrenzbaren Personenkreises der Berechtigten zu einer etwas differenzierteren Sicht. Es folgert aus Art. 19 Abs. 4 GG und dem Verhältnis des Einzelnen zum Staat, daß bei der Auslegung einer Norm nach Nachbarschutzkriterien im Zweifel diejenige Interpretation den Vorzug verdiene, die dem Bürger einen Rechtsanspruch einräume[15]. Folgerichtig läßt es dementsprechend bei Klagen der Mieter von Nachbargrundstücken den Hinweis auf die Unzulässigkeit der Popularklage mit der Begründung nicht zu, daß mit der Anerkennung der Mieter als subjektiv geschützte Nachbarn lediglich der Kreis der Träger subjektiver Rechte erheblich erweitert würde, ohne daß damit eine Popularklage im strengen Sinne des Wortes verbunden wäre[16]. Dennoch billigt es „die hinter dem Hinweis auf die Popularklage stehende Erkenntnis, daß die ganz erhebliche (in denkbaren Fällen nahezu uferlose) Erweiterung der Klageberechtigten bei Einbeziehung der Mieter das Risiko immer mehr zuungunsten des Bauherrn verlagert". Es prägt für diese Fälle den Begriff der „Popularklage im untechnischen Sinne" und kommt zu dem Ergebnis, daß die Verneinung eines subjektiven Rechts des Mieters in diesen Fällen jedenfalls nicht gegen Art. 19 Abs. 4 GG verstoße[17].

In weiteren Entscheidungen hat das Bundesverwaltungsgericht zum Nachbarschutz der bauplanungsrechtlichen Bestimmungen der §§ 30, 31, 33, 34, 35 BBauG Stellung genommen, deren Bedeutung im Nachbarrecht — worauf Sendler[18] mit Recht hinweist — das größte Kopfzerbrechen bereitet. Schrifttum und Rechtsprechung vermitteln bisweilen den Eindruck, daß § 31 BBauG die zentrale Vorschrift für den Nachbarschutz sei, und die Erteilung eines Dispenses oder das Fehlen eines jedenfalls erforderlichen Dispenses ein zusätzliches Erfordernis für die Zulässigkeit einer Nachbarklage sei[19]. Das Bundesverwaltungsgericht hat jedoch später eindeutig erklärt, daß die Befreiungsvorschrift des § 31 Abs. 2 BBauG für die Nachbarklage „nichts hergibt"[20].

Für den Nachbarschutz im Bauplanungsrecht sind zwei Fallgruppen zu unterscheiden, und zwar einerseits Nachbarstreitigkeiten im Planbereich (§§ 30—33 BBauG) und andererseits Nachbarstreitigkeiten im nichtbeplanten Innenbereich sowie im Außenbereich und im Genehmigungsverfahren zum Bodenverkehr.

---

[14] U. v. 14.6.1968, BRS. 20, Nr. 174 = NJW 1968, 2393.

[15] U. v. 14.6.1968, S. 2393; so insbesondere auch Bachof DVBl. 1961, 131 z.IV.

[16] Ebd.

[17] Ebd.

[18] S. 5.

[19] Gelzer, Rdnr. 651 bis 653; OVG Münster, U. v. 12.8.1968, BRS 20, Nr. 166; Wendungen dieser Art auch beim Bundesverwaltungsgericht, z.B. U. v. 25.6. 1965, BRS. 16 Nr. 69 u. BBauBl. 1966, 75.

[20] U. v. 12.1.1968, BRS. 20, Nr. 156 = Bay.VBl. 1969, 432.

Im Planbereich wird heute Nachbarschutz weitgehend eingeräumt, so z.B. bei Festsetzungen der Art der baulichen Nutzung (§§ 2—10 BauNVO)[21]. Ein Nachbar ist somit grundsätzlich befugt, sich mit der öffentl.-rechtl. Nachbarklage gegen die Genehmigung von Bauwerken zu wenden, die in dem jeweiligen Baugebiet nicht zugelassen sind. Streitig ist hier nur, wie weit der Kreis der Einwendungsberechtigten geht, ob er sich insbesondere nur auf die Bewohner desselben Baugebietes — hierbei wieder nur auf einzelne Bewohner oder auf alle — oder auch auf diejenigen unmittelbar angrenzender Baugebiete erstreckt[22]. Beispielsweise ist dabei an die Zulassung größerer störender Gewerbebetriebe im allgemeinen Wohngebiet zu denken; der Kreis der von diesem Betroffenen kann im Einzelfall sehr groß sein. Gelzer[23] will insoweit für die Beantwortung der Frage des Nachbarschutzes stets auf den Einzelfall abstellen.

Der Nachbarschutz im Planbereich hat nach der heute h.M. seine Grundlage in Art. 14 Abs. 1 GG. Sendler[24] führt hierzu aus, daß als Grundlage der Planung öffentliche Interessen im Vordergrund ständen, diese aber in eigentümlicherweise mit den Interessen der vom Plan betroffenen Eigentümer verwoben seien. Die Beschränkung der baulichen Nutzung z.B. im Wohngebiet bringt als Kehrseite den Vorteil der Wohnruhe mit sich. Wird einem Grundstückseigentümer eine andere oder auch weitergehende Nutzung gestattet, so können für die anderen Planunterworfenen die Vorteile verloren gehen, die für sie mit der Beschränkung ihrer Nutzungsmöglichkeiten verbunden sind, ohne daß sie dafür einen Ausgleich durch eine entsprechende Erweiterung ihrer Nutzungsmöglichkeiten erhielten. Sendler[25] spricht in diesem Zusammenhang von einem *Austauschverhältnis* bei den Eigentümern des Planbereichs. Diesen Grundsätzen, die auch Gelzer[26] für richtig hält, hat sich inzwischen das Bundesverwaltungsgericht — wenn auch nicht ausdrücklich, so doch sinngemäß — angeschlossen, indem es unter Hinweis auf frühere Entscheidungen ausführt, daß wegen der beschränkten Ausnutzbarkeit der Grundstücke in einem vom Bebauungsplan besonders ausgewiesenen Gebiet den diesem Gebiet rechtlich Verbundenen von der Norm als *Ausgleich* eine Rechtsstellung gewährt werde, die zur Abwehr erheblicher Verletzungen des Charakters des geschützten Gebietes berechtige[27].

---

[21] Gelzer, Rdnr. 661.

[22] Gelzer, Rdnr. 664; Ernst/Zinkahn/Bielenberg, Kommentar z. BBauG, § 31 Rdnr. 141.

[23] Rdnr. 666.

[24] S. 6 ff.

[25] S. 6, 7.

[26] Rdnr. 659.

[27] U. v. 17.2.1971, BRS 24, Nr. 168 = BauR 1971, 106 = DVBl. 1971, 754 = DÖV 1971, 497.

Im nichtbeplanten Innenbereich hingegen wird der insoweit maßgeblichen Vorschrift des § 34 BBauG von der Rechtsprechung keine nachschützende Funktion beigemessen[28]. Diese Auffassung des Bundesverwaltungsgerichts ist im Hinblick darauf konsequent, daß § 34 BBauG kein Plan, sondern Planersatz ist; es fehlt insbesondere an dem von einem Plan abzuleitenden Austauschverhältnis, welches im Planbereich nachbarliche Rechte begründet[29]. Die Verneinung der nachbarschützenden Funktion des § 34 BBauG entspricht allerdings nicht der h.M. in der Rechtsliteratur[30].

Die h.M. läßt sich von dem Grundsatz leiten, man könne den Nachbarn im Bereich des § 34 BBauG nicht schutzlos lassen. Auch das Bundesverwaltungsgericht räumt dem Nachbarn im Rahmen des § 34 BBauG wegen der Situationsgebundenheit des Grundstücks, die es einerseits einem Eigentümer verwehrt, nach Belieben mit ihm zu verfahren, ihn andererseits berechtigt, es entsprechend der Situation zu nutzen, aufgrund des Art. 14 Abs. 1 GG Nachbarschutz ein. Hiernach kann ein Dritter durch eine gegen § 34 BBauG verstoßende Baugenehmigung in seinem Eigentumsrecht verletzt sein, wenn die Genehmigung bzw. ihre Ausnutzung die vorgegebene Grundstückssituation nachhaltig verändert und dadurch den Nachbarn *schwer* und *unerträglich* trifft[31].

Diese Grundsätze gelten auch für Außenbereichsvorhaben gem. § 35 Abs. 2 BBauG. Nicht privilegierte Grundeigentümer, die im Außenbereich wohnen, können sich gegen Vorhaben in ihrer Nachbarschaft grundsätzlich nicht wehren[32]. Aber auch hier gibt es eine begrenzte Anzahl von Fällen, in denen auch nichtprivilegierte Eigentümer unmittelbar einen Anspruch gem. Art. 14 Abs. 1 GG geltend machen können, wenn die vorgegebene Grundstückssituation nachhaltig verändert würde und sie dauernd schwer und unerträglich getroffen würden[33].

Demgegenüber hat das BVerwG die Klage eines im Außenbereich gem. § 35 Abs. 1 BBauG privilegiert Ansässigen gegen ein privilegiertes oder ein nicht privilegiertes Vorhaben zugelassen[34]. Insoweit wird der Vor-

---

[28] BVerwG, U. v. 13.6.1969, BVerwGE 32, 173 = BRS 22, 181 = DVBl. 1970, 57 = DÖV 1969, 753; U. v. 14.12.1973 Akt.Z. IV C 71.71.

[29] Sendler, S. 76, 77; Gelzer, Rdnr. 812.

[30] Ernst/Zinkahn/Bielenberg, Rdnr. 47 z. § 34 u. Rdnr. 132 z. § 31; Schrödter, BBauG, 2. Aufl. 1969, Rdnr. 10 z. § 31; Peters, a.a.O.; Evers, DVBl. 1970, 12 ff.; Friauf, Der Rechtsschutz des sog. Dritten in der Rechtsprechung, Juristische Analysen 1970, 652 (658).

[31] BVerwG, U. v. 13.6.1969 a.a.O.; U. v. 14.12.1973, Akt.Z. IV C 71.71.

[32] BVerwG, U. v. 6.12.1967, BVerwGE 28, 268 = BRS 18 Nr. 57 = DVBl. 1968, 651 = DÖV 1968, 322.

[33] BVerwG, U. v. 3.3.1972, BauR 1972, Heft 4; OVG Münster, U. v. 12.4.1972, BauR 1972, Heft 4.

[34] U. v. 21.10.1968, DVBl. 1969, 263 = BRS 20 Nr. 158; U. v. 26.4.1971 a.a.O.

schrift des § 35 Abs. 1 BBauG selbst nachbarschützende Wirkung eingeräumt, ohne daß auf Art. 14 Abs. 1 GG zurückgegriffen wird[35]. Dies kommt in der Begründung des BVerwGs in den zitierten Entscheidungen zum Ausdruck, daß sich der bereits im Außenbereich privilegiert Ansässige „auf diejenigen öffentlichen Belange, weil ihn schützend, berufen kann, deren Nichtbeachtung in Verbindung mit der daraus folgenden Zulassung eines neuen Vorhabens die weitere Ausnutzung seiner Privilegierung, insbesondere seines privilegierten Baubestandes (faktisch) in Frage stellen oder gewichtig beeinträchtigen würde“[36].

Durch die genannten Entscheidungen zum Nachbarschutz zieht sich gleichsam als roter Faden der Grundgedanke, daß für die Anerkennung des Nachbarschutzes ein von der Norm her bestimmter und abgegrenzter Kreis der Berechtigten vorhanden sein muß[37]. Ist ein solcher anhand der Norm nicht feststellbar, wird die nachbarschützende Funktion der Norm und damit auch ein subjektives öffentliches Recht des Klägers verneint. Sendler weist darauf hin, daß es sowohl bei § 35 Abs. 2 BBauG als auch bei § 34 BBauG — wie im Fall des § 11 Abs. 1 S. 1 RGaO — hieran fehle, weil eine rechtliche Verbundenheit der Grundstückseigentümer durch einen konkreten Fall des örtlichen Planungsgesetzgebers nicht gegeben und deshalb der Kreis der Klageberechtigten nicht klar abgrenzbar sei[38].

Ähnliche Schwierigkeiten wie der Nachbarschutz im Bauplanungsrecht bereiten die Fälle, in denen über öffentl.-rechtl. Nachbarklagen im Bauordnungsrecht zu entscheiden ist. Auch hier fehlt es weitgehend an klaren Abgrenzungskriterien dafür, wann eine Norm des Bauordnungsrechts nachbarschützende Funktion hat und wann nicht. Hinzu kommt, daß es sich um Landesrecht handelt, für welches die jeweiligen Oberverwaltungsgerichte der Länder letzte Instanz sind. Die Einheitlichkeit der Rechtsprechung kann daher insoweit vom Bundesverwaltungsgericht nicht gewährleistet werden. So werden z.B. den Bauwichbestimmungen der Länder im Hinblick auf ihren Nachbarschutz teilweise verschiedene Auslegungen gegeben. Das OVG Münster[39] hat § 7 Abs. 4 BauONW als nachbarschützend angesehen, während der Hess. VGH[40] der entsprechenden Vorschrift in der Hess.Bauordnung vom 6. Juli 1957 (GVBl. I S. 101) keine nachbarschützende Funktion beigemessen hat. Erst für die Bauwichbestimmung des § 7 der Hess.Bauordnung v. 31. August 1976 (GVBl. I S. 339) bejaht auch der Hess. VGH die nachbarschützende Funktion[41].

---

[35] Sendler, S. 80.
[36] U. v. 21.10.1968, S. 264; U. v. 16.4.1971 a.a.O.
[37] So ausdrücklich BVerwG, U. v. 13.6.1969 a.aO.; auch schon U. v. 28.4.1967 a.a.O.
[38] S. 76, 77.
[39] BRS 18, 156.
[40] U. v. 12.11.1965, Hess. VGRspr. 1966, S. 81.
[41] U. v. 1.6.1978, Akt.Z. IV Tg 39/78, Hess. VGRspr. 1978, S. 67.

Das BVerwG hat für den Nachbarschutz, um Härten zu vermeiden, auch bei Verstoß einer Baugenehmigung gegen nichtnachbarschützende Vorschriften des Bauordnungsrechts Art. 14 Abs. 1 GG nach Maßgabe der bereits zu §§ 34, 35 BBauG erörterten Grundsätze des Urteils vom 13.6.1969 herangezogen[42]. In der Entscheidung vom 14.12.1973 hat es dann definiert, wann ein „unerträglicher" Eingriff in das Eigentum vorliegt und zwar negativ: „Unerträglich i.S.d. auf dem Urteil vom 13.6.1969 beruhenden Rechtsprechung ist ein Nachteil dann nicht, wenn sich die Beeinträchtigung oder doch ihre Schwere aus Besonderheiten (auch) des betroffenen (Nachbar-) Grundstücks ergibt und es dem Eigentümer (Nachbarn) zumutbar ist, auf seinem eigenen Grundstück für Abhilfe zu sorgen."

Wie die zitierten Entscheidungen zum Nachbarschutz im Baurecht deutlich machen, besteht nicht nur eine große Rechtsunsicherheit in der Beantwortung der Frage, ob und inwieweit einer Norm nachbarschützende Wirkung zukommt, sondern eine zumindest ebenso große Rechtsunsicherheit in der *prozessualen* Behandlung der baurechtlichen Nachbarklage. In der wohl überwiegenden Zahl der Entscheidungen werden die für den Nachbarschutz entwickelten Voraussetzungen im Rahmen der Klagebefugnis erörtert und abschließend behandelt. Die Verwaltungsgerichte haben dies allerdings nicht immer ausdrücklich hervorgehoben. In einer Reihe von Urteilen wird überwiegend nicht zwischen Zulässigkeit und Begründetheit der Klage unterschieden. Es wird vielmehr die Frage nach dem subjektiven öffentlichen Recht des Klägers unabhängig von ihrer prozeßrechtlichen Einordnung gestellt und beantwortet[43].

In zahlreichen Entscheidungen ist aber ausdrücklich von der Zulässigkeit der Klage die Rede, wenn die nachbarschützende Funktion einer Norm geprüft wird[44]. In anderen Entscheidungen wiederum wird von dem Kreis der zur Klage *Berechtigten* bzw. von der Abgrenzung zur *Popularklage* gesprochen[45]. Die jüngere Rechtsprechung hingegen neigt vereinzelt sogar *expressis verbis* dazu, die Frage, ob der Kläger sich auf eine nach-

[42] U. v. 14.12.1973, Akt.Z. IV C 71.71.

[43] BVerwG, U. v. 28.4.1967 a.a.O.; U. v. 13.6.1969 a.a.O.; U. v. 14.12.1973, Akt.Z. IV C 71.71; OVG Rheinl.-Pfalz, U. v. 30.5.1968, BRS 20, 249 Nr. 164.

[44] Z.B. BVerwG, U. v. 6.10.1967, BRS 18, 156 Nr. 87, in welcher die Zulässigkeit der Klage mit der Begründung bejaht wird, daß zwar § 13 Abs. 4 RGaO keine nachbarschützende Funktion habe, jedoch nach der Auslegung des OVG Münster § 7 Abs. 4 BauO NW den Nachbarn schütze; U. v. 16.4.1961 a.a.O., in welcher ausdrücklich die *Klagebefugnis* als gegeben angesehen wird, weil sich der im Außenbereich privilegiert Ansässige (§ 35 Abs. 1 BBauG) auf die Privilegierung berufen kann, wenn diese durch ein hinzukommendes Vorhaben beeinträchtigt wird; Hess.VGH, U. v. 3.5.1974, Akt.Z. IV OE 80/72; Hier wird ausgeführt, daß Nachbarn nur Klage erheben könnten, soweit sie in eigenen Rechten verletzt würden, wozu ein nachbarliches Abwehrrecht Voraussetzung sei. Es wird in diesem Zusammenhang § 42 Abs. 2 VwGO zitiert.

[45] BVerwG, U. v. 28.4.1967 a.a.O.; U. v. 14.6.1968, BRS, 20 Nr. 174 = NJW 1968, 2393.

barschützende Norm stützen kann, nur in der Begründetheit der Klage zu behandeln[46].

bb) Außerhalb des Baurechts

Bei öffentl.-rechtl. Nachbarklagen außerhalb des Baurechts, in welchen das BVerwG ebenfalls Normen auf ihre nachbarschützende Funktion überprüft hat, wurde das Problem des Nachbarschutzes ausdrücklich in die Begründetheit der Klage verlagert. So hat das Bundesverwaltungsgericht bereits im Jahre 1961 für die Zulässigkeit einer Nachbarklage gegen die Sperrstundenregelung im Gaststättenrecht die Behauptung des Klägers, er werde als Bewohner eines der Gaststätte benachbarten Grundstücks durch die rechtswidrig getroffene Regelung in seiner Nachtruhe erheblich gestört, für die Klagebefugnis ausreichen lassen und die Frage der nachbarschützenden Wirkung der Norm in der Begründetheit der Klage erörtert[47]. Auch in der Entscheidung zur nachbarschützenden Wirkung des — inzwischen aufgehobenen — § 16 der Gewerbeordnung hat das Bundesverwaltungsgericht die Nachbarklage für zulässig erachtet und ausdrücklich hervorgehoben, daß den Erfordernissen des § 42 Abs. 2 VwGO entgegen der Auffassung des Berufungsgerichts damit Genüge getan sei, daß die Klägerinnen „behaupteten", sie würden durch die dem Nachbarn erteilte rechtswidrige gewerberechtliche Genehmigung in ihrer geschützten Rechtsphäre verletzt. Erst in der Begründetheit der Klage behandelt das BVerwG die Frage, ob und inwieweit § 16 der Gewerbeordnung auch dem Schutz bestimmter rechtlich geschützter Individualinteressen dient[48].

b) Klagen gegen einen Planfeststellungsbeschluß

Das Problem der Klagebefugnis hat die Rechtsprechung auch bei Anfechtungsklagen gegen einen Planfeststellungsbeschluß nach den §§ 17, 18 des Bundesfernstraßengesetzes — FStrG —sowie nach den Straßengesetzen der Länder beschäftigt.

---

[46] BVerwG, U. v. 23.8.1974 — IV C 29.73 —, in welchem es wörtlich heißt: „... Selbst die Zulässigkeit der Klage setzt gem. § 42 Abs. 2 VwGO nur die *Behauptung* der Rechtsverletzung voraus und nicht — wie § 113 Abs. 1 S. 1 VwGO — das Vorliegen einer Rechtsverletzung. .... Ob dem Nachbarn derartige Rechte zustehen, hängt davon ab, ob die Vorschrift, gegen welche die Baugenehmigung verstößt (zumindest auch) dem Schutz des Nachbarn dient. § 113 Abs. 1 S. 1 VwGO wirkt sich bei der Nachbarklage also dahin aus, daß eine rechtswidrige Baugenehmigung auf diese Klage hin vom Gericht nur aufgehoben werden darf, wenn sie den Kläger in irgendwelchen subjektiven Rechten verletzt ..."; Hess. VGH, U. v. 3.5.1974, AktZ. IV OE 76/73: Hier wird — im Widerspruch zur zitierten Entscheidung Akt.Z. IV OE 80/72 vom gleichen Tage — die Frage des subjektiven öffentlichen Rechts des Nachbarn als Problem der *Begründetheit* der Klage behandelt.

[47] U. v. 13.1.1961, NJW 1961, 1129/30.

[48] U. v. 24.10.1967, BVerwGE 28, 131 (132, 134).

aa) Das erklärt sich daraus, daß dem Erlaß des Planfeststellungsbeschlusses ein Anhörungsverfahren vorgeschaltet ist, in welchem — so z.B. gemäß § 18 Abs. 4 FStrG — jedermann, dessen *Belange* durch den Plan berührt werden, Gelegenheit zur Äußerung gegeben wird. Insoweit stellt sich die Frage, ob alle diejenigen, die wegen Tangierung ihrer „Belange" Einwendungen erheben können, auch stets im Sinne des § 42 Abs. 2 VwGO geltend machen, in ihren Rechten verletzt zu sein. Das Bundesverwaltungsgericht und — ihm folgend — einige Oberverwaltungsgerichte haben diese Frage mit der Begründung verneint, daß der Kreis derjenigen Personen, die im Anhörungsverfahren Einwendungen erheben könnten, bewußt weit gezogen sei, um der Planungsbehörde eine umfassende Unterrichtung über die Zweckmäßigkeit der Planung zu ermöglichen, und nicht identisch sei mit dem Kreis der *klagebefugten* Personen, die durch den Planfeststellungsbeschluß in ihren Rechten beeinträchtigt sein könnten[1]. Das OVG Münster führt in diesem Zusammenhang in Übereinstimmung mit dem Bundesverwaltungsgericht aus, daß die Anhörung der Beteiligten der Erforschung „der allgemeinen Anschauung" und damit der Planfeststellungsbehörde als Entscheidungshilfe diene. Daß „Belange" eines Beteiligten berührt würden, genüge dagegen für die Zulässigkeit der Klage allein nicht. Denn Belange könnten außer rechtlichen auch wirtschaftliche, verwaltungsmäßige oder sonstige Interessen sein. Der Begriff der Belange gehe also weiter als der Begriff des Rechts im Sinne des § 42 Abs. 2 VwGO[2]. Häberle, der im Zusammenhang mit der Anerkennung einer Klagebefugnis für den Verwaltungsprozeß von der „Verrechtlichung eines prozessualen Gemeinwohltatbestandes" spricht, folgert aus der Rechtsprechung zum Planfeststellungsverfahren, daß aus der Existenz eines prozessualen Gemeinwohltatbestandes noch nicht ohne weiteres geschlossen werden dürfe, daß sich die Gerichte einschalten könnten, also ein verwaltungsgerichtsprozessualer Gemeinwohltatbestand vorliege[3]. Wenn das Bundesverwaltungsgericht in der zitierten Entscheidung vom 29. Mai 1967 nach den Erörterungen über die Abgrenzung zwischen dem Anhörungsverfahren nach § 18 FStrG und der Klagebefugnis alsdann im konkreten Fall die Klagebefugnis mit der Begründung verneint, daß nur mittelbare Auswirkungen der Planfeststellung (hier: gewisse Zufahrtserschwernisse als Folge der Aufhebung einer Kreuzung) Nachteile seien, die von den Eigentümern anliegender oder benachbarter Grundstücke als ein sich aus der Lage des Grundstücks ergebendes Risiko hinzunehmen seien, so prüft es letztlich bereits im Rahmen der Zulässigkeit der Klage *abschließend*

---

[1] BVerwG, U. v. 29.5.1967, DÖV 1967, 825; Hess. VGH, U. v. 17.1.1968, Akt.Z. II OE 62/67 u. Beschluß v. 23.8.1973, Akt.Z. II TH 84/73; OVG Münster, V Rspr. 18 Nr. 151.

[2] OVG Münster, ebd.; Hess. VGH, ebd.

[3] Häberle, Öffentliches Interesse als juristisches Problem, 1970, S. 391/92.

die Frage der Rechtsverletzung. Damit werden an die „Geltendmachung der Rechtsverletzung" insoweit Anforderungen gestellt, die über das hinausgehen, was von den Vertretern der Möglichkeitstheorie verlangt wird, zu der sich im Grundsatz auch das Bundesverwaltungsgericht bekannt hat. Bei der Unterscheidung zwischen Einwendungsberechtigten im Rahmen des Anhörungsverfahrens und Klageberechtigten wird die Klagebefugnis auch zu Lasten der *Adressaten* des Planfeststellungsbeschlusses erschwert[4]. Dies ist die eine Besonderheit bei der Beurteilung der Klagebefugnis in einem Rechtsstreit betreffend ein Planfeststellungsverfahren. Die andere Besonderheit besteht darin, daß die Klagebefugnis nicht bereits durch eine Nichtbeteiligung am Einwendungs- und Anhörungsverfahren oder durch das verspätete Erheben von Einwendungen ausgeschlossen wird[5]. Insoweit bestehen nach der Rechtsprechung keine unterschiedlichen Anforderungen an die Klagebefugnis von Adressaten und sog. Drittklägern.

bb) Ähnlich gelagert ist die Problematik bei Klagen von im Anhörungsverfahren beteiligten Gemeinden oder Gemeindeverbänden gegen einen Planfeststellungsbeschluß. Hier hat die Rechtsprechung die Klagebefugnis grundsätzlich nur anerkannt, wenn das *Planungsrecht*[6] der Gemeinden verletzt ist, oder wenn gleichzeitig die Abstufung der bisherigen Ortsdurchfahrt einer Bundesstraße zur Gemeindestraße ausgesprochen wird[7], oder wenn der Aufgabenbereich der Gemeinde als Selbstverwaltungskörperschaft[8] unmittelbar tangiert wird. Hingegen wird die Klagebefugnis der Gemeinden verneint, wenn sie nur die Interessen ihrer Einwohner vor Gericht vertreten will[9]. Hierzu zählen z.B. die Fälle, in denen durch den Bau einer Ortsumgehung der Verkehr künftig an der Gemeinde vorbeifließen wird[10]. Ferner wurde ein Individualinteresse der Gemeinde für den Fall als fehlend angenommen, daß sie einen weiteren

---

[4] Anm.: Allen Bürgern, die Einwendungen erhoben hatten, wird der Planfeststellungsbeschluß gem. § 18 a Abs. 4 FStrG mit Rechtsmittelbelehrung zugestellt. Die Behörde hat sich in dem Planfeststellungsbeschluß mit den Einwendungen auseinanderzusetzen und hierüber zu entscheiden (§ 18 a Abs. 2 FStrG). Die Einwendenden zählen daher zu den Adressaten des als Verwaltungsakt zu qualifizierenden Planfeststellungsbeschlusses, weil dieser im Falle der Zurückweisung der Einwendungen jedenfalls insoweit *gegen* die Einwendenden ergeht.

[5] BVerwG, U. v. 14.4.1967, Verk.Bl. 1967, 460; U. v. 10.4.1968, BVerwGE 29, 282 = NJW 1968, 1736; Hoppe, Rechtsschutz bei der Planung von Straßen und anderen Verkehrsanlagen, S. 48, Rdnr. 120.

[6] BVerwG, Verk.Bl. 1970, 587; U. v. 14.2.1969; BVerwGE 51, 6f.; BVerwGE 31, 263 = DÖV 1969, 428 u. 854.

[7] VG Saarbrücken, NJW 1970, 722; Marschall, Bundesfernstraßengesetz, 3. Auflage, Rdnr. 5.3 zu § 18.

[8] BVerwG, DÖV 1960, 717.

[9] OVG Lüneburg, Verk.Bl. 1960, 288.

[10] Marschall, 3. Auflage, Rdnr. 5.3 zu § 18.

oder einen neuen Anschluß an eine Bundesfernstraße verlangte[11]. Das OVG Lüneburg lehnt überhaupt eine Klagebefugnis der Gemeinde für eine Klage gegen einen Planfeststellungsbeschluß bei Änderung bestehender Verkehrsgelegenheiten ab[12].

Allen diesen Entscheidungen liegt letztlich der gemeinsame Tenor zugrunde, den Kreis der Klagebefugten überschaubar und in engen Grenzen zu halten, um nicht der Gefahr zu erliegen, die Popularklage zuzulassen[13]

c) Klagen Dritter im Wirtschaftsrecht (sog. Konkurrentenklagen)

aa) Eine zumindest scheinbare Durchbrechung vorgenannten Grundtenors ist allerdings bei Klagen Dritter im Wirtschaftsrecht, insbesondere bei den sogenannten Konkurrentenklagen festzustellen. So wird dem Dritten im Wirtschaftsrecht eine Anfechtungsmöglichkeit gegen die staatliche Subventionierung seiner Konkurrenten zugebilligt, wenn er geltend macht, daß seine schutzwürdigen Interessen *willkürlich* vernachlässigt worden seien, und zwar mit der Begründung, die Subvention könne einen Eingriff in die durch Art. 2 des Grundgesetzes — GG — geschützte Wettbewerbsfreiheit darstellen, weil die Freiheit der Entfaltung der Persönlichkeit auch den grundrechtlichen Anspruch umfasse, durch die Staatsgewalt nicht mit einem Nachteil belastet zu werden, der nicht in der

---

[11] OVG Münster, DVBl. 1967, 203 = V Rspr. 18 Nr. 151; Hier hat das Gericht die Prüfung der *Rechtsverletzung* vollumfänglich in die Zulässigkeit der Klage verlagert.

[12] DVBl. 1966, 413;

Unabhängig von der Frage der Unterscheidung zwischen Einwendungsberechtigten und Klageberechtigten hat sich die Rechtsprechung auch mit der Frage befaßt, ob außer den Eigentümern der von der Planung betroffenen Grundstücke auch denjenigen eine Klagebefugnis zugestanden werden kann, denen nur ein Besitzrecht an den streitigen Grundstücken zusteht, z.B. den Mietern oder Pächtern, oder deren eingerichteter und ausgeübter Gewerbebetrieb von der Planung berührt wird. Ferner gehören alle die Fälle hierher, in welchen dem Einzelnen ein Benutzungsrecht an der Straße abgeschnitten wird. Auch der Fall, in welchem sich der Kläger auf die Beeinträchtigung des bisherigen Gemeingebrauchs durch die geplante Straßenbaumaßnahme beruft, ist in diesem Zusammenhang zu erwähnen.

[13] Zur Problematik der Klagebefugnis in Umweltschutzprozessen: Ule/Laubinger, Gutachten B für den 52. Deutschen Juristentag, S. 61 f.;

Ule/Laubinger nehmen in diesem Zusammenhang noch zur Klagebefugnis von am Anhörungsverfahren bei der Planfeststellung beteiligten Behörden Stellung. Sie führen auf S. 64 hierzu aus: „Wie bereits früher dargestellt wurde, ist die Anhörungsbehörde im Planfeststellungsverfahren verpflichtet, die Stellungnahmen der Behörden einzuholen, deren Aufgabenbereich durch das Vorhaben berührt wird. Geschieht dies nicht, so stellt sich die Frage, ob die übergangene Behörde wegen dieses Verfahrensfehlers den Planfeststellungsbeschluß anfechten kann. Dies ist zu verneinen. Denn die Behörden haben lediglich Zuständigkeiten und Kompetenzen, nicht aber eigene Rechte, deren Verletzung sie im Klagewege geltendmachen könnten. Ihnen fehlt deshalb die Klagebefugnis ...“! hierzu auch BVerwG, U. v. 14.2.1969, BVerwGE 31, 263 ff. (267).

verfassungsmäßigen Ordnung begründet sei[1]. Das Bundesverwaltungsgericht läßt in seiner Entscheidung vom 30. August 1968 die umstrittene Frage[2] offen, ob dem benachteiligten Konkurrenten in Fällen der Subventionierung *generell* eine Anfechtungsklage gegen die Subventionsmaßnahme zusteht; es bejaht jedenfalls die Klagebefugnis bei der *willkürlichen* Vernachlässigung der schutzwürdigen Interessen des Klägers. Damit hat das Bundesverwaltungsgericht im Bereich der Konkurrentenklage die Klagebefugnis unmittelbar aus dem allgemeinen Freiheitsrecht des Art. 2 — GG — im Falle der Verletzung der verfassungsmäßigen Ordnung — hier des Art. 3 GG als Willkürverbotsnorm — hergeleitet und einen Schritt nach vorn zur weiteren Effektuierung des Rechtsschutzes durch Einbeziehung der Grundrechte getan.

bb) Das Bundesverwaltungsgericht hat jedoch die Konkurrentenklage im Falle der *Erlaubniserteilung* nicht als zulässig erachtet, weil bei der Erteilung einer Erlaubnis der Begünstigte nur die Möglichkeit erhalte, sich mit völliger Chancengleichheit am Wettbewerb zu beteiligen. Dagegen können sich nach Ansicht des Gerichts andere Konzessionäre nicht wehren, weil in die Rechte der *Nicht*zugelassenen nicht eingegriffen werde. Denn „diese betreiben das Gewerbe noch nicht und stellen somit noch keine Konkurrenzunternehmer dar"[3]. Diese Auffassung ist im Hinblick auf den Gesichtspunkt der Wettbewerbsfreiheit als ein durch Art. 2 Abs. 1 GG geschütztes Recht konsequent, weil die Wettbewerbsfreiheit erst durch die Ausübung eines Gewerbes rechtlich relevant wird[4].

cc) Mit besonderer Deutlichkeit stellt sich das Problem der Klagebefugnis bei Zulassungen von Konkurrenzunternehmen für den Linienverkehr oder für Sonderformen des Linienverkehrs nach den Vorschriften des Personenbeförderungsgesetzes —PBefG —. Das Bundesverwaltungsgericht hat bereits in seiner Entscheidung vom 20.11.1959 ausgesprochen[5], daß dem vorhandenen Unternehmer ein Klagerecht gegen die Genehmigung für einen weiteren Unternehmer zusteht, wenn er geltend macht, die Behörde habe mit der Zulassung dieses Unternehmers die öffentlichen Verkehrsinteressen insbesondere dadurch verletzt, daß sein bereits dem öffentlichen Verkehr dienendes Unternehmen beein-

---

[1] BVerwGE 9, 83 (88); U. v. 30.8.1968, BVerwGE 30, 191 (197, 198) bezgl. der Förderung der Winzergenossenschaften zum Nachteil eines „Verbundes freier Weinbau-Unternehmen (GmbH)".

[2] Ablehnend Schlichter DVBl. 1966, 738 (742); Friauf DVBl. 1966, 729 (736); Sellmann NJW 1964, 1545 ff.

[3] BVerwGE 16, 187 (189).

[4] BVerwG, U. v. 9.6.1967, NJW 1967, 1627 (1628, 1629) = BVerwGE 127, 181: Hier hat das Gericht aus Art. 2 GG ein subjektives öffentl. Recht des Verkehrsteilnehmers und damit dessen Klagebefugnis für eine Anfechtungsklage gegen Parkverbotsschilder als Massenverwaltungsakte hergeleitet.

[5] BVerwGE 9, 340.

trächtigt werde. Bei den öffentlichen Verkehrsinteressen, die nach § 13 Abs. 2 Nr. 2 PBefG mit der Zulassung neuer Verkehrsunternehmen nicht beeinträchtigt werden dürfen, stehen zwar nach Auffassung des Bundesverwaltungsgerichts die Belange der *Allgemeinheit* an einer geordneten, das öffentliche Verkehrsbedürfnis befriedigenden Verkehrsbedienung im Vordergrund. Gleichwohl würden, so führt das Bundesverwaltungsgericht in einer späteren Entscheidung[6] aus, auch die Interessen der vorhandenen Verkehrsunternehmer an der Erhaltung der Leistungsfähigkeit ihrer Unternehmen von diesem Schutz erfaßt, weil nur dadurch eine geordnete und zuverlässige Verkehrsbedienung gewährleistet sei. Letztlich läßt sich das Personenbeförderungsgesetz nach Meinung des Bundesverwaltungsgerichts im *Allgemein*interesse den *Schutz* der vorhandenen Unternehmer vor *ruinösem* Wettbewerb besonders angelegen sein[7]. Damit gibt das Bundesverwaltungsgericht eine Begründung der Klagebefugnis, welche von den üblichen Begründungen insofern abweicht, als hier — im Gegensatz zu der sonstigen Abgrenzung des öffentlichen — von dem Individualinteresse als Gegenpole — gerade das *Allgemein*interesse zur Begründung eines von der Norm bezweckten *Individualrechtsschutzes* herangezogen und damit eine interessante Synthese oder auch Abhängigkeit beider Interessenbereiche bejaht wird. Allgemein- und Individualinteresse werden hier im Rahmen der Klagebefugnis nicht als Gegensätze mit gegenseitiger Ausschlußwirkung, sondern als sich gegenseitig *bedingende* Grundelemente verstanden.

Dementsprechend hat das Bundesverwaltungsgericht die Klagebefugnis nicht nur im Falle des vorhandenen Unternehmers gegen die einem anderen Unternehmer erteilte *Genehmigung*, sondern auch im Falle einer Klage des vorhandenen Unternehmers gegen die einem anderen Unternehmer *erteilte einstweilige Erlaubnis* gemäß § 20 PBefG mit der Begründung bejaht, daß sie ebenso wie die Genehmigung das Betreiben von Linienverkehr ermögliche und daher — wie diese — in die rechtlich geschützten Interessen der Unternehmer eingreife[8]. Dabei hat das Bundesverwaltungsgericht ausdrücklich der Intensität und Dauer der Rechtsverletzung — die einstweilige Erlaubnis ist auf längstens 6 Monate begrenzt — für die Frage der Klagebefugnis keine rechtliche Bedeutung beigemessen[9].

---

[6] U. v. 25.10.1968, BVerwGE 30, 347 (348/49).

[7] Wie 6.

[8] U. v. 25.10.1968, S. 349.

[9] Ebd.; Zur Konkurrentenklage im Beamtenrecht vgl. von Mutius, Verw.Arch. 69 (1978), 103 mit zahlreichen Nachweisen zum Problem der Klagebefugnis bei Klagen der unterlegenen Bewerber um die Ernennung zum Beamten oder um die Beförderung auf einen höher dotierten Dienstposten.

d) Klagen Dritter gegen Maßnahmen der Behörden im Kernenergierecht

In besonders augenfälliger Weise stellt sich wegen ihrer Aktualität die Frage der Klagebefugnis bei Klagen Dritter gegen Maßnahmen der Behörden bei der Errichtung von Kernkraftwerken. Es ist hier in der Rechtsprechung wieder das Bemühen zu verspüren, eine Grenze zwischen der Verteidigung einer subjektiven Rechtsposition des Klägers und der nicht statthaften, weil nur auf die Kontrolle der objektiven Rechtmäßigkeit abzielenden Popularklage zu ziehen. Das Problem, zum Zwecke der Vermeidung der Popularklage den anfechtungsberechtigten Personenkreis *einzugrenzen* und *überschaubar* bzw. *bestimmbar* zu halten, stellt sich im Kernenergiebereich im besonderen Maße, weil im atomrechtlichen Genehmigungsverfahren gem. §§ 7, 17 AtomG praktisch *jedermann* berechtigt ist, gegenüber den öffentlich ausgelegten Plänen für den Bau eines Atomkraftwerkes Einwendungen zu erheben. So haben sich z.B. im Jahre 1972 ca. 65 000 Personen im behördlichen Genehmigungsverfahren gegen den Bau eines Kernkraftwerkes in Breisach am Kaiserstuhl gewandt[1].

Es taucht hier ähnlich wie im Planfeststellungsverfahren nach § 18 FStrG die Frage auf, ob sich aus einem Mitwirkungs-, Anhörungs- oder Einwendungsrecht des Klägers im Verwaltungsverfahren ohne weiteres die für den sich anschließenden Verwaltungsprozeß notwendige Klagebefugnis ergibt.

Das Bundesverwaltungsgericht hat in dem das Kernkraftwerk Würgassen betreffenden Urteil die Klagebefugnis einem Kläger zugebilligt, der etwa 4 km von der Anlage entfernt wohnt[2]. Ohne im einzelnen die Frage der Einwendungsberechtigung im Anhörungsverfahren in nähere Beziehung zur Klagebefugnis zu setzen, hat es die Möglichkeit der Rechtsbeeinträchtigung mit der schlichten Begründung der Entfernung bejaht[3]. Daraus kann aber zugleich geschlossen werden, daß das Bundesverwaltungsgericht nicht bereits aufgrund des Einwendungsrechts die Klagebefugnis einräumt, sondern hiervon unabhängig verlangt, daß sich aus anderen Gründen eine Rechtsbeeinträchtigung des Klägers — wie hier aus der räumlichen Nähe zur Anlage — ergibt.

Zuvor hat das Bundesverwaltungsgericht in der zitierten Entscheidung vom 16. März 1972 kurz dargelegt, daß das Atomgesetz dazu bestimmt sei, die Menschen im Gefahrenbereich der genehmigungsbedürftigen Anlagen vor den schädlichen Wirkungen der Kernenergie, insbesondere der ionisierenden Strahlen zu schützen. Damit hat es im Einklang mit der h.M. die *Möglichkeit* der Rechtsverletzung bereits bei der Zulässigkeit der Klage geprüft. Im übrigen zeigt diese Entscheidung wieder, daß die

[1] Schwarze, DÖV 1973, 700 mit weiteren Nachweisen.

[2] U. v. 16.3.1972, DVBl. 1972, 678 ff.

[3] S. 678 rechte Spalte.

Prüfung der materiellen Grundlagen für die Rechtsverletzung im Rahmen der Zulässigkeit der Klage zu einer weitgehenden Verlagerung von § 113 VwGO nach § 42 Abs. 2 VwGO führt. Denn im Rahmen der Begründetheit der Klage wurde nur die Rechtmäßigkeit des angegriffenen Verwaltungsaktes behandelt.

Ferner hat das Bundesverwaltungsgericht ausdrücklich hervorgehoben, daß der Kläger auch im atomrechtlichen Verfahren nur *eigene* Rechte geltend machen und sich deshalb nicht etwa darauf berufen könne, daß andere Personen wegen nicht ordnungsgemäßer Bekanntmachung des Vorhabens und damit wegen eines Verfahrensmangels keine Einwendungen erhoben hätten. Hiermit lehnt das Gericht ausdrücklich die Geltendmachung *fremder* Rechte, also die sog. Prozeßstandschaft für das atomrechtliche Verfahren ab[4].

Schließlich nimmt das Bundesverwaltungsgericht in der genannten Entscheidung zu der Frage Stellung, ob der Kläger bereits gegen die die Errichtung der Anlage betreffende Genehmigung — um eine solche ging es hier — Klage erheben kann oder sich darauf verweisen lassen muß, gegen die später noch erforderliche Betriebsgenehmigung Rechtsmittel einlegen zu können. Das Bundesverwaltungsgericht bejaht die Möglichkeit der Anfechtungsklage bereits gegen die Errichtungsgenehmigung mit dem billigenswerten Argument, der Rechtsschutz und damit auch die Frage, ob Gefahren von dem späteren Betrieb ausgehen würden, müsse bereits im Errichtungsstadium zugelassen werden, um vollendete Tatsachen zu vermeiden. Problematisch erscheint nur der zu diesen Erörterungen führende einleitende Satz des Urteils „Die für die *Klagebefugnis* erforderliche *Beschwer* fehlt dem Kläger nicht deshalb, weil das Atomgesetz .... zwischen der Genehmigung zur Errichtung und der Genehmigung zum Betrieb der Anlage unterscheidet und der Bescheid Nr. ...... nur für die Errichtung der Anlage gilt, etwaige Gefahren der Kernenergie für den Kläger und seine Familie aber erst durch den Betrieb der Anlage sowie durch die Beförderung und Aufbewahrung von Kernbrennstoffen entstehen können, die besonderer Genehmigungen bedürfen (§§ 4, 6, 7 Abs. 1 AtomG)[5]. Bei richtiger Betrachtung dürfte es sich bei der hier aufgeworfenen Frage nicht um eine solche der Klagebefugnis, sondern um eine Frage des für jedes gerichtliche Verfahren erforderlichen *allgemeinen Rechtsschutzinteresses* handeln[6]. Denn es geht insoweit darum, ob die Gerichte bereits im derzeitigen Stadium des Verfahrens in Anspruch genommen werden müssen oder ob gerichtlicher Schutz auch später noch ausreichend gewährt werden kann. Hiermit hat die Frage, ob der Kläger Rechtsschutz für *sich,* d.h. wegen *eigener* Rechts-

---

[4] S. 680.

[5] S. 678 unten, rechte Spalte.

[6] Vgl. I 1 b.

verletzung und nicht als Sachwalter der Allgemeinheit oder für eine dritte Person begehrt, ihm also die Klagebefugnis zusteht, nichts zu tun.

Nicht unerwähnt bleiben soll ein beachtenswertes, bereits im Jahre 1963 zur Kernforschungsanlage Jülich ergangenes Urteil des Verwaltungsgerichts Aachen, in dem das Verwaltungsgericht für die Klagebefugnis als räumliche Kategorie elf bzw. vierzehn Kilometer Distanz zur Anlage hat genügen lassen[7]. Das Verwaltungsgericht Stuttgart hat in einem Beschluß vom 8. August 1972 betreffend das Kernkraftwerk Neckarwestheim für die Klagebefugnis eine Entfernung von 10 km als ausreichend angesehen, während das Verwaltungsgericht Schleswig mit Rücksicht auf § 6 Abs. 3 Nr. 1 der Deckungsvorsorgeverordnung (BGBl. 1970 I, S. 1523) sogar eine Entfernung von 48 bzw. 62 km genügen ließ[8].

Die Entscheidungen zeigen, daß durch die Hinzufügung der räumlichen Kategorie zu der Prüfung der nachbar- oder drittschützenden Wirkung der Vorschriften des Atomgesetzes letztlich das an sich der Begründetheit der Klage gem. § 113 Abs. 1 S. 1 VwGO vorbehaltene Kriterium der Gefährdung des Klägers als einer Zentralfrage für die Rechtmäßigkeit der angefochtenen Genehmigung gem. § 7 Atomgesetz im Rahmen der Klagebefugnis vorweggenommen wird. Die Problematik ist hier ähnlich wie im Baunachbarrecht bei Vorhaben im nichtbeplanten Innenbereich. Auch dort geht es letztlich, soweit Art. 14 GG von der Rechtsprechung geprüft wird, um die Frage, wer noch *räumlich* als Nachbar anzusehen ist[9].

e) Verbandsklage

Seit geraumer Zeit wird die Frage nach der Zulassung der sog. Verbandsklage neu diskutiert[1]. Ausgangspunkt für die Erörterung im Verwaltungsprozeßrecht ist § 42 Abs. 2 VwGO und die in ihm zum Ausdruck kommende Individualrechtsschutzgarantie des Art. 19 Abs. 4 GG. Wie die bislang dargestellten Fallgruppen zeigen, hat die Rechtsprechung die

---

[7] U. v. 3.4.1963, abgedruckt bei Erler/Kruse/Pelzer, deutsches Atomenergierecht, 3. Aufl. 1972, unter K 2123; Schwarze, S. 702, Anm. 34.

[8] Beschluß v. 4.4.1973, zitiert bei Schwarze, S. 702, Anm. 35; hierzu aus der neueren Rechtsprechung VGH München DVBl. 1975, 203; OVG Lüneburg DVBl. 1975, 192; VGH Mannheim DVBl. 1976, 541; VG Freiburg DVBl. 1975, 344. Zu der von der Rechtsprechung anerkannten nachbarschützenden Funktion des § 7 II Nr. 2, 3 und 4 AtomG ebenfalls VGH München DVBl. 1975, 203 und VGH Mannheim DVBl. 1976, 541. Zusammenfassend zur Klagebefugnis im atomrechtl. Genehmigungsverfahren neuerdings Breuer NJW 1977, 1121 ff.; ferner Sailer, Das Klagerecht der Gemeinden im atomrechtlichen Genehmigungsverfahren, Bay.VBl. 1978, 33 und 139 sowie Gew.Arch. 1978, 114; Schmidt, Bay.VBl. 1978, 37.

[9] Vgl. II 3 a) aa).

[1] BVerwG, U. v. 2.2.1954, NJW 1954, 1135; U. v. 23.1.1958 DVBl. 1958, 391 u. U. v. 28.1.1958, DVBl. 59, 391; BVerwG, U. v. 3.12.1959, MDR 1960, 338; OVG Münster, U. v. 3.11.1952, DVBl. 1953, 125 u. U. v. 13.1.1957, NJW 1958, 1555; Überblick bei Bleckmann,Verw.Arch. 1972, S. 183; Zur Klagebefugnis von Verbänden im Umweltrecht Ule/Laubinger, S. 63 f.

Klagebefugnis im Prinzip nur dann bejaht, wenn die in Betracht kommende gesetzliche Bestimmung zumindest auch dem Schutz des Klägers zu dienen bestimmt ist. Diese Frage stellt sich, folgt man den von der Verwaltungsrechtsprechung entwickelten Grundsätzen, erst recht und noch schärfer, wenn ein Verband eine Klage erhebt. Die bisherige verwaltungsgerichtliche Rechtsprechung lehnte eine Klagebefugnis der Verbände für die *Interessen* ihrer *Mitglieder* grundsätzlich ab. Dies entspricht auch der ständigen Rechtsprechung des Bundesverfassungsgerichts im Rahmen der Zulässigkeit der Verfassungsbeschwerde. Der Grundtenor des Bundesverfassungsgerichts lautet, daß ein Verband die Verletzung von Grundrechten seiner Mitglieder nicht im eigenen Namen geltend machen könne; dies gelte auch, wenn der Verband diese Aufgabe in seiner Satzung übernommen habe. Das Bundesverfassungsgericht hat z.B. Verfassungsbeschwerden von Wirtschaftsverbänden für ihre Mitglieder[2], einer Rechtsanwaltskammer für ihre Mitglieder[3], des Marburger Bundes für seine Mitglieder[4], des Landesverbandes einer politischen Partei für seine Mitglieder[5] und von Heimatverbänden für ihre Mitglieder abgelehnt[6]. Damit ist aber nur ein Aspekt der Verbandsklage ausgesprochen, nämlich der der *Prozeßstandschaft.*

Ein zweiter Aspekt ist der, daß der Verband *eigene* Rechte behauptet und im Prozeß verfolgen will, d.h. wenn er nicht nur die Rechte seiner Mitglieder geltend macht. Soweit ersichtlich, hat sich die verwaltungsgerichtliche Rechtsprechung mit dieser Variante der Klagebefugnis bisher — mit Ausnahme einer bemerkenswerten Entscheidung des VGH Mannheim vom 23.2.1972 zu § 47 S. 2 VwGO[7] — nicht audrücklich befaßt. Dies mag darauf beruhen, daß stets davon ausgegangen wird, ein Verband verfolge nur Rechte seiner Mitglieder, nicht aber eigene, ihm als solchem zustehende Rechte.

Das Bundesverfassungsgericht hat diese Frage allerdings im Rahmen der Verfassungsbeschwerde schon erörtert, sie jedoch bisher nur als negatives Abgrenzungskriterium benutzt, z.B. bei einer Verfassungsbeschwerde des Bundesverbandes für den gesamten Werkverkehr e.V., in dem es ausführt, daß dieser Verband selbst keinen Werkfernverkehr betreibe und daher nicht *selbst* betroffen sein, also keine Verfassungsbeschwerde erheben könne, die Rechte seiner Mitglieder aber im Rahmen der Verfassungsbeschwerde nicht geltend machen könne[8]. Letzlich lehnt es damit wieder die Prozeßstandschaft ab.

---

[2] BVerfGE 2, 292 (294); 16, 147 (158).
[3] BverfGE 10, 134 (136).
[4] BVerfGE 11, 30 (35).
[5] BverfGE 13, 1 (9).
[6] BVerfGE 13, 54 (89 ff.).
[7] Zitiert bei Mutius, Verw.Arch. 1973, S. 311.
[8] BVerfG, U. v. 22.5.1963, BVerfGE 16, 147 (148).

Im Gegensatz hierzu hat sich der BGH im Zivilrecht auch im positiven Sinne mit der Prozeßführungsbefugnis der Verbände sowohl bezügl. der Geltendmachung eigener Rechte des Verbandes als auch bezügl. der Geltendmachung von Rechten seiner Mitglieder befaßt. So hat der BGH die Prozeßführungsbefugnis des Verbandes zur Bekämpfung unlauteren Wettbewerbs aus eigenem Recht anerkannt[9]. Das Prozeßführungsrecht eines klagenden Anwaltsvereins hat der BGH aufgrund sog. gewillkürter Prozeßstandschaft, also aufgrund der Ermächtigung seiner Mitglieder, unter bestimmten Voraussetzungen bejaht und damit auch die Geltendmachung fremder Rechte im eigenen Namen zugelassen[10].

Die Rechtsliteratur, die von Anfang an der Zulassung der Verbandsklage freundlicher gegenüber stand[11], hat durch die Schriften von Faber[12] und Wolf[13] neue Impulse erhalten. Wolf unternimmt es, die Zulässigkeit von Verbandsklagen auch ohne besondere gesetzliche Verleihung der Klagebefugnis zu begründen, indem er das *Gruppeninteresse* der Verbände als eigenes verletztes Recht i.S.d. § 42 Abs. 2 VwGO ansieht. Hiermit versucht er das Problem zu lösen, ob der juristischen Person das verselbständigte Interesse einer Gruppe zugeordnet werden kann, das auch dann geschützt wird, wenn eine natürliche Person in ihren *individuellen* Interessen *nicht* verletzt ist[14]. Auf diese Weise will Wolf ein allgemeines Prinzip der Verbandsklage entwickeln, das dem Verband eine Klage aus eigenem Recht, also originär ohne Ableitung aus den Interessen seiner Mitglieder gestattet[15]. Dieses Prinzip besteht darin, daß der Verband, soweit er Träger eines gesetzlich geschützten Gruppeninteresses ist, gegen die Verletzung dieses Gruppeninteresses ebenso mit Abwehrklage vorgehen kann, wie das Individuum gegen die Verletzung seines rechtlich geschützten Individualinteresses. Er setzt sich nachdrücklich dafür ein, daß Verband und Individuum hinsichtlich der Rechtsschutzgewährung nicht unterschiedlich behandelt werden dürfen. Voraussetzung für eine solche Abwehrklage aus eigenem Gruppenrecht des Verbandes ist aber vor allem, daß ein rechtlich geschütztes Gruppeninteresse vorliegt. Ob das anzunehmen ist, kann mangels ausdrücklicher gesetzlicher Bestimmung nur aus dem Schutzzweck des betreffenden Gesetzes entnommen werden. Die Frage, ob ein Gesetz das Gruppeninteresse schützen will, soll durch Auslegung des jeweiligen Gesetzes im Einzelfall beantwortet werden[16].

[9] U. v. 24.4.1964, BGHZ 41, 314 (317, 318).
[10] U. v. 9.5.1967, BGHZ 48, 12 (14 ff.).
[11] Vgl. den Überblick bei Bleckmann, S. 183.
[12] H. Faber, Die Verbandsklage im Verwaltungsprozeß, 1972.
[13] M. Wolf, Die Klagebefugnis der Verbände, 1971.
[14] Wolf, S. 19.
[15] Naumann, DÖV 1971, 378 (379).
[16] Wolf, S. 47 ff., S. 66 u. die Zusammenfassung auf S. 67.

Demgegenüber wird eingewandt, daß diese Konstruktion für Fragen der Rechtskraft z.B. auf erhebliche Schwierigkeiten stoßen könnte[17]. Es verbleibt daher in der Rechtsliteratur weitgehend bei einem Aufruf an den Gesetzgeber, de lege ferenda über den Gesetzesvorbehalt des § 42 Abs. 2 VwGO den Verbänden Klagebefugnisse einzuräumen[18].

Bei der Durchsicht der Rechtsprechung zur Verbandsklage fällt auf, daß der BGH in der zitierten Entscheidung vom 24.4.1964 die Klage des Vereins zur Bekämpfung des unlauteren Wettbewerbs nicht nur unter dem Gesichtspunkt des Prozeßführungsrechts, sondern auch und insbesondere unter dem Gesichtspunkt der materiellen Rechtszuständigkeit des Verbandes gesehen hat[19]. Der BGH führt a.a.O. expressis verbis aus, daß dem Verband gem. § 13 Abs. 1 UWG nicht lediglich die Prozeßführungsbefugnis, sondern ein materiell-rechtlicher Unterlassungsanspruch eingeräumt sei. In der weiteren Begründung lehnt er aber einen Anspruch des Verbandes aus § 823 Abs. 2 BGB ab, weil die Vorschriften des Wettbewerbsgesetzes keine Schutzgesetze zugunsten des Verbandes seien. Damit hat der BGH für den Bereich des Zivilrechts in bemerkenswerter Weise die Problematik als materiell-rechtl. und damit als Frage der Begründetheit der Klage behandelt. Dies ist auch einleuchtend, weil sich die Frage der geschützten Rechtsposition letztlich nach materiellem Recht beurteilt[20].

f) Klagen der Bürger auf Tätigwerden der Polizeibehörden

Ein viel diskutiertes und von der Rechtsprechung behandeltes Thema ist die Frage, ob der Bürger einen Anspruch auf Tätigwerden bzw. Einschreiten der Polizeibehörden hat. Diese Frage wird einerseits durch die polizeilichen Generalklauseln mit dem in ihnen verankertem Opportunitätsprinzip, andererseits durch die Funktion der Polizei als Wahrer und Garant der öffentlichen Sicherheit und Ordnung, d.h. durch die im *Allgemeininteresse* von der Polizei wahrzunehmenden Aufgaben aktualisiert. Daraus ergibt sich das Problem, ob dem Bürger ein subjektives öffentliches Recht auf Einschreiten der Polizeibehörden überhaupt zugestanden werden kann[1]. Folglich stellt sich für die Vertreter der herrschenden Möglichkeitstheorie und erst recht für die Vertreter der Schlüssigkeitstheorie die Frage der Klagebefugnis.

[17] Naumann, S. 380.

[18] Insbesondere Mutius, Verbandsklage, S. 317; Ule/Laubinger führen hierzu auf S. 63 aus: „An dem Erfordernis der Geltendmachung der Verletzung eigener Rechte scheitert de lege lata auch die Klagebefugnis von Verbänden, die sich der Belange des Umweltschutzes annehmen. Sie sind weder befugt, die Belange ihrer Mitglieder gerichtlich geltend zu machen (sog. egoistische Verbandsklage) noch die der Allgemeinheit (sog. ideelle oder altruistische Verbandsklage) ...“

[19] BGHZ 41, S. 317, 318.

[20] Diese Frage wird später noch im einzelnen erörtert.

[1] Hierzu grundlegend und bejahend Martens, JuS 1962, S. 245 ff.

Menger/Erichsen haben sich mit dieser Frage u.a. im Rahmen der Besprechung eines Urteils des VG Minden vom 13. Mai 1964 auseinandergesetzt[2]. Das VG Minden hat entschieden, daß die Generalklausel des § 14 OBG NRW dem einzelnen kein im Klagewege durchsetzbares Recht auf Einschreiten der Polizei verleihe, und die Klage daher als unzulässig abgewiesen[3]. Menger/Erichsen stimmen dem Urteil insoweit zu, als das VG im Rahmen des § 42 Abs. 2 VwGO prüft, ob bei Fehlen spezialgesetzlicher Regelungen die polizeiliche Generalklausel überhaupt *mögliche* Grundlage eines Anspruchs des einzelnen Staatsbürgers sein kann[4]. Sie lehnen aber das vom VG Minden gefundene Ergebnis ab und meinen, die polizeiliche Generalklausel diene auch dem Individualinteresse des Bürgers. Diese Frage behandeln sie unter Heranziehung des Wortlautes und der Entstehungsgeschichte der polizeilichen Generalklausel sowie unter Berücksichtigung der heutigen, durch das Grundgesetz geschaffenen Verfassungslage und dem von daher geprägten neuen Verständnis für das Verhältnis Staatsbürger—Staat als ein Problem der *Klagebefugnis*, während sie bei der weiteren Frage, ob der Anspruch des Bürgers im *konkreten* Fall gegeben ist, insbesondere weitere Voraussetzungen erfüllt sind, offen lassen, ob sie im Rahmen des § 42 Abs. 2 VwGO bei dem Tatbestandsmerkmal „geltendmachen" oder aber im Rahmen der Begründetheit der Klage zu erörtern ist[5]. Hieran wird wieder deutlich, daß einerseits die materiell-rechtliche Prüfung des mit der Klage verfolgten Anspruchs weitgehend zum Gegenstand der Klagebefugnis als Prozeßvoraussetzung gemacht wird, andererseits aber bei der h.M. wie auch der Schlüssigkeitstheorie eine große Unsicherheit darüber herrscht, was letztlich der Sachprüfung in der Begründetheit der Klage verbleibt. Noch unklarer und rechtsdogmatisch nicht mehr greifbar wird der Problemkreis durch die Rechtsprechung des Bundesverwaltungsgerichts. So hat das BVerwG in einem Fall, in welchem ein geltend gemachter Anspruch des Bürgers auf polizeiliches Einschreiten nach den §§ 3, 8, 25 des Ladenschlußgesetzes zu beurteilen war, die Frage der Klagebefugnis zwar als zweifelhaft angesehen, diese Frage jedoch letztlich mit der Begründung *offengelassen*, die Berufung des Klägers sei jedenfalls deshalb unbegründet, weil er keinen Anspruch auf das von ihm gewünschte polizeiliche Einschreiten gegen Dritte habe[6]. Es folgen dann Ausführungen darüber, daß die §§ 3, 8, 25 des Ladenschlußgesetzes keinen Anspruch des Einzelnen auf polizeiliches Einschreiten begründen.

[2] Verw.Arch. Bd. 57 (1966), S. 180, 181.

[3] DBVl. 1965, 780 mit Anm. von Henke S. 783.

[4] Wie 2; Martens, S. 252 bejaht die Klagebefugnis, wenn nach dem Vorbringen des Klägers, der einen Rechtsanspruch auf polizeiliches Einschreiten erhebt, eine Gefährdung der Individualrechtssphäre wenigstens möglich erscheint.

[5] S. 184.

[6] U. v. 21.11.1967, DBVl. 1968, 154 (155).

Noch unklarer, weil ohne jeden Bezug auf die §§ 42 Abs. 2, 113 VwGO, erscheint ein Urteil des Bundesverwaltungsgerichts, in welchem es sich mit der Frage befaßt, ob die Vorschrift des § 4 Abs. 1 S. 1 der Straßenverkehrsordnung (StVO) dem Einzelnen einen Anspruch auf polizeiliches Einschreiten gegen Dritte, hier auf das Ergreifen von Maßnahmen zur Beseitigung der Behinderung einer Garagenausfahrt gibt[7]. Das BVerwG räumt dem Anlieger gem. § 4 Abs. 1 S. 1 StVO einen Anspruch gegen die Straßenverkehrsbehörde auf ermessensfehlerfreie Entschließung darüber ein, ob und gegebenenfalls welche Maßnahmen zur Beseitigung der Behinderung der Garagenausfahrt zu treffen sind, verrät aber an keiner Stelle des Urteils, ob es diesen Anspruch im Rahmen der Klagebefugnis gem. § 42 Abs. 2 VwGO oder im Rahmen der Begründetheit der Klage gem. § 113 Abs. 4 VwGO prüft. Möglicherweise beruht diese Unklarheit darauf, daß der Klageanspruch nicht — wie in der Regel — auf die Beseitigung eines belastenden Eingriffs oder auf den Erlaß eines begünstigenden Verwaltungsaktes an den *Kläger*, sondern auf den Erlaß eines Verwaltungsaktes gegen *Dritte* gerichtet ist. Gleichwohl handelt es sich aber auch hier um eine Verpflichtungsklage, wenn auch in der Sonderform auf Erlaß eines Verwaltungsaktes gegen Dritte, auf welche daher die §§ 42, 113 VwGO anzuwenden sind. Selbst im Falle der Annahme einer allgemeinen Leistungsklage hätte es einer dogmatischen Klarstellung bedurft, ob die grundsätzliche Zuerkennung des Anspruchs ein Element der Zulässigkeit oder der Begründetheit der Klage ist.

g) Klagen der Bürger oder öffentl.-rechtlicher Körperschaften auf Aufhebung staatlicher Organisationsakte

Nach der Rechtsprechung verschiedener Oberverwaltungsgerichte und Verfassungsgerichtshöfe der Länder haben die Gemeinden und Gemeindeverbände in der Regel keine Möglichkeit, staatliche Organisationsakte vor den Verwaltungsgerichten mit Erfolg anzufechten. Eine solche Möglichkeit erkennt ihnen die Rechtsprechung nur zu, wenn der Organisationsakt in den Rechtskreis der Gemeinden oder Gemeindeverbände eingreift oder deren Rechtsbestand betrifft. Das OVG Münster hat in diesem Zusammenhang die Frage der Rechtsverletzung ausschließlich im Rahmen der Klagebefugnis erörtert und die Klage dementsprechend als unzulässig abgewiesen[8].

Damit war die gesamte Problematik des subjektiven öffentlichen Rechts, d.h. die Frage der rechtlich geschützten Interessenssphäre der betreffenden Gemeinde in die Prozeßstation verlagert. Insbesondere wurden Fragen der Selbstverwaltungsgarantie der Gemeinden gem. Art. 28

---

[7] U. v. 22.2.1971, BVerwGE 37, 112 ff. = DBVl. 1971, 268 (269).

[8] U. v. 27.3.1968, DBVl. 1968, 660 ff. = DÖV 1968, 839; auch Verfassungsgerichtshof Rheinl.-Pfalz, U. v. 14.11.1966, DÖV 1967, 314 = V.Rspr. 18, 897.

Abs. 2 GG sowie die Wirkung von Grundrechten zugunsten der Gemeinden als juristische Personen des öffentlichen Rechts und nicht zuletzt die Frage, ob aufgrund der Rechtsschutzgarantie des Art. 19 Abs. 4 GG den Gemeinden subjektive öffentliche Rechte verliehen werden, abschließend im Rahmen des § 42 Abs. 2 VwGO behandelt. Der Hess. VGH hingegen hat nicht auf § 42 Abs. 2 VwGO abgehoben, sondern einen durch einstweilige Anordnung geltend gemachten Anspruch auf Aufhebung eines Erlasses des Hess. Ministers des Innern betreffend die Eingliederung einer Polizeistation in die Polizeistation einer anderen Gemeinde allgemein mit der Begründung abgewiesen, der antragstellenden Gemeinde komme keine Rechtsposition zu, die ihr ein Recht auf Beibehaltung der Polizeidienststelle gewähre[9]. Da eine Bezugnahe auf § 42 Abs. 2 VwGO fehlt, und von einem fehlenden Aufhebungsanspruch die Rede ist, hat der Hess. VGH seine Erörterungen offensichtlich nicht im Rahmen der Zulässigkeit, sondern der Begründetheit der einstweiligen Anordnung vorgenommen. Somit zeigt auch diese Fallgruppe wieder, wie unklar für die Rechtsprechung die Abgrenzung der Klagebefugnis von der Aktivlegitimation i.S.d. § 113 VwGO ist.

Ein weiteres Problem, das bei dieser Fallgruppe auftaucht, ist die Frage, ob Organisationsakte Verwaltungsakte darstellen. Bisweilen wird die Natur eines Organisationsaktes als Verwaltungsakt davon abhängig gemacht, *ob* der Organisationsakt zugleich in den Rechtsbestand der Körperschaft eingreift[10].

Bei dieser Betrachtungsweise werden die Frage nach dem Verwaltungsakt und die Frage nach der Rechtsbeeinträchtigung entgegen der gesetzlichen Trennung gem. § 42 Abs. 1 VwGO einerseits und § 42 Abs. 2 VwGO andererseits miteinander verquickt.

h) Organstreitverfahren

Besonders gelagert ist die Frage der Klagebefugnis bei den sog. Organstreitigkeiten. Unter ihnen werden rechtliche Auseinandersetzungen im organschaftlichen Bereich, d.h. sowohl solche zwischen den Organen als auch solche zwischen einem Organ und Organteilen einer juristischen Person, mithin Auseinandersetzungen um die Innenrechtsbeziehungen der juristischen Personen des öffentlichen Rechts verstanden[1]. Im Mittelpunkt stehen die gerichtliche Überprüfung kommunaler Organe der Gemeinden oder Gemeindeverbände im sog. Kommunalverfassungsstreitverfahren, in denen andere kommunale Organe oder Mitglieder von Kollegialorganen im Verwaltungsprozeß als Kläger auftreten. Um Ent-

---

[9] B. v. 4.9.1974, Akt.Z. II TG 51/74.

[10] Eyermann/Fröhler, VwGO, 7. Aufl., Rdnr. 38 zu § 42 mit weiteren Nachweisen.

[1] Hoppe, Organstreitigkeiten, § 1, S. 33, insb. S. 120.

scheidungen ähnlicher Art werden auch die Sozialgerichte im Bereich kassenärztlicher Vereinigungen angegangen[2]. Die vorliegende Darstellung soll für die Frage der Klagebefugnis auf das Kommunalverfassungsstreitverfahren beschränkt werden.

Anfänglich lehnte die Rechtsprechung eine Klagemöglichkeit im Bereich der Organstreitigkeiten überhaupt ab mit der Begründung, innerorganisatorische Maßnahmen, insbesondere Beschlüsse, trügen eine gewisse Selbstkontrolle in sich und bedürften daher keiner Kontrolle bzw. Korrektur von außen. Korrekturen seien vor allem durch die gegebenen aufsichtsbehördlichen Eingriffsmöglichkeiten vorhanden[3]. Diese Auffassung wurde später aufgegeben, weil „das Eingreifen der Aufsichtsbehörden von dem Grundsatz der Opportunität beherrscht ist und der Kläger keinen im Rechtsweg verfolgbaren Anspruch auf Tätigwerden der Aufsichtsbehörden hat, somit rechtswidrige Beschlüsse der Organe ohne gerichtlichen Rechtsschutz nicht wirksam angegangen werden können“[4]. Kisker hebt in diesem Zusammenhang hervor, daß die Aufsichtsbehörden nach den Vorschriften der Gemeindeordnungen kein ausschließliches Streitentscheidungsmonopol hätten und daher keinen den Rechtsweg verschließenden Gerichtsersatz darstellten[5].

Ein weiteres anfängliches Argument, eine Klagemöglichkeit im innerorganschaftlichen Bereich widerspreche dem Grundsatz, daß sich die überstimmte Minderheit der Stimmenmehrheit des Kollegialorgans beugen müsse, wurde ebenfalls später aufgegeben[6].

Das gleiche gilt von der ursprünglichen Auffassung, daß die Klagemöglichkeiten im Organstreitverfahren auf gesetzlich geregelte Fälle beschränkt seien[7].

Im Hinblick auf die Generalklauseln der der VwGO vorangegangenen Verwaltungsgerichtsgesetze der Länder (vgl. § 22 Abs. 1 MRVO Nr. 165 und § 22 Abs. 1 VGG, jetzt § 40 VwGO) wurde die ablehnende Haltung betreffend die Zulassung der Organstreitigkeiten später aufgegeben.

Letztlich ist jedoch bis heute die rechtliche Einordnung des Organstreitverfahrens ungeklärt. Es herrschen sowohl bezügl. der Klageart als auch bezügl. der Zulässigkeitsvoraussetzungen und schließlich bezügl.

---

[2] Ebd., S. 25.

[3] OVG Münster, U. v. 21.1.1953, Akt.Z. III A 689/52; U. v. 4.11.1957, 9.11.1957 u. 10.7.1958 (Akt.Z. III B 743/56, III B 744/56 u. III B 669/58; vgl. zum letzten Beschluß DÖV 1958, 787 = V.Rspr. 11, 178).

[4] OVG Münster, U. v. 12.9.1962, JZ 1963, 178 (179); OVG Rheinl.-Pfalz, U. v. 8.3.1965, Städtetag 1965, § 119 (Kottenberg/Steffens GO § 53); VG Oldenburg, U. v. 7.2.1961, DÖV 1961, 549 (551); Henrichs DBVl. 1959, 560.

[5] Insichprozeß und Einheit der Verwaltung, 1968, S. 44.

[6] Vgl. Rechtsprechung Fn. 3.

[7] Vgl. die bei Hoppe, Organstreitigkeiten, S. 44, 45 zitierte Rechtsprechung,

des Klageziels dogmatische Unklarheiten und Ungereimtheiten. Hinsichtlich der Klagebefugnis versucht die Rechtsprechung seit der grundsätzlichen Bejahung der Klagbarkeit im Organstreitverfahren, zur Verhinderung der Popularklage ein Korrektiv einzubauen. „Die hierzu gewählte Konstruktion ist vornehmlich aus der Befürchtung geboren, andernfalls könne ein zu weites Ausufern von Organstreitigkeiten eintreten. Die Verwaltungsgerichtsbarkeit will wohl Hüter der Kommunalverfassung sein, sie will aber nicht im Bereich von Mehrheitsbeschlüssen von Kollegialorganen der Minderheit *jedwede* Möglichkeit bieten, Mehrheitsentscheidungen verwaltungsgerichtlich auf ihre Rechtmäßigkeit überprüfen zu lassen.“[8] Die Rechtsprechung und zwar zunächst die der Oberverwaltungsgerichte Münster und Lüneburg haben als Zulässigkeitsvoraussetzung verlangt, daß der Kläger behaupte, durch den innerorganisatorischen Akt in seinen Rechten verletzt zu sein[9]. Das OVG Münster hält den Kläger im Organstreitverfahren dann für klagebefugt, wenn er in seinen *Mitgliederschaftsrechten* oder *Mitgliederrechten* verletzt sei, die materielle Rechtswidrigkeit allein berechtige die überstimmte Minderheit nicht zur Klage[10]. Als solche Rechte sieht das OVG Münster z.B. bei einem Gemeinderatsmitglied das Teilnahmerecht an den Sitzungen, die Abstimmungsbefugnis usw. an[11], während das OVG Lüneburg aus der Organstellung des Klägers ein Teilnahme- und Beratungsrecht ableitet und dieses unter ausdrücklicher Bezugnahme auf Art. 19 Abs. 4 GG als Klagevoraussetzung i.S.d. Klagebefugnis bezeichnet[12]. Der Bay.VGH äußert sich dahin, daß das Kommunalrecht den Mitgliedern kollegialer Organe „gewisse Individualrechte“, nämlich das Recht auf Anwesenheit, auf Teilnahme an der Beratung und auf Stimmabgabe verleihe[13]. Da der Bay.VGH ursprünglich diese Rechte als durch die Anfechtungsklage gem. §§ 22, 35 VGG und später § 42 VwGO geschützt ansah, waren sie nach seiner Meinung mit den dort erwähnten „Rechten“ identisch. Schließlich geht das Bundesverwaltungsgericht wie selbstverständlich von der Möglichkeit aus, klagende Ratsmitglieder könnten geltend machen, durch einen Ratsbeschluß in ihren Rechten verletzt zu sein. Es erwähnt in diesem Zusammenhang lediglich in einem Klammerzusatz Art. 19 Abs. 4 GG[14]. Hieraus ist zu schließen, daß das Bundesverwaltungsgericht die Mitgliedschaftsrechte als Individualrechte i.S.d. Art. 19 Abs. 4 GG ansieht.

---

[8] Hoppe, Organstreitigkeiten, S. 75.

[9] OVG Lüneburg, U. v. 11.10.1960, DÖV 1961, 548/49; OVG Münster, U. v. 29.3.1967, DVBl. 1968, 392 ff. und die weiteren Zitate bei Hoppe, Organstreitigkeiten, S. 76, Fn. 12.

[10] Ebd.

[11] Z.B. U. v. 4.4.1962, DÖV 1962, 710 ff.

[12] U. v. 13.12.1957, V.Rspr. 11, 224.

[13] U. v. 2.10.1959, Bay. VBl. 1960, 21 ff. = V.Respr. 12, 478 ff.

[14] U. v. 8.12.1955, BVerwGE 3, 30 (35) = NJW 1956, 563.

Die Frage der Rechtsverletzung im Rahmen der Klagebefugnis weist für das Organstreitverfahren aus zwei Gründen eine besondere Problematik auf: Zum einen ist die Frage der Klageart umstritten. Zum anderen meldet die Rechtsliteratur Bedenken an, ob die „Rechte“ der Organe oder Organteile (Mitglieder von Organen) überhaupt als Individualrechte eingestuft oder diesen für den Verwaltungsprozeß gleichgesetzt werden können.

(1) Die Oberverwaltungsgerichte Münster und Lüneburg leiten die Zulässigkeit der Organstreitverfahren allein aus der Generalklausel her und lehnen die Auffassung ab, daß es sich bei der Anfechtung von Entscheidungen der Kollegialorgane um Verwaltungsakte handelt. Hiernach scheidet also die Anfechtungsklage als Klageart aus. Nachdem das OVG Münster zunächst festgestellt hatte, Klagen gegen eine Wahl z.B. trügen „anfechtungsähnlichen Charakter“[15], hat es später erklärt, in Verfahren dieser Art handele es sich um Streitverfahren „sui generis“; für die Zulässigkeit der Klage sei allein die Generalklausel des § 40 VwGO entscheidend[16]. Das OVG Lüneburg spricht insoweit von einer Streitigkeit, die „der Anfechtungsklage sehr nahe kommt“[17]. Der Bay.VGH, der sich zunächst — davon ausgehend, daß innerorganisatorische Maßnahmen Verwaltungsakte seien — für die Anfechtungs- und Verpflichtungsklage als richtige Klageart und damit auch für die Anwendbarkeit der §§ 42 Abs. 2, 113 Abs. 1 u. 4 VwGO ausgesprochen hatte[18], äußert sich in seinem Urteil vom 8.5.1968[19] nicht näher zur Klageart, umschreibt jedoch unter Hinweis auf die Rechtsprechung der OVGe Münster und Lüneburg die „organisationsrechtlichen Entscheidungen“ als „eigenständige hoheitliche Maßnahmen“ im Gegensatz zu Verwaltungsakten. Hieraus folgt, daß auch der Bay.VGH die Organstreitverfahren als Verfahren „sui generis“ angesehen hat. In zwei neueren Entscheidungen nimmt der Bay.VGH die allgemeine Leistungsklage und subsidiär die Feststellungsklage als richtige Klagearten an[20].

Bei dieser Sicht wird verständlich, daß für die Frage nach der Klagebefugnis nicht ohne weiteres auf § 42 Abs. 2 VwGO, sondern — um Popularklagen zu verhindern — mehr oder minder auf das allg. prozeßrechtliche Institut der Prozeßführungsbefugnis zurückgegriffen wird[21]. Unter diesem Gesichtspunkt erfolgt in der Rechtsprechung eine Entwicklung,

[15] U. v. 20.1.1954, Akt.Z. III A 758/53.

[16] U. v. 29.3.1967, DBVl. 1968, 392 ff.; U. v. 18.1.1973, OVGE 28, 208 ff.; B. v. 8.3.1973, DBVl. 1968, 646 ff.

[17] U. v. 7.5.1963, ZBR 1963, 210/213.

[18] U. v. 10.6.1959, Verw.Rspr. 13, 698 ff. und wie 13.

[19] In ES n.F. Bd. 21/74 = V.Rspr. 20, Nr. 23.

[20] U. v. 31.7.1974, Bay.VBl. 76, 753; U. v. 2.7.1976, JZ 1977, 129.

[21] Z.B. ausdrücklich OVG Lüneburg, U. v. 1.9.1950, DÖV, 1951, 589 = DVBl. 1951, 91.

die von einem sehr allgemein gehaltenen Begriff des „Bestehens eines Rechtsverhältnisses zwischen den Streitteilen" oder der „Prozeßführungsbefugnis" als einer „sachlichen Beziehung zum Streitgegenstand"[22] ausgeht und schließlich zu einer begrifflichen und inhaltlichen Konkretisierung auf „Verletzung von Mitglieds- oder Mitgliedschaftsrechten" gelangt[23]. Das OVG Münster spricht in diesem Zusammenhang ausdrücklich von der „Klagebefugnis"[24].

Das OVG Rheinl.-Pfalz lehnt jedoch die Konstruktion einer Klage „sui generis" ebenso wie die Übernahme der Grundsätze der Anfechtungs- und Verpflichtungsklage ab. Nach seiner Auffassung ist — je nachdem, ob ein Anspruch auf ein Handeln oder Unterlassen, oder aber einfach die Rüge der Verletzung von Verfahrensvorschriften anläßlich der Beschlußfassung in Betracht kommt — die allg. Leistungsklage oder die Feststellungsklage die richtige Klageart. Für die allg. Leistungsklage fordert das Gericht die Geltendmachung einer Rechtsverletzung i.S. einer Klagebefugnis, während es für die Feststellungsklage die Voraussetzungen des § 43 VwGO, insbesondere ein berechtigtes Interesse verlangt[25].

(2) Wegen der Frage der Klagebefugnis stößt die genannte Rechtsprechung auf heftige Kritik in der Rechtsliteratur. Es werden Zweifel angemeldet, ob die Grundsätze des Individualrechtsschutzes auf die Organwalter überhaupt anwendbar seien, ob nicht hier für den sog. *Innenrechtsbereich* (unter den Organen *einer* öffentl.-rechtlichen Körperschaft oder innerhalb der Organe derselben) andere Grundsätze als für den sog. *Außenrechtsbereich* (Bürger als Individuum gegenüber dem Staat bzw. der Verwaltung) gelten müßten[26]. Bereits Jellinek[27] hatte die Auffassung vertreten, daß der Begriff des subjektiven Rechts auf alle wie immer gearteten Funktionen staatlicher Organe — und das gelte auch für die Organe unterstaatlicher Verbände — unanwendbar sei, indem er ausführte: „Alle hierauf bezüglichen Rechtssätze sind nie im partikularen Interesse der zur Organschaft berufenen Personen, sondern stets und ausschließlich im öffentlichen Interesse da, es mangelt hier daher a priori die Zweckbeziehung auf ein individuelles Interesse, welches dem subjektiven Recht wesentlich ist. ... Es gibt daher kein Recht der Redefreiheit, der Abstimmung, der Interpellation, der Antragstellung für die Parlamentsmitglieder, sondern objektive Rechtssätze, welche die Kompetenz der

---

[22] OVG Lüneburg, U. v. 24.1.1951, Akt.Z. II OVG A 524/50.

[23] Vgl. statt vieler OVG Lüneburg, U. v. 11.10.1960, DÖV 1961, 548; z.B. OVG Münster, U. v. 4.4.1962, DÖV 1962, 710 (711); U. v. 12.9.1962, JZ 1963, 178 (179) und U. v. 29.3.1967 a.a.O.

[24] Ebd.

[25] OVG Rheinl.-Pfalz, U. v. 8.3.1965, Akt.Z. 6 A 22/64.

[26] Vgl. den Überblick bei Hoppe, Organstreitigkeiten, S. 78, 79 u. S. 94 ff., sowie S. 132 ff.

[27] System der subjektiven öffentlichen Rechte, 2. Aufl. 1919, S. 231 ff.

Mitglieder regelnd feststellen, unter welchen Bedingungen und innerhalb welcher Grenzen ein von einem Kammermitglied ausgehender Willensakt als öffentlich-rechtlich relevant angesehen werden solle. Ebenso verhält es sich mit den Befugnissen von Mitgliedern kollegialer Behörden auf Führung des Vorsitzes in den Sitzungen, Abgabe des ersten Votums usw. In diesen Fällen mag zwar ein individuelles Interesse der zur Organschaft berufenen Personen vorhanden sein, dies ist jedoch stets faktischer, niemals rechtlicher Natur. Alle Rechtssätze der erwähnten Kategorie sind derart durch das öffentliche Interesse geregelt, daß es zu einer Lokalisierung der durch sie normierten Kompetenzen in der Rechtssphäre der Individuen gar nicht kommen kann ..."[28].

Bemerkenswert in diesem Zusammenhang ist eine Entscheidung des Bundesverfassungsgerichts betreffend den verfassungsrechtlichen Organstreit gem. Art. 93 Abs. 1 Nr. 1 GG[29]. Das Bundesverfassungsgericht führt a.a.O aus, daß jene „Rechte" der Staatsorgane allerdings nicht den subjektiven Privatrechten gleichzusetzen, und solche Verfahren auch bestimmt seien, das objektive Verfassungsrecht zu bewahren, daß aber prozeßrechtlich der Vergleich mit den Verfahren zur gerichtlichen Erledigung von Rechtsstreitigkeiten in anderen Rechtsbereichen durchaus zulässig und geboten sei. Goessl, der sich mit den Organstreitigkeiten innerhalb des Bundes befaßt, erkennt den Ausnahmecharakter der Verfassungsgerichtsbarkeit, wie ihn Friesenhahn hervorhebt, an, daß sie über vom Gesetzgeber als Rechte ausgestaltete Kompetenzen entscheidet[30]. „Kompetenzen sind nach ihrer regelmäßigen Ausgestaltung nicht subjektive Rechte und Pflichten, sondern objektive Berechtigungen oder Verpflichtungen zu einem Tun oder Unterlassen"[31]. „Aber die Kompetenzen können (!) auch als subjektive Rechte und Pflichten ausgestaltet (!) sein." Das sei — nach einer weit verbreiteten Auffassung[32] — im Verfassungsbereich der Fall. Unterhalb der Verfassungsebene seien die Kompetenzen keine subjektiven Rechte und Pflichten[33]. Bei Verfassungsorganen sei das gerechtfertigt, weil sie im Rahmen des Gemeininteresses vom Staatsinteresse verschiedene Eigeninteressen „und dadurch subjektive Rechte und Pflichten" hätten[34].

Friesenhahn hebt hervor, daß für den Organstreit im Verfassungsrechtskreis etwas anderes als im Verwaltungsrechtskreis gelte. Der Organstreit sei eine wesentliche Erscheinung des Verfassungsstreits. Wenn

---

[28] S. 232.

[29] BVerfGE 2, 143 ff., 152.

[30] Goessl, 1961, S. 54 ff.

[31] Ebd.

[32] Vgl. die Nachweise bei Goessl, S. 54 N. 230.

[33] Wie vor, S. 55 N. 231 u. S. 117 N. 480.

[34] Ebd., S. 117.

Art. 93 Abs. 1 Nr. 1 GG und entsprechende Vorschriften der Landesverfassungen „eigene Rechte“ oberster Staatsorgane oder anderer Beteiligter ausdrücklich anerkennten, so besage das lediglich, daß der Gesetzgeber, auch der Verfassungsgesetzgeber frei sei, solche Rechte als eigene wie subjektive öffentliche Rechte zu regeln. Das besage aber nichts über die Grundfrage, ob organschaftliche Rechte im Sinne von subjektiven Rechten und Rechtsbeziehungen mit der *Organbefugnis* gegeben seien[35]. Rupp warnt davor, daß ein „rein prozeßrechtliches Denken“ zu einem „Trugschluß“ führt, und zwar ein aus dem „staatsgerichtlichen Organstreit“ abgeleitetes prozeßrechtliches Denken: „Subjektive Rechte des Organs gegenüber der Organismusperson oder gegenüber anderen Organen auf Ausübung der zugeteilten Organschaft sind schlechterdings ausgeschlossen ..... Wo sollte auch der Grund zur Entstehung organeigener subjektiver Rechte liegen, wenn der Gesamtorganismus seine Funktionen auf bestimmte Organe arbeitsteilig verteilt? Sicher ist nur, daß die Organe mit der Verpflichtung zur Kompetenzwahrung und Kompetenzausfüllung eine Rechtsmacht, eine Rechtsbefugnis erhalten. Diese hat aber nur zum Inhalt, organschaftlich für den Gesamtorganismus zu handeln. In ihr liegt jedoch nicht zugleich ein subjektives Recht der Organe auf ungestörte Waltung der Organfunktion. Die Rechtsbefugnis ist vielmehr auch hier nur Gegenstand einer Verpflichtung, nicht aber Inhalt eines subjektiven Rechts. Die Zurechnungsendsubjektivität der Organe bestimmt sich also ausschließlich von der Pflichtseite her“[36]. Das zusammenfassende Ergebnis der Auffassung Rupp's lautet: „Eigene Rechte der Organe, die etwa mit denen des Organwalters auf Nichtantastung seiner menschlichen Würde verglichen werden könnten, stehen dem Organ als Kompetenzkomplex naturgemäß nicht zu“[37]. Hoppe sucht denn auch nach einer Erklärung für den nach den vorstehenden Literaturmeinungen verfehlten Ansatz der Rechtsprechung, als *Individualrechte* gedachte *Mitgliedsrechte* der Organteile als Ausgangspunkt der Klage anzuerkennen, und verweist auf einen verengten, am Zivilrecht orientierten Rechts- und Rechtssatzbegriff, der das Recht nur als güterzuordnendes und (oder) Rechtssphären voneinander trennendes Phänomen begreife und damit eine Funktion des Rechts verkümmern lasse, die im Innenrechtsbereich maßgeblich sei, nämlich die Zusammenordnung von Kräften zu einem einheitlichen Werk[38]. Das Recht kenne nicht nur *begrenzende*, sondern

---

[35] Friesenhahn, Festschrift für Thoma, S. 52.

[36] Rupp, S. 99 ff., 100; ähnlich Wolff, Organschaft und juristische Person II, S. 274.

[37] S. 100 ff.

[38] Hoppe, Organstreitigkeiten, § 13, S. 95; vgl. zu der ähnlichen Problematik bei der Frage der passiven Parteifähigkeit von Behörden im Zusammenhang mit dem Begriff der Rechtssubjektivität Menger, System, S. 147 ff. sowie BVerwGE 7, 66 (71).

auch *zusammenordnende* Vorschriften[39]. Auf dem Hintergrund dieser von der Rechtswissenschaft dargelegten Gründe erscheint die Argumentation der Rechtsprechung in der Tat wenig ausgewogen und rechtsdogmatisch bedenklich. Eine Analyse der gerichtlichen Entscheidung zeigt, daß die Rechtsprechung die Verletzung von Mitgliedschaftsrechten fordert, *ohne* sich kritisch mit dieser Frage anhand der für das subjektive öffentliche Recht entwickelten Merkmale auseinandergesetzt zu haben. Es wird bisweilen auf Art. 19 Abs. 4 GG (vgl. BVerwGE 3, 40 ff. nur in einem Klammersatz) rekuriert, ohne daß gefragt oder erörtert wird, ob diese Verfassungsvorschrift im Innenrechtsverhältnis gilt. Das OVG Münster spricht in seiner Entscheidung vom 12.9.1962 a.a.O. ohne jede weitere Begründung davon, daß Ratsmitglieder, die von einer Beratung und Entscheidung des Rates wegen Befangenheit ausgeschlossen wurden, wegen Verletzung ihrer Mitgliedschaftsrechte im Kommunalverfassungsstreitverfahren klagen könnten. Den Organteilen wird ohne weiteres eine verletzbare Rechtsstellung zugebilligt, den Organen ein mit Abwehrrechten gegenüber anderen Organen ausgestatteter Status zugeschrieben. Die Rechtsprechung geht also im Prinzip von Mitgliedsrechten als einer unumstrittenen und bekannten Größe — worauf Hoppe[40] zutreffend hinweist — aus, die vorausgesetzt werden kann, aber nicht begründet werden muß.

Die Wertung des Organstreitverfahrens als ein subjektives Rechtsschutzverfahren hat in der Praxis letztlich nur dahin geführt, die Popularklage auszuschließen und damit eine Zulässigkeitssperre für die Klage aufzurichten. Denn die zitierten Entscheidungen handeln durchweg nur in der Zulässigkeitsstation, nicht aber im Rahmen ihrer Begründetheit von den Mitgliedsrechten. Die knappe Erörterung der Frage des Mitgliedschaftsrechts läßt die weitere Frage, ob die rechtswidrige, den Gegenstand des jeweiligen Rechtsstreits bildende Maßnahme das Mitgliedsrecht des Klägers tatsächlich verletzt, grundsätzlich unbeantwortet. Damit hat das Organstreitverfahren in der Praxis seinem Inhalt nach lediglich die Bedeutung der Rüge objektiver Gesetzwidrigkeit, somit den Charakter einer Beanstandungsklage.

---

[39] Haenel, Das Gesetz im formellen und materiellen Sinne, 1968, S. 210 u. S. 221. Kisker vertritt demgegenüber in JuS 1975, 704 f. eine differenziertere Auffassung. Er will für die Frage, ob Organe (hier Gemeindeorgane) Inhaber von subjektiven Rechten sein können, auf die konkrete Rechtslage und damit auf die für bestimmte Organe bestehenden Rechtsregeln abstellen. Davon ausgehend, daß ein subjektives Recht nichts anderes als ein mit rechtlicher Willensmacht bewehrtes Interesse ist und die Funktion des Verwaltungsprozesses dahin geht, Interessenkonflikte zu lösen, steht nach Auffassung Kiskers die Einweisung von Organen in die Rolle von Trägern subjektiver *Rechte* und *Pflichten* überall da zur Diskussion, wo die Rechtsordnung Organ und Organ bzw. Organ und Organisation in ein *Spannungsverhältnis* hineinstellt, das *Interessenkonflikte* als akzeptierte Möglichkeit einschließt.

[40] S. 78.

4. Zusammenfassende Analyse der Fallgruppen

Die Darstellung der Klagebefugnis anhand der Fallgruppen hat gezeigt, daß die Anwendung des § 42 Abs. 2 VwGO in der Rechtspraxis auf Schwierigkeiten stößt, und daß deshalb das Bundesverwaltungsgericht — auch oder gerade unter Anwendung der sog. Möglichkeitstheorie — mangels klarer, dogmatischer Abgrenzungskriterien zu keiner einheitlichen Rechtsprechung gekommen ist. Obwohl § 42 Abs. 2 VwGO nur von „Geltendmachen", nicht aber von dem *Vorliegen* einer Rechtsverletzung spricht, wird in vielen Fällen die Frage der Rechtsverletzung abschliessend bei der Zulässigkeit der Klage behandelt. Friauf weist in einer Besprechung des vom BVerwG zu § 13 PBefG entschiedenen Falles — eines Falles der sog. Konkurrentenklage — zu Recht darauf hin, daß die abschließende Würdigung der rechtlich geschützten Interessen (als eines zentralen Problems des materiellen Rechts) durch das BVerwG im Rahmen der Klagebefugnis zu einer „sinnwidrigen Entleerung des § 113, Abs. 1 S. 1 VwGO" führe[1]. Daß dieser Gesichtspunkt bisher wenig Beachtung fand, mag seinen Grund zunächst darin haben, daß sich in den meisten Fällen, in denen das Bundesverwaltungsgericht die Klagen für zulässig erklärt hat, der angefochtene Verwaltungsakt als rechtmäßig erwies. Die Frage, ob der Kläger i.S.d. § 113 Abs. 1 S. 1 VwGO in seinen Rechten verletzt sei, brauchte deshalb ohnehin nicht mehr gestellt zu werden. Hinzu kommt, daß einer großen Zahl, auf vielen Rechtsgebieten sogar der Mehrzahl der im Verwaltungsstreitverfahren zu entscheidenden Fälle bezügl. der Frage der Rechtsbeeinträchtigung ein unstreitiger Sachverhalt zugrunde liegt. Die Frage, ob in *concreto* eine Rechtsverletzung gegeben ist[2], stellt sich daher bei der vom Bundesverwaltungsgericht gewählten Verfahrensweise weitgehend nicht, sondern es hat in der Begründetheit der Klage mit der Feststellung der Rechtswidrigkeit des Verwaltungsaktes sein Bewenden.

Die Verlagerung der Frage der Rechtsbeeinträchtigung in die Zulässigkeit der Klage hat ihre wesentliche Ursache in dem Bestreben der Rechtsprechung, die Popularklage zu vermeiden. Zu diesem Zweck wird — wie vor allem die Entscheidungen über öffentl.-rechtliche Nachbarklagen im Baurecht zeigen — die Überschaubarkeit und Abgrenzbarkeit des Kreises der Klagebefugten zum Kriterium erhoben[3]. Ob dieser Gesichtspunkt ein vertretbares Kriterium zur Abgrenzung einer nach § 42 Abs. 2 VwGO zulässigen Klage von einer Popularklage darstellt, erscheint im Hinblick auf die Rechtsschutzgarantie des Art. 19 Abs. 4 GG sehr problematisch[4].

[1] DVBl. 1969, 368 (369).

[2] Die Frage der Rechtsverletzung in *abstracto* ist bereits als Element der Klagebefugnis geprüft worden.

[3] Z.B. BVerwG, U. v. 28.4.1967, a.a.O.

[4] Hierzu insbesondere Rehbinder/Burglacher/Knieper, S. 37.

Hierin wird aber zugleich die Unsicherheit der Lehre und Rechtsprechung bei der Bestimmung des Begriffs der „Rechtsverletzung" i.S.d. §§ 42 Abs. 2, 113 Abs. 1 S. 1 u. Abs. 4 VwGO bzw. des subjektiven öffentlichen Rechts sichtbar. Die Frage des abgrenzbaren und überschaubaren Personenkreises als Kriterium für die nachbarschützende Funktion einer Norm im Baurecht, im Planfeststellungsverfahren oder auch im Gewerberecht führte mehr oder weniger zu unbefriedigenden, wenn nicht gar zufälligen Ergebnissen in der Rechtspraxis. Hieraus wiederum dürfte das Bemühen der Rechtsprechung zu verstehen sein, sozusagen als Korrektiv die Eigentumsgarantie des Art. 14 GG (z.B. bei Baunachbarklagen gem. § 34 BBauG) heranzuziehen, um doch im Einzelfall noch Nachbarschutz gewähren zu können. Dieses Bemühen der Rechtsprechung leidet aber unter fehlender Systematisierung, weil allein auf die *Schwere* und *Unerträglichkeit* abgestellt wird, die sich schon begrifflich einer rechtlich faßbaren und verläßlichen Bestimmung entziehen.

Das Betreben, die Klagemöglichkeiten einzugrenzen, wird besonders bei den Organstreitverfahren deutlich, indem die Rechtsprechung versucht, über den Begriff der Mitglieds- oder Mitgliedschaftsrechte ein Kriterium für die Klagebefugnis zu finden. Zwecks Vermeidung von Wiederholungen kann auf die Erörterungen zum Organstreitverfahren verwiesen werden.

Im Gegensatz hierzu sind auch Entscheidungen anzutreffen, in denen die Frage der Rechtsverletzung ausdrücklich in der Begründetheit der Klage behandelt wird. Hier wie dort wird der rechtsdogmatische Ansatz i.S.d. von der Rechtsprechung selbstentwickelten Möglichkeitstheorie durchbrochen, wenn nicht gar überhaupt verlassen. Nichts anderes gilt für die Entscheidungen, in denen überhaupt nicht zwischen Klagebefugnis als Zulässigkeitsvoraussetzung und dem Vorliegen der Rechtsverletzung als Element der Begründetheit der Klage unterschieden wird.

Ferner machen die Fallbeispiele deutlich, daß auch die von der h.M. vertretene Adressatentheorie nicht zu einheitlichen Ergebnissen in der Rechtsprechung führt. Sie wird insbesondere bei Anfechtungsklagen gegen einen Planfeststellungsbeschluß — wie dargelegt — durchbrochen, was zur Folge hat, daß auch hier — geradezu in Umkehrung der These, daß der Adressat eines Verwaltungsaktes nicht darzulegen brauche, in seinen Rechten verletzt zu sein — die gesamte Problematik der Individualrechtsverletzung in der Zulässigkeit der Klage behandelt wird. Die Verneinung einer Rechtsverletzung wirkt sich daher als *Zulässigkeitssperre* für die Klage aus.

Anhand der Fallgruppen fällt auch auf, daß die Rechtsprechung einerseits von dem Grundsatz ausgeht, für die Klagebefugnis müsse festgestellt werden, daß sich der Kläger auf eine zumindest auch im Individualinteresse erlassene Rechtsnorm (Schutznorm) berufen könne, die in den allgemeinen Gesetzen zu suchen sei (sog. Schutzgesetzlehre). Andererseits leitet das Bundesverwaltungsgericht für einzelne Fälle das subjektive öffentliche Recht bereits aus dem allgemeinen Freiheitsrecht des Art. 2 Abs. 1 GG ab, ohne einzelne Normen des materiellen Verwaltungsrechts, also Normen außerhalb des Grundgesetzes daraufhin zu untersuchen, ob sie nur im Allgemeininteresse oder zumindest auch im Interesse des Einzelnen erlassen sind. Die Einbeziehung des Art. 2 Abs. 1 GG in die Betrachtung der Klagebefugnis wird in der neueren Rechtsliteratur auch als Hebel zur Befreiung aus der Enge der Klagebefugnis begrüßt[5]. Ob dies der Fall ist, wird später zu erörtern sein. Es ist den Entscheidungen auch nicht zu entnehmen, daß das Bundesverwaltungsgericht damit Art. 2 Abs. 1 GG als „generelles Abwehrrecht“ definieren wollte. Vielmehr spricht hiergegen der Umstand, daß es in späteren Entscheidungen nicht auf Art. 2 Abs. 1 GG, sondern wieder auf rangniedrigere Normen zur Begründung subjektiv öffentlicher Rechte der Kläger zurückgreift.

5. Ursachen der dargelegten Problematik

a) Klagebefugnis als „Scheinproblem“?

Bevor nun ein Lösungsversuch unternommen wird, ist es erforderlich, sich mit den Ursachen der Problematik der Klagebefugnis auseinanderzusetzen. Die Erörterungen hierzu sind jedoch nur sinnvoll, wenn zuvor klargestellt ist, daß es sich bei der Klagebefugnis nicht — wie Grunsky meint[1] — um ein bloßes Scheinproblem handelt. Die Klagebefugnis als ein Scheinproblem anzusehen, ist schon deshalb verfehlt, weil der Gesetzgeber sie zu einer Sachurteilsvoraussetzung erhoben und damit die Zulässigkeit einer Anfechtungs- oder Verpflichtungsklage *zwingend* vom Vorliegen der Klagebefugnis abhängig gemacht hat. Sie steht damit nach der Konzeption der Verwaltungsgerichtsordnung gleichberechtigt neben anderen Sachurteilsvoraussetzungen, wie z.B. der des Vorverfahrens gem. §§ 68 ff. VwGO, das in der Regel eine zwingende Voraussetzung für den Erlaß eines Sachurteils bei Anfechtungs- und Verpflichtungsklagen darstellt. Es besteht bei der Klagebefugnis allerdings die Besonderheit, daß der Begriff der „Rechtsverletzung“ außer in § 42 Abs. 2 VwGO noch einmal in § 113 Abs. 1 S. 1 und Abs. 4 VwGO enthalten, die Rechtsverletzung mithin auch in der Begründetheit der Klage zu behandeln ist. Gleichwohl dürfen die sich u.a. hieraus ergebenden Schwierigkeiten bei der Handhabung der Klagebefugnis in der Rechtspraxis nicht dazu führen, sie als Scheinproblem abzuqualifizieren mit der Folge, daß es gleichgültig wäre[2], ob die Klage nach § 42 Abs. 2 VwGO als unzulässig

[5] Rehbinder/Burglacher/Knieper, S. 38.

[1] S. 235, 237.

oder nach § 113 Abs. 1 S. 1 oder Abs. 4 VwGO als unbegründet abgewiesen wird. Eine derartige Rechtsauffassung wird auch — soweit ersichtlich — zu keiner anderen Sachurteilsvoraussetzung vertreten. Es würde z.B. niemand auf den Gedanken kommen, etwa bei fehlendem Vorverfahren gem. §§ 68 ff. VwGO die Zulässigkeit der Klage mit der Begründung offenzulassen, die Klage sei in jedem Falle unbegründet.

Auch für die Frage der materiellen Rechtskraft des verwaltungsgerichtlichen Urteils ist es nicht gleichgültig, ob die Klage durch Prozeß- oder durch Sachurteil abgewiesen wird[3]. Die h.M. in Rechtsprechung und Lehre zum Zivilprozeßrecht geht davon aus, daß die Abweisung der Klage als unzulässig zwar eine Entscheidung über den erhobenen prozessualen Anspruch, aber keine sachliche sei und daher seiner Geltendmachung durch neue Klage unter Vermeidung des Prozeßmangels nicht entgegenstehe. Die Abweisung der Klage dagegen als unbegründet spreche, ganz gleich, ob sich die Klage als nicht begründet oder eine Einrede als begründet herausgestellt habe, das Nichtbestehen des geltend gemachten Anspruchs *rechtskräftig* aus, so daß der Anspruch nicht noch einmal erhoben werden dürfe, außer wenn er nur auf Zeit abgewiesen sei. Deshalb dürfe das Gericht eine unzulässige Klage nicht zugleich auch als unbegründet abweisen oder die Frage der Zulässigkeit ungeklärt lassen[4].

Die materielle Rechtskraft eines Prozeßurteils beschränkt sich hiernach — im Gegensatz zum Sachurteil — auf die darin entschiedene *Prozeßfrage*. Es ist zu untersuchen, ob diese Grundsätze auch für den Verwaltungsprozeß, insbesondere für die Frage gelten, ob ein auf die fehlende Klagebefugnis gem. § 42 Abs. 2 VwGO gestütztes Prozeßurteil nicht die gleiche materielle Rechtswirkung wie ein auf das Fehlen der Rechtsverletzung gem. § 113 VwGO gestütztes abweisendes Sachurteil entfaltet.

Gem. § 121 VwGO binden rechtskräftige Urteile die Beteiligten und ihre Rechtsnachfolger soweit, als über den Streitgegenstand entschieden worden ist. Der Begriff des „Streitgegenstandes" in diesem Sinne ist umstritten. Für die Anfechtungsklage werden im wesentlichen drei Theorien vertreten. Streitgegenstand ist nach der ersten Auffassung die *Rechtmäßigkeit* des angefochtenen Verwaltungsaktes[5], nach der zweiten Meinung der *Anspruch auf Aufhebung* des Verwaltungsaktes[6], und nach der

---

[2] So aber Grunsky, S. 237.

[3] A.A. Grunsky, S. 237.

[4] Rosenberg, § 129 I 2, S. 634 u. § 89 IV 1, S. 428 ff.; Blomeyer ZZP 81, 20/32; Berg, JUS 1959, 125 ff.; RGZ 70, 187; 105, 196; 154, 18 ff.; Warn 1936, 7; HRR 1937, 751. Diese zu § 322 ZPO vertretene Auffassung ist allerdings in neuerer Zeit auf Ablehnung gestoßen, vgl. Grunsky, S. 283 mit den dort aufgeführten weiteren Nachweisen.

[5] Niese, JZ 1952, 353 ff.

[6] Bettermann, DVBl. 1953, 163 ff. u. 202 ff.

dritten, nunmehr h.M. die *Rechtsbehauptung* (das Rechtsbegehren) des Klägers, der Verwaltungsakt sei *rechtswidrig* und greife *in seine Rechtssphäre* ein[7]. Folgt man der ersten Theorie, so hat die Frage der Rechtsverletzung keinen Einfluß auf die materielle Rechtskraft des Urteils, weil sie nicht zum Streitgegenstand gehört. Legt man die zweite Auffassung zugrunde, so bestimmt die Entscheidung über das materielle Rechtsverhältnis den Umfang der Rechtskraft nicht mit; vielmehr kann das materielle Rechtsverhältnis Gegenstand erneuter Prozesse werden. Denn für den Anspruch auf Aufhebung des Verwaltungsaktes als Streitgegenstand sind die Rechtswidrigkeit wie auch die Rechtsverletzung nur Vorfragen und Voraussetzung für ein obsiegendes Urteil[8]. Geht man schließlich von der dritten Meinung aus, so ergreift die materielle Rechtskraft im Falle eines stattgebenden Urteils *beide* Elemente, d.h. die Rechtswidrigkeit des Verwaltungsaktes und die Rechtsverletzung des Klägers. Im Falle der Klageabweisung bestimmt sich die materielle Rechtskraftwirkung entweder nach der fehlenden Rechtswidrigkeit, sofern die Klageabweisung hierauf gestützt ist, oder nach der fehlenden subjektiven Rechtsverletzung, sofern die Klageabweisung aus diesem Grunde erfolgt.

Nur vom Standpunkt dieser dritten und inzwischen h.M. könnte die materielle Rechtskraftwirkung bei einem auf mangelnde Klagebefugnis gestützten Prozeßurteil die gleiche sein wie bei einem auf die fehlende Rechtsverletzung gestützten Sachurteil, weil die subjektive Rechtsverletzung — jedenfalls nach der herrschenden Möglichkeitstheorie wie auch nach der Schlüssigkeitstheorie — Gegenstand der gerichtlichen Prüfung sowohl im Rahmen der Zulässigkeit der Klage gem. § 42 Abs. 2 VwGO als auch im Rahmen der Begründetheit der Klage gem. § 113 Abs. 1 S. 1 u. Abs. 4 VwGO ist. Demzufolge hat auch das EVerwG entschieden, zwischen den Beteiligten stehe (nach Unanfechtbarkeit) *rechtskräftig* fest, daß jedenfalls nicht der Kläger durch den angefochtenen Verwaltungsakt — unabhängig von seiner etwaigen Rechtswidrigkeit — in seinen Rechten verletzt werde, wenn die Klage deshalb als unzulässig abgewiesen sei, weil der Kläger offensichtlich nicht in seinen Rechten verletzt sei, so daß nicht einmal die Klagebefugnis gem. § 42 Abs. 2 VwGO gegeben sei[9]. Das gleiche gilt nach der Rechtsprechung des Bundesverwaltungsgerichtes, wenn die Anfechtungsklage als *unbegründet* abgewiesen wird, weil *rechtskräftig* feststehe, daß der angefochtene Verwaltungsakt den Kläger nicht in seinen Rechten verletze[10].

---

[7] Menger, System, S. 158; Bachof, JZ 1953, 411; Ule, Verwaltungsprozeßrecht, 6. Aufl., S. 168; Eyermann/Fröhler, VwGO, 7. Aufl., Rdnr. 10 c zu § 121; BVerwG U. v. 15.3.1968, BVerwGE 29, 210 ff.; U. v. 17.1.1972, BVerwGE 39, 247 ff. und U. v. 28.4.1972, BVerwGE 40, 101 ff., 104.

[8] Hierzu auch Eyermann/Fröhler, VwGO, 6. Aufl., Rdnr. 10 b zu § 121.

[9] U. v. 10.4.1968, NJW 1968, 1795.

[10] U. v. 15.3.1968, BVerwGE 29, 210 (212).

Gleichwohl besteht ein Unterschied hinsichtlich der materiellen Rechtskraft zwischen einem auf § 42 Abs. 2 VwGO gestützten Prozeßurteil und einem nach § 113 VwGO ergangenen Sachurteil nur dann nicht, wenn man der zu § 42 Abs. 2 VwGO vertretenen herrschenden Möglichkeitstheorie folgt. Denn nur bei ihrer Anwendung wird die Klagebefugnis — wie auch das zitierte Urteil vom 10.4.1968 zeigt — mit der Feststellung als unzulässig abgewiesen, eine Rechtsverletzung des Klägers *liege offensichtlich nicht vor*. Bei Anwendung der Schlüssigkeitstheorie hingegen wird im Falle eines Prozeßurteils wegen fehlender Klagebefugnis vom Gericht nur festgestellt, daß nach dem *Vortrag* des *Klägers* eine Rechtsverletzung nicht in Betracht kommt. Ob eine Rechtsverletzung unter Würdigung des gesamten Sachverhalts nicht vorliegt, was für ein auf § 113 VwGO gestütztes abweisendes Sachurteil vom Gericht festgestellt werden *müßte*, darüber enthält das Urteil keine Ausführungen. Würde der Kläger also in einem späteren Prozeß eine für die Rechtsverletzung nunmehr schlüssige Behauptung aufstellen, so würde das erste rechtskräftige Prozeßurteil einer Sachentscheidung nicht entgegenstehen und dem Gericht im Rahmen der Begründetheitsprüfung der Klage nicht verwehrt sein, über die Frage der Rechtsverletzung *erneut* zu befinden.

Diese Grundsätze gelten erst recht für die zu § 42 Abs. 2 VwGO vertretene Behauptungstheorie. Nach ihr entfallen in der Zulässigkeit der Klage jegliche Feststellungen zur Frage der Rechtsverletzung, weil diese allein der Begründetheit der Klage vorbehalten sind. Folglich wird hiernach über die Frage der Rechtsverletzung als einem Element des „Streitgegenstandes“ nur durch ein Sachurteil materiell rechtskräftig entschieden.

Nach alledem kann die Auslegung des § 42 Abs. 2 VwGO im Hinblick auf die an die Klagebefugnis zu stellenden Anforderungen auch nicht mit der Begründung dahingestellt bleiben, für die Rechtskraftwirkung sei es gleichgültig, ob die Klage als unzulässig oder als unbegründet abgewiesen werde.

Sind daher die Klagebefugnis und die mit ihr zusammenhängenden Rechtsfragen kein Scheinproblem, so bedarf es, bevor versucht wird, eine Lösung zu finden, einer Analyse der Gründe, auf denen der Theorienstreit über die Auslegung des § 42 Abs. 2 VwGO beruht.

b) Theorienstreit über die Auslegung des § 42 Abs. 2 VwGO als Ergebnis eines nicht einheitlichen Verständnisses der Funktion der Verwaltungsgerichtsbarkeit

aa) Die historische Entwicklung

Die Diskussion um die Funktion der Verwaltungsgerichtsbarkeit in Deutschland ist so alt wie diese selbst. Sie hat von der Entstehung der Verwaltungsgerichtsbarkeit im Absolotismus bzw. im Lehns- und Ständestaat — seinerzeit gab es allerdings noch keine Verwaltungsgerichtsbarkeit im heutigen Sinne, sondern die „Administrativjustiz (z.B. die preußische Kammerjustiz) als eine Art Vorläufer der Verwaltungsgerichtsbarkeit[1] — über den liberalen Rechtsstaat des 19. Jahrhunderts und die Weimarer Republik sowie die Zeit des Nationalsozialismus bis in die Gegenwart keinen endgültigen Abschluß gefunden, aber auch keine endgültige Klärung der Streitfrage herbeigeführt. Rein äußerlich spiegelt sich diese Situation in augenfälliger Weise in der Zeitspanne wider, welche die VwGO brauchte, um vom Bundestag im Dezember 1958 endgültig beschlossen zu werden. Bereits im Dezember 1952 verabschiedete die Bundesregierung den Regierungsentwurf einer Verwaltungsgerichtsordnung. Der Entwurf konnte aber weder vom ersten noch vom zweiten Bundestag verabschiedet werden; er gelangte vielmehr in die dritte Legislaturperiode. Diese verzögerliche Verabschiedung hatte zunächst ihre Ursache darin, daß u.a. zwei Punkte des Entwurfs umstritten waren[2]. Der erste Streitpunkt war das Verhältnis der Verwaltungsgerichte zur Verwaltung und betraf daher unmittelbar die Funktion der Verwaltungsgerichtsbarkeit. Es bestand lediglich Einigkeit darüber, daß die VwGO das Verhältnis Bürger-Staat ausbalancieren und der Staatsallmacht wie der Staatsverdrossenheit gleichermaßen vorbeugen sollte. Die Regierung vertrat aber die Auffassung, daß dem Staat eine gewisse *Vorrangstellung* eingeräumt werden müsse und zu diesem Zweck die Hälfte der Verwaltungsrichter aus aktiven Verwaltungsjuristen zu rekrutieren sei[3]. Diese Auffassung wurde damit begründet, daß es keine Gleichstellung zwischen der beklagten Behörde und dem Bürger im Verwaltungsprozeß gäbe, weil der Bürger nur sein *Einzelinteresse,* die Behörde jedoch das Interesse der *Allgemeinheit* vertrete[4]. Die zweite Streitfrage betraf die Überlastung der Verwaltungsgerichte. Es wurde teilweise die Auffassung vertreten, die Überbeanspruchung der Verwaltungsgerichte gefährde die Generalklausel, um som ehr schon jetzt zu viele Kontrollmöglichkeiten gegen Verwaltungsakte beständen[5]. Dieser Gesichtspunkt schlug sich konkret auch in der Beratung des Wortlauts des § 42 Abs. 2 VwGO in der Fassung der Regierungsvorlage nieder, welche zunächst wie folgt lautete:

---

[1] Menger, Der Schutz der Grundrechte in der Verwaltungsgerichtsbarkeit, in: Bettermann/Nipperdey/Scheuner, Die Grundrechte, Handbuch der Theorie und Praxis der Grundrechte, Bd. III/2, S. 719, 720.

[2] Gliss, Die Entwicklung der deutschen Verwaltungsgerichtsbarkeit bis zur Bundesverwaltungsgerichtsordnung, 1962, S. 55 ff.; Görlitz, Verwaltungsgerichtsbarkeit in Deutschland, 1970, S. 57.

[3] Görlitz, S. 57.

[4] So der frühere Staatssekretär Anders.

[5] So der Vertreter des Landes Schleswig-Holstein im Bundesrat Kraft, zitiert bei Görlitz, S. 61.

„Soweit gesetzlich nichts anderes bestimmt wird, ist die Klage nur zulässig, wenn der Kläger behauptet, durch den VA oder seine Ablehnung oder Unterlassung beschwert zu sein."

Das Tatbestandsmerkmal „beschwert" stieß in den Ausschußberatungen des Bundestages und des Bundesrates auf Kritik und wurde dann schließlich durch die Worte „in seinen Rechten verletzt zu sein" ersetzt. Es wurde vorgebracht, daß das Wort „beschwert" etwas anderes als der Ausdruck „verletzt", zumindest aber eine Erweiterung über den Wortlaut des Art. 19 Abs. 4 GG hinaus bedeute. Der Vertreter eines Landes sah in dem Ausdruck „beschwert" eine bedeutende Erweiterung des in Art. 19 Abs. 4 GG genannten Tatbestandes, die aus verfassungsrechtlichen Gründen nicht zulässig sei. Der Grundgesetzgeber, so hob er hervor, habe deutlich vorgeschrieben, daß es sich um „Verletzung" von „Rechten" handeln müsse. Man solle nicht davon abweichen und nicht durch solche zumindest praeter legem gefaßten Wendungen den Verwaltungsgerichten, welche ohnehin schon nicht mehr wüßten, wie sie fertig werden sollten, eine Unmenge von Klagen aufzubürden[6]. Mit dieser Argumentation wurde letzten Endes, worauf Görlitz[7] zutreffend hinweist, die Entlastung der Verwaltungsgerichte zu einer Zielvorstellung proklamiert, und der Schutz der Individualinteressen der Bürger durch die Verwaltungsgerichte ins Wanken gebracht. Diese Gedankengänge haben — wie die Erörterung der Problematik der Klagebefugnis anhand der Fallgruppen deutlich macht — Eingang in die Rechtsprechung und Literatur zur Klagebefugnis des § 42 Abs. 2 VwGO gefunden, indem immer wieder versucht wird, den Kreis der Klagebefugten einzuengen und überschaubar zu halten.

Die bis heute umstrittene Funktion der Verwaltungsgerichtsbarkeit hat ihre rechtshistorischen Grundlagen — grob betrachtet — in zwei Modellen der deutschen Verwaltungsgerichtsbarkeit: in dem sog. preußischen Modell einerseits und im sog. süddeutschen Modell andererseits[8]. Das preußische System beruhte auf der Lehre Gneists[9] — ihm folgend auch Zorn und Otto Mayer[10] —, während das süddeutsche System seine Wurzel in der Lehre Otto von Sarweys[11] hatte. Das Wesen der Verwaltungsge-

---

6 Vgl. die Übersicht bei Köhler, VwGO, 1960, Anm. C I 5 b zu § 42, S. 297.

7 S. 61.

8 Menger, Der Schutz der Grundrechte in der Verwaltungsgerichtsbarkeit, S. 723 ff.

9 Gneist, Der Rechtsstaat und die Verwaltungsgerichte in Deutschland, 1. Aufl., 1872.

10 Zorn, Zum Problem der Verwaltungsgerichtsbarkeit, Festgabe für Paul Krüger, 1911, S. 511 ff.; Otto Mayer, Deutsches Verwaltungsrecht I, 3. Aufl. 1924, S. 131 ff.

11 Otto von Sarwey, Das öffentliche Recht und die Verwaltungsrechtspflege, 1880.

richtsbarkeit nach dem preußischen System lag in der Kontrolle der Verwaltung durch verwaltungsinterne Einrichtungen, welche diese Kontrolle in einem gerichtsähnlichen Verfahren auszuüben hatten. Hiernach hatte die Verwaltungsgerichtsbarkeit die Aufgabe, die Gesetzmäßigkeit der Verwaltung zu garantieren[12]. Diese Auffassung war eine Folge der Grundeinstellung Gneists, wonach Verwaltungsrechtspflege zwar auch dem Individualinteresse, vor allem aber dem Schutz der Gesamtheit dient[13]. Gneist verstand somit unter Verwaltungsgerichtsbarkeit einen Zweig der Verwaltung, der justizförmig tätig wird. Dementsprechend war die preußische Verwaltungsgerichtsbarkeit so ausgestaltet, daß die Verwaltungsgerichte in der Lage waren, nicht nur eine Rechtskontrolle auszuüben, sondern auch Ermessensentscheidungen auf ihre Rechtmäßigkeit *und* Zweckmäßigkeit hin zu beurteilen. Das preußische OVG begründete diese Befugnis der Verwaltungsgerichte damit, daß die Verwaltungsgerichtsbarkeit geschichtlich an die Stelle der Regierung getreten sei[14]. Wegen der starken Betonung der Funktion der Verwaltungsgerichte als *Kontrolle der Verwaltung* im Gegensatz zur Funktion der *Rechtschutzgewährung* spielte das Problem der Klagebefugnis im preußischen Rechtskreis im Prinzip nur eine untergeordnete Rolle. Die Zuständigkeit der Verwaltungsgerichte und ihrer Instanzen bestimmte sich nach dem *Enumerationsprinzip,* d.h., sie durften nur tätig werden, wenn eine Angelegenheit gesetzlich als Verwaltungsstreitsache definiert war. Lediglich in Polizeisachen gab es eine *Generalklausel*[15]. In diesem Bereich war denn auch streitig, ob die Klagebefugnis von der Verletzung eines subjektiven Einzelrechts abhing, oder ob es genügte, daß der Kläger eine Gefährdung seiner Interessen nachwies[16]. In § 127 Abs. 3 des preußischen Gesetzes über die allgemeine Landesverwaltung vom 30. Juli 1883 (GS S. 195) hieß es schließlich, daß die Klage nur darauf gestützt werden könne, daß der angefochtene Bescheid durch Nichtanwendung oder unrichtige Anwendung des bestehenden Rechts, insbesondere auch der von den Behörden innerhalb ihrer Zuständigkeiten erlassenen Verordnungen den Kläger in seinen Rechten verletze[17].

Demgegenüber war für die süddeutsche Lehre Verwaltungsgerichtsbarkeit Rechtsprechung auf dem Gebiet des Verwaltungsrechts. Ihre Auf-

[12] Görlitz, S. 37; Bögershausen, Die Entwicklung der deutschen Verwaltungsgerichtsbarkeit unter besonderer Berücksichtigung ihres Verhältnisses zur Verwaltung und Justiz, Kölner Dissertation 1951.

[13] Gneist, 3. Aufl., S. 271.

[14] Bd. 12, S. 223 ff.

[15] Vgl. § 127 Abs. 2 des Preuß. Gesetzes über die allgemeine Landesverwaltung vom 30. Juli 1883 (GS, S. 195).

[16] von Elbe, Die Verwaltungsgerichtsbarkeit nach den Gesetzen der deutschen Länder, Kieler Dissertation 1925, S. 30/31 mit weiteren Nachweisen, zitiert bei Görlitz, S. 41.

[17] § 127 Abs. 3 löste den gleichlautenden § 63 Abs. 3 des Preuß. Gesetzes über die Organisation der allg. Landesverwaltung von 1880 (GS, 291) ab.

gabe bestand hiernach — wie die jeder Rechtsprechung — im Schutz der Individualrechte, d.h. der subjektiven Rechte.

Otto von Sarwey führt hierzu aus, daß auf der einen Seite die Verwaltung stehe, der es gestattet sein müsse, Zwang zur Erreichung der öffentlichen Zwecke anzuwenden, daß aber auf der anderen Seite der Bürger stehe, dem *subjektiv-öffentliche Rechte* verliehen seien, welche *schutzwürdig* seien. Zwischen beiden vermittele die Rechtsprechung, die das Verwaltungshandeln an der Rechtsordnung messe[18]. Der Staat sollte allerdings sein Verhältnis zum einzelnen positiv-rechtlich regeln und damit die schutzwürdige Sphäre abgrenzen. Die Verwaltungsgerichtsbarkeit hatte ausschließlich die Aufgabe, diesen Bereich zu garantieren. In den *rechtsfreien* Raum des Staates durfte sie nicht einbrechen[19]. Nach dieser Lehre reichte die Verwaltungsrechtsprechung nur soweit, wie der Staat dem Bürger Rechte gewährte. Die Rechtsprechung war also auf den Schutz positiv geregelter subjektiver Rechte verwiesen; die Wahrung des öffentlichen Rechts *insgesamt* durch die Verwaltungsrechtspflege war damit ausgeschlossen[20]. Wegen der Ausklammerung des rechtsfreien Raumes aus der Verwaltungsrechtsprechung erstreckte sich die Entscheidungsbefugnis der Verwaltungsgerichte auch nur auf die Rechtmäßigkeit, nicht auf die Zweckmäßigkeit behördlicher Maßnahmen, mithin nicht auf Ermessensentscheidungen der Behörden[21]. Die Akzentuierung der Individualrechtsschutzgarantie als Funktion der Verwaltungsgerichtsbarkeit nach der Lehre von Sarwey führt dazu, daß in den süddeutschen Ländern der Geheime Rat als erste Instanz der Verwaltungsgerichtsbarkeit eine *Definition* der Klagebefugnis gab, die im wesentlichen noch heute gilt. Klagebefugt war, wer „behauptet hat, daß er durch die Verfügung eines Ministeriums in einem ihm zustehenden Rechte verletzt sei, und in welcher ein Urteil hierüber nach den Normen des öffentlichen Rechts verlangt wird“[22]. Damit mußte die Klage auf eine *Rechtsverletzung gestützt* sein; die Beeinträchtigung von Interessen genügte nicht. Der Geheime Rat begründete seine Selbstbeschränkung aus dem Wesen der Justiz als einer „Recht“sprechenden Gewalt in einer Zeit, in welcher die Verschiedenheit von Justiz und Verwaltung gerade erkannt und organisatorisch umgesetzt worden war[23]. Dementsprechend war bereits in Art. 13 des Württembergischen Gesetzes über Verwaltungsgerichtspflege von 1876 (RegBl.

18 von Sarwey, S. 73 u. 79 ff.

19 Lemayer, Apologetische Studien zur Verwaltungsgerichtsbarkeit, in: Grünhuts Zeitschrift, Bd. 22 (1895), S. 427.

20 von Sarwey, S. 79.

21 Görlitz, S. 35; Mittermeier, Über das Verhältnis der Justiz zur Verwaltung, in: AZP XXII (1839), S. 64.

22 von Sarwey, S. 258.

23 Zinser, Über die Württembergische Verwaltungsgerichtsbarkeit, in: Aus 100 Jahre Verwaltungsgerichtsbarkeit (1963), S. 96; Görlitz, S. 43/44.

485) bestimmt, daß der Verwaltungsgerichtshof über Beschwerden gegen Entscheidungen oder Verfügungen der Verwaltungsbehörden entscheidet, wenn jemand, sei es eine einzelne Person, ein Verein oder eine Korporation, behauptet, daß die ergangene, auf Gründe des öffentlichen Rechts gestützte Entscheidung oder Verfügung rechtlich nicht begründet, und daß er hierdurch in einem ihm zustehenden Recht verletzt oder mit einer ihm nicht obliegenden Verbindlichkeit belastet sei.

An die südddeutsche Lehre haben in der Weimarer Republik führende Verwaltungsrechtler — wie Fleiner und Walter Jellinek — angeknüpft. Fleiner sieht in der Verwaltungsgerichtsbarkeit „einen Zweig der Gerichtsbarkeit" und ihre rechtsstaatliche Rechtfertigung „in der Erwägung, daß der Bürger die Möglichkeit besitzen muß, die Rechtmäßigkeit einer ihn belastenden administrativen Verfügung von einer Gerichtsbarkeit prüfen zu lassen"[24]. Jellinek umschreibt die Verwaltungsgerichtsbarkeit als Nachbildung der ordentlichen Rechtspflege für Streitigkeiten des Verwaltungsrechts. Für ihn ist die Entscheidung eines *Rechtsstreits*[25] das Ziel der Verwaltungsrechtspflege, wobei er unter Rechtsstreitigkeiten nur Streitigkeiten über Rechts- und Tatfragen im Gegensatz zu Ermessensfragen und Streitigkeiten über subjektive Rechte im Gegensatz zu Streitigkeiten objektiven Rechts versteht.

Nach dem zweiten Weltkrieg trat bereits im Sommer 1945 in der amerikanischen Besatzungszone eine Sachverständigenkommission unter dem Vorsitz von Walter Jellinek zusammen, aus deren Arbeit, dem sog. Heidelberger Entwurf, die süddeutschen Verwaltungsgerichtsgesetze hervorgingen[26]. Sie wurden noch im Herbst 1946, zum Teil vor Verkündung des Kontrollratsgesetzes Nr. 36 vom 10. Oktober 1946 erlassen, das die Wiedereinführung der Verwaltungsgerichtsbarkeit in allen Besatzungszonen anordnete. Nachdem Anfang September 1948 auch in der britischen Besatzungszone die MRVO Nr. 165 als maßgebliches Gesetz betreffend die Verwaltungsgerichtsbarkeit ergangen war, welche Aufbau und Verfahren der Verwaltungsgerichtsbarkeit in den grundsätzlichen Fragen in Anlehnung an die süddeutschen Verwaltungsgerichtsgesetze der amerikanischen Besatzungszone regelte, konnte sich im größten Teil der westdeutschen Länder ein Rechtszustand entwickeln, der bereits die Voraussetzungen für eine spätere Vereinheitlichung der verwaltungsgerichtlichen Verfahrungsordnung enthielt. Die daraufhin noch folgenden Regelungen betreffend das verwaltungsgerichtliche Verfahren in den übrigen westdeutschen Besatzungszonen und Berlin — die ostdeutschen Regelungen sollen hier unberücksichtigt bleiben, weil sie wegen der ent-

---

[24] Fleiner, Institutionen des deutschen Verwaltungsrechts, 8. Aufl. (1928), S. 236 ff.

[25] Walter Jellinek, Verwaltungsrecht, 3. Aufl. (1931), S. 297 ff.

[26] Ule, Verwaltungsgerichtsbarkeit, 2. Aufl. (1962), Einleitung I 2.

gegenstehenden politischen Entwicklung nicht Grundlage für die spätere Verwaltungsgerichtsordnung wurden — lehnten sich an die Gesetzgebung in der amerikanischen und in der britischen Besatzungszone an[27]. Die neuen Verwaltungsgerichtsgesetze stimmten in ihren Grundzügen weitgehend überein. Sie trennten Verwaltung und Verwaltungsgerichtsbarkeit organisatorisch, also eine Abkehr von dem preußischen Modell, das in den unteren Instanzen beide Institutionen miteinander verband[28]. Den Verwaltungsrichtern wurde sachliche und persönliche Unabhängigkeit garantiert. Es galt nunmehr die *Generalklausel* (§ 22 VGG; § 22 MRVO Nr. 165), welche jede Art von Verwaltungsakten richterlicher Prüfung unterwarf. Die Entscheidungsbefugnisse der Verwaltungsgerichte waren einerseits auf die Rechtskontrolle beschränkt; Ermessensentscheidungen konnten nur auf Ermessensfehler überprüft werden (vgl. § 36 VGG; § 23 MRVO Nr. 165). Dies entsprach dem Gewaltenteilungsprinzip, wonach die Gerichte anstelle der Verwaltung keine Verwaltungstätigkeit ausüben dürfen[29]. Andererseits diente die Verwaltungsgerichtsbarkeit dem Individualrechtsschutz. Daß nur individuelle Interessen geschützt wurden, erreichte die Einengung der Klagebefugnis auf *Rechtsverletzungen*. Die Klagebefugnis wurde in den der Verwaltungsgerichtsordnung vorangegangenen Verwaltungsgerichtsgesetzen geregelt. Gem. § 23 VGG konnte, soweit gesetzlich nichts anderes bestimmt war, nur klagen, wer ein ihm zustehendes Recht geltend machte oder eine ihm angesonnene Verbindlichkeit bestritt. Die Zugehörigkeit zu einem öffentlichen Verband und die persönliche Rechtsstellung standen einem Rechte gleich. § 23 VGG regelte somit die Klagebefugnis für alle Klagearten. § 35 VGG wiederholte als Voraussetzung speziell der *Anfechtungsklage* nochmals, daß der Kläger behaupten müsse, durch einen Verwaltungsakt in seinen Rechten verletzt zu sein. Diese Regelung galt in Bayern und Hessen, während für Baden-Württemberg eine etwas andere Fassung bestand, nämlich, daß der Kläger behaupten müsse, durch einen Verwaltungsakt in einem ihm zustehenden Recht verletzt oder mit einer ihm nicht obliegenden Verbindlichkeit belastet zu sein. Für alle drei Länder enthielt § 35 einen gleichlautenden Abs. 2, wonach die Anfechtungsklage auch gegen die Unterlassung einer beantragten Amtshandlung zulässig war, auf deren Vornahme der Antragsteller ein Recht zu haben behauptete. Gem. § 23 MRVO Nr. 165 konnte die Anfechtung eines Verwaltungsaktes nur darauf gestützt werden, daß der Verwaltungsakt den Kläger in seinen Rechten beeinträchtige, weil er rechtswidrig sei. Die Klage auf Vornahme eines beantragten Verwaltungsaktes konnte nur darauf gestützt werden, daß der Kläger einen Rechtsanspruch auf die Vornahme

---

[27] Ebd.

[28] Bögerhausen, S. 68 ff.; Görlitz, S. 55.

[29] Ellwein, Das Regierungssystem der Bundesrepublik Deutschland, 2. Aufl. (1965), S. 418 ff.

habe, und daß die Verwaltungsbehörde den Antrag abgelehnt oder ohne zureichenden Grund innerhalb von zwei Monaten nicht beschieden habe (§ 24 MRVO Nr. 165). Eine Regelung der Klagebefugnis enthielt schließlich das bis zum Inkrafttreten der Verwaltungsgerichtsordnung geltende Gesetz über das Bundesverwaltungsgericht vom 23. September 1952 (BGBl. I S. 625) in § 15 Abs. 1, wonach die Anfechtungsklage nur erheben konnte, wer behauptete, durch einen Verwaltungsakt in seinen Rechten verletzt zu sein. Sowohl in § 23 MRVO Nr. 165 als auch in § 15 BVerwGG fehlte allerdings der in § 23 VGG enthaltene Gesetzesvorbehalt.

Die zitierten Vorschriften zeigen deutlich, daß die Verwaltungsgerichtsbarkeit in ihrer Neukonzeption nach dem zweiten Weltkrieg — folgend dem süddeutschen Modell und der Lehre von Sarwey's und Jellinek's — jedenfalls primär dem Individualrechtsschutz dienen sollte, und daß zu diesem Zweck der Geltendmachung der Rechtsverletzung, d.h. subjektiver öffentlicher Rechte im Verwaltungsprozeß ein zentraler Stellenwert eingeräumt werden sollte. Ausnahmen hiervon wurden in § 23 VGG durch den Gesetzesvorbehalt „soweit gesetzlich nichts anderes bestimmt ist" erreicht, d.h. im Falle einer besonderen gesetzlichen Regelung konnten die Verwaltungsgerichte auch Entscheidungen treffen, ohne daß der Kläger in seinen Rechten verletzt war, also in Verfahren tätig werden, die eine reine Rechtskontrolle der Verwaltung zum Ziele hatten. Zusammenfassend läßt sich die Funktion der Verwaltungsgerichtsbarkeit auf die Formel bringen, daß sich in der Verwaltungsgerichtsbarkeit die *Bewährung* des *Rechts* durch die *Gewährung* von *Rechtsschutz* vollzieht. Gleichwohl war damit keine klare Trennung zwischen Zulässigkeit und Begründetheit der Klage — wie sie im Rahmen der Rechtsverletzung heute in § 42 Abs. 2 VwGO einerseits und § 113 Abs. 1 S. 1 VwGO andererseits vollzogen ist — vorgenommen worden. Denn dem § 113 Abs. 1 S. 1 VwGO entsprechende Regelungen enthielten die der VwGO vorangegangenen Verwaltungsgerichtsgesetze nicht. Es bildete sich alsbald eine vorherrschende Meinung heraus, daß die Vorschriften der §§ 23, 35 VGG, § 23 MRVO Nr. 165 und § 15 Abs. 1 des Bundesverwaltungsgerichtsgesetzes dem Ausschluß der Popularklage dienten[30]. Da eine Popularklage aber unstreitig als unzulässig angesehen wurde, schien damit die Problematik um diese Vorschriften zunächst dem Zulässigkeitsbereich der Anfechtungsklage zugewiesen[31]. Wie groß gleichwohl die Unklarheiten um diese Bestimmungen waren, zeigen insbesondere die vor dem Inkrafttreten der Verwaltungsgerichtsordnung ergangenen Entscheidungen des Bundesverwaltungsgerichts. So führt das

---

[30] Klinger, Verwaltungsgerichtsbarkeit in der britischen Zone, 1954, Anm. 2 d zu § 23 MRVO Nr. 165, S. 156 mit zahlreichen weiteren Nachweisen; Eyermann/Fröhler, VGG, 1954, Anm. 1 zu § 23 VGG, S. 91.

[31] So auch Rupp, S. 157.

Bundesverwaltungsgericht im Urteil vom 12. April 1956 (BVerwGE 3, 237) aus, die Klage wäre allerdings wegen des *Mangels* der *Klagebefugnis* ohne nähere Sachprüfung als *unbegründet* abzuweisen, wenn die angegriffene Anordnung in die Rechtsstellung der Klägerin nicht eingriffe. Zwar sei die Verfügung nicht unmittelbar an die Klägerin gerichtet, das schließe die Klagebefugnis der Klägerin jedoch nicht aus. In der gleichen Entscheidung führt es zuvor aus, daß es in der Regel für die Bejahung der Zulässigkeit der Klage genüge, daß eine Behauptung dahingehend aufgestellt werde, durch einen Verwaltungsakt in seinen Rechten verletzt zu sein. Diese Entscheidung, die zu § 15 Abs. 1 des Bundesverwaltungsgerichtsgesetzes ergangen ist, rechnet — folgt man ihrem Wortlaut — die Klagebefugnis offensichtlich zur *Begründetheit* der Klage. In seiner Entscheidung vom 31. März 1954 (BVerwGE 1, 99 [100]) führt das BVerwG aus, daß die *Zulässigkeit* des *Verwaltungsrechtsweges* gegeben sei, weil es hierfür genüge, daß der Kläger behaupte, durch einen Verwaltungsakt in seinen Rechten verletzt zu sein. Ergebe die Prüfung des Gerichts, daß ein Recht des Klägers im Sinne dieser Vorschrift nicht vorliege, so sei die Klage als unbegründet, nicht als unzulässig abzuweisen. In dieser Entscheidung vermengt das Bundesverwaltungsgericht zumindest rein äußerlich die Frage der Zulässigkeit des Verwaltungsrechtsweges mit der der Rechtsverletzung. In weiteren Entscheidungen ist überhaupt nicht zu erkennen, ob das Bundesverwaltungsgericht bei fehlender Klagebefugnis oder Anfechtungsbefugnis oder fehlendem Klagerecht die Klage als unzulässig oder als unbegründet abweist[32].

Noch problematischer war aber die Frage, inwieweit Feststellungen der Rechtsverletzung in der Zulässigkeit der Klage einerseits und in der Begründetheit der Klage andererseits zu treffen waren. Die heute nach wie vor bestehenden Streitfragen aufgrund des § 42 Abs. 2 VwGO bestanden bereits nach den früheren Regelungen. Als herrschend[33] zeichnete sich alsdann ab, daß für die Zulässigkeit der Klage die substantierte Behauptung der Rechtsverletzung genügte, während die Frage, ob der Kläger *tatsächlich* in seinen Rechten verletzt ist, dem Bereich der Begründetheit der Klage zugeordnet wurde. Gleichwohl blieben, wie die Praxis der Verwaltungsgerichte zeigte, die Grenzen zwischen Zulässigkeit und Begründetheit der Klage im Hinblick auf die Klagebefugnis fließend. Eine klare dogmatische Abgrenzung gelang nicht.

Diese Situation verschärfte sich noch nach Inkrafttreten der VwGO und damit des § 42 Abs. 2 VwGO. Zwar wird die Klagebefugnis durch § 42 Abs. 2 VwGO nunmehr eindeutig dem Zulässigkeitsbereich der Klage zugeordnet. Wie der Theorienstreit um die Auslegung des § 42

[32] BVerwGE 1, 79 (80); 2, 203 (205) und 290 (292).

[33] Eyermann/Fröhler, VGG, Anm. 1 a zu § 23 mit weiteren Nachweisen; BVerwGE 1, 100; Klinger, Komm. zur VwGO, 1960, Anm. B 1 zu § 42.

Abs. 2 VwGO und die verwaltungsgerichtliche Praxis jedoch zeigen, hat § 42 Abs. 2 VwGO eine Lösung des Sachproblems nicht gebracht. Die gemischte Kommission der Zivilprozeßrechtslehrer und Staatsrechtslehrer hatte sich bereits im Jahre 1952 mit dem Problem der Klagebefugnis für die Regelung in der VwGO befaßt und den Standpunkt vertreten, daß es für die Zulässigkeit der Anfechtungs- und der Verpflichtungsklage genüge, daß der Kläger betroffen sein *könne*. Die Klage sei unzulässig, wenn der Kläger ein Interesse geltend mache, das ganz außerhalb des Schutzzwecks der Norm liege, auf welcher der Verwaltungsakt beruhe. Die Klage desjenigen, der in *abstracto* durch den Verwaltungsakt in seinen Rechten betroffen sein könne, sei zulässig. Stelle sich im Prozeß dann heraus, daß der Kläger durch den Verwaltungsakt in *concreto* nicht betroffen sei, so sei die Klage unbegründet[34]. Diese Formel führte über die vom Bundesverwaltungsgericht vertretene Möglichkeitstheorie aber letztlich dazu, daß in der überwiegenden Zahl der Fälle die Frage der Rechtsverletzung abschließend in der Zulässigkeit der Klage behandelt wird.

Dieses Verständnis vom Begriff der Klagebefugnis läßt sich letzten Endes als Folge der Lehre Rudolf Gneist's erklären, nach der die Kontrolle der Verwaltung im Vordergrund steht. Gneist[35] hebt immer wieder hervor, es sei eine „zivilistische petitio principii“ anzunehmen, jede Rechtsprechung könne nur zum Schutz subjektiver Rechte gedacht werden. Wie der Strafprozeß lasse sich auch die Verwaltungsjurisdiktion nicht in Individualrechte auflösen. Hier wie dort gebe es auch *formelle* Parteirollen, die aus dem Interesse der Beteiligten gebildet würden, um ein rechtliches Gehör zu konstruieren, ohne daß damit ein Recht und Gegenrecht einander auf gleicher Linie gegenübergestellt würden. Danach spielt die Verletzung subjektiver Rechte für den Anspruch selbst, d.h. den zur Begründetheit der Klage zu rechnenden *Klagegrund* keine Rolle. Das Erfordernis der Rechtsverletzung dient nur dazu, den „quivis ex populo“ von der Klagemöglichkeit auszuschließen, d.h. es dient ausschließlich als Zulässigkeitssperre. Nur in diesem Sinne konnten daher die zitierten Vorschriften des § 63 Abs. 3 des Preuß. Gesetzes über die Organisation der allg. Landesverwaltung von 1880 (GS, S. 291), und des späteren § 127 Abs. 3 des Gesetzes vom 30. Juli 1883 (GS, S. 195) verstanden werden. Diese Auffassung wird auch noch in jüngster Zeit in der Rechtsliteratur vertreten. So meint Niese[36], daß der unmittelbar Betroffene als der zur Klage Berechtigte „zum Sachwalter der Allgemeinheit“ gemacht wird und auf diese Weise „das individuelle Rechtsschutzinteresse gleichsam

---

[34] Naumann, DVBl. 1952, 584 (589 Nr. 7); Überblick bei Köhler, Anm. C I 2 zu § 42, S. 296.

[35] 3. Aufl., S. 271.

[36] Niese, JZ 1952, 353 ff.

zum Vehikel des öffentlichen Interesses an der Gesetzmäßigkeit der Verwaltung" gemacht worden ist. Eine ähnliche Auffassung wird auch von Meiss[37] vertreten, der eine wesentliche Verschiedenheit der Verwaltungsgerichtsbarkeit von der ordentlichen Gerichtsbarkeit behauptet, die nach seiner Meinung darin liegt, daß die Verwaltungsgerichtsbarkeit der verwaltungsinternen Kontrolle in einem gerichtlichen Verfahren diene und die Verwaltungsjurisdiktion sich daher nicht in Individualrechte auflösen lasse.

Wie bereits ausgeführt, ist aber die VwGO letztlich dem süddeutschen Modell Otto von Sarwey's mit der Betonung des verwaltungsgerichtlichen Rechtsschutzes als Individualrechtsschutz gefolgt. Die Deutung der Verwaltungsgerichtsbarkeit als Institution für den Individualrechtsschutz läßt zwar auch den Schluß zu, daß die Frage der fehlenden Rechtsbeeinträchtigung als Zulässigkeitssperre verstanden werden kann. Dies zeigt nicht zuletzt die Tatsache, daß bereits der Geheime Rat — wie oben erörtert — im 19. Jahrhundert eine Definition der Klagebefugnis gegeben hat, welche praktisch heute noch angewandt wird und bereits in der zitierten Vorschrift des Art. 13 des Württ. Gesetzes von 1876 (Reg.Bl. 485) über die Verwaltungsrechtspflege ihren gesetzlichen Niederschlag gefunden hatte. Gleichwohl ist zu bedenken, daß die Individualrechtslehre Otto von Sarwey's die Funktion der Verwaltungsgerichtsbarkeit der Funktion der Zivilgerichte als *rechtsprechende* Gewalt gleichgesetzt hat. Die Verwaltungsgerichtsbarkeit dient hiernach — von bestimmten gesetzlich geregelten Fällen abgesehen — dem Schutz und der Durchsetzung der Rechte des einzelnen Bürgers gegenüber der öffentlichen Hand. Diese Rechtsstellung des Bürgers als subjektiver Klagegrund ist aber nach allg. Meinung in der Zivilprozeßlehre und der Rechtsprechung im Zivilrecht stets zur *Begründetheit* der Klage gerechnet worden[38]. Denn ohne subjektives Recht bestand auch kein Anspruch, der nach dem Willen des Klägers vom Zivilgericht zuerkannt werden sollte. Diese Gleichsetzung der Funktionen der Verwaltungsgerichtsbarkeit und der Zivilgerichtsbarkeit lassen den Schluß zu, daß die Rechtsverletzung ein Element der Begründetheit der Klage ist. Dies wird — worauf später noch einzugehen ist — durch die Vorschrift des § 113 Abs. 1 S. 1 VwGO bestätigt, nach der die Klage nur Erfolg haben kann, wenn zur Rechtswidrigkeit des Verwaltungsaktes die Rechtsverletzung des Klägers hinzukommt. Zusammenfassend läßt sich daher feststellen, daß der Streit um die Anforderungen an die Klagebefugnis in starkem Maße durch die historische Entwicklung der Verwaltungsgerichtsbarkeit und der bis heute streitigen Auffassung von ihrer Aufgabenstellung und Zielsetzung geprägt ist.

[37] Meiss, Die gesetzliche Abgrenzung der Kompetenzen der Zivil- und Verwaltungsgerichtsbarkeit, 1953.

[38] Hinweise bei Eyermann/Fröhler, VGG, S. 91 zu § 23 (Anm. 1).

bb) Die Rechtsschutzgarantie des Art. 19 Abs. 4 GG

Die Problematik um die Klagebefugnis ist eng und untrennbar verknüpft mit der Grundnorm des Art. 19 Abs. 4 GG, wonach jemandem, der durch die öffentliche Gewalt in seinen Rechten verletzt wird, der Rechtsweg offensteht. Wie bereits dargelegt, bedeutet § 42 Abs 2 VwGO nach der Rechtsprechung des Bundesverwaltungsgerichts und der herrschenden Meinung in der Rechtsliteratur eine Konkretisierung der Rechtsschutzgarantie des Art. 19 Abs. 4 GG, in deren Boden die Sachurteilsvoraussetzung Klagebefugnis wurzelt[39]. Umfang und Bedeutung des Art. 19 Abs. 4 GG als Verfassungsnorm sind allerdings umstritten[40]. Seine Auslegung hat wieder Rückwirkungen auf Umfang und Bedeutung der Klagebefugnis gem. § 42 Abs. 2 VwGO. Unbestritten dürfte sein, daß Art. 19 Abs. 4 GG nunmehr den Rechtsschutz bei der Verletzung von Individualrechten des Bürgers verfassungsmäßig garantiert. Unproblematisch ist ferner die zunächst sprachlich ungereimt erscheinende Fassung des Art. 19 Abs. 4 GG, nach dessen Wortlaut die Eröffnung des Rechtsweges an sich nur für den Fall gewährleistet ist, *wenn* eine subjektive Rechtsverletzung tatsächlich *vorliegt*. Daß sich die Bedeutung des Art. 19 Abs. 4 GG nicht auf diese enge Interpretation beschränken kann, liegt auf der Hand. Denn die Frage, ob Rechte des Bürgers verletzt sind, wird man immer erst am Ende des Rechtsweges wissen. Es ist die Aufgabe der Gerichte, die Rechtsverletzung zu ermitteln und festzustellen. Sie kann daher nicht Voraussetzung für die *Eröffnung* des Rechtsweges sein[41]. Als absolut herrschende Auffassung kann auch die Auslegung des Art. 19 Abs. 4 GG gelten, nach der diese Norm weit auszulegen ist und demjenigen, der durch die öffentliche Gewalt in seinen Rechten verletzt wird, nicht nur das formale Recht, den Rechtsweg zu beschreiten, sondern darüber hinaus ein substantielles Recht auf effektiven, tatsächlich wirksamen Rechtsschutz garantiert[42]. Das Bundesverfassungsgericht modifiziert diesen Grundsatz — ohne jedoch an der vorstehenden Auslegung des Art. 19 Abs. 4 GG inhaltlich etwas zu ändern — dahin, daß Art. 19 Abs. 4 GG den Rechtsweg in erster Linie nur im Rahmen der jeweils geltenden Prozeßordnung garantiere; erst wenn diese den Rechtsweg in unzumutbarer, aus Sachgründen nicht mehr zu rechtfertigender Weise erschwerten, gewinne Art. 19 Abs. 4 GG Bedeutung auch außerhalb der

---

[39] BVerwG, U. v. 6.10.1964, BVerwGE 19, 269 (271); Hoffmann, S. 302.

[40] Vgl. zur Bedeutung des Art. 19 Abs. 4 GG grundlegend Volker Buermeyer, Rechtsschutzgarantie und Gerichtsverfahrensrecht, prozeßrechtliche Abhandlungen, Heft 38, 1975, insbes. S. 5 ff.

[41] So auch Hoffmann, S. 302.

[42] BVerwGE 17, 83 (85); Bachof, Die Klage auf Vornahme einer Amtshandlung, 1951, S. 84, 85 u. S. 164; Maunz/Dürig/Herzog, Komm. zum Grundgesetz, Rdnr. 9 und 12 zu Art. 19 Abs. 4 GG; Rupp, AöR 85, S. 305 ff.; Bleutge, Der Kommunalverfassungsstreit, Berlin 1970, S. 152.

geltenden Prozeßordnungen[43]. Damit ist heute der Weg von verfassungswegen frei für die Garantierung der verwaltungsgerichtlichen Generalklausel mit einem umfassenderen Rechtsschutz des Einzelnen gegen staatliche Gewalt[44].

Bettermann präzisiert die Bedeutung des Art. 19 Abs. 4 GG dahin, daß die sog. *verwaltungsgerichtliche* Generalklausel, d.h. die Möglichkeit, jeden Verwaltungsakt durch Klage vor dem *Verwaltungsgericht* anzufechten, durch Art. 19 Abs. 4 GG nicht garantiert sei, sondern Art. 19 Abs. 4 GG lediglich den Rechtsweg überhaupt garantiere, welcher auch der ordentliche Rechtsweg sein könne, wie sich aus Art. 19 Abs. 4 S. 2 GG ergebe[45].

Wenn auch im wesentlichen Einigkeit besteht, daß Art. 19 Abs. 4 GG einen effektiven, lückenlosen Rechtsschutz gewährleisten soll, so sind gleichwohl — sei es aufgrund des Wortlautes des Art. 19 Abs. 4 GG oder aufgrund seiner Stellung im Grundrechtskatalog des Grundgesetzes oder in Verbindung mit rechtsstaatlichen Garantien in den Art. 20, 28 GG — Bedeutung und Tragweite dieser Rechtsschutznorm im Detail umstritten. Ein zentraler Streitpunkt besteht hinsichtlich der Frage des subjektiven öffentlichen Rechts und seiner Bedeutung aufgrund des Art. 19 Abs. 4 GG. Die Frage nach dem subjektiven öffentlichen Recht wird teils unabhängig von Art. 19 Abs. 4 GG, zum Teil aber auch in Verquickung mit der Rechtsschutzgarantie gestellt und beantwortet. So wird einerseits die Auffassung vertreten, daß es für den Begriff des subjektiven Rechts grundsätzlich unerheblich sei, ob Rechtsschutz durch Gerichte gewährt werde und gewährt werden könne[46]. Das BVerwG führt im Urteil vom 18.8.1960[47] aus: „Art. 19 eröffnet und garantiert den Rechtsweg gegen die Verletzung von Rechten durch die öffentliche Gewalt, damit auch gegen die Nichterfüllung von Rechtsansprüchen der Bürger auf Amtshandlungen der Behörden, *sagt aber nichts über den materiell-rechtlichen Inhalt und Umfang von Rechten und Ansprüchen* .....“ Das BVerfG betont ausdrücklich, daß Art. 19 Abs. 4 GG einen verfahrensrechtlich lückenlosen Individualrechtsschutz gegen die Verletzung des Einzelnen durch Eingriffe der öffentlichen Gewalt garantiere, aber *nicht selbst Rechte* gewähre, sondern die zu schützenden Rechte voraussetze[48]. Bettermann

[43] BVerfGE 10, 264 (267); hierzu auch Buermeyer, S. 33 ff. mit zahlreichen Literatur- und Rechtsprechungsnachweisen.

[44] Maunz/Dürig/Herzog, Rdnr. 7, S. 4 zu Art. 19 Abs. 4 GG.

[45] Bettermann, Der Schutz der Grundrechte in der ordentlichen Gerichtsbarkeit, in: Bettermann/Nipperdey/Scheuner, Die Grundrechte, Handbuch der Theorie und Praxis der Grundrechte, Bd. III/2, S. 811.

[46] Maunz/Dürig/Herzog, Rdnr. 34, S. 24, zu Art. 19; Henke, S. 2 und 57.

[47] Bd. 11, 95 ff. (97).

[48] B. v. 5.2.1963, BVerfGE 15, 275 (281); so auch OVG Münster, U. v. 27.3.1968, S. 662; Hess.VGH, B. v. 4.9.1974, Akt.Z. II TG 51/74; Maunz/Dürig/Herzog, Rdnr. 1 ff. zu Art. 19.

hebt hervor, daß von der Beschränkung des Rechtsweges die Beschränkung und der Entzug der im Rechtsweg geltend zu machenden Rechte unterschieden werden müßten und diese von Art. 19 Abs. 4 GG nicht betroffen seien, weil er keine *materiellen* Rechte gewähre, sondern *prozeßrechtlichen* Inhalt habe[49]. Demgegenüber vertritt Bachof die Auffassung, daß es sich bei Art. 19 Abs. 4 GG nicht um eine Prozeßrechtsnorm, sondern um ein *Grundrecht* handele, und kommt „unter dem Gesichtspunkt des von ihr beabsichtigten umfassenden Rechtsschutzes" zu der These, daß die Vorschrift des Art. 19 Abs. 4 GG „nicht mehr ein außerhalb ihrer selbst begründetes subjektives Recht verlangt, sondern ihrerseits überall dort, wo eine der Befriedigung von Individualinteressen dienende Rechtsnorm ein bestimmtes Verhalten der öffentlichen Gewalt verlangt, dem Interessenten die bisher vielleicht fehlende Rechtsmacht zur Herbeiführung dieses Verhaltens verleiht und ihm damit nunmehr ein subjektives Recht einräumt"[50]. Alle geschützten Interessen bzw. gewollten Begünstigungen sind nach Auffassung Bachofs heute von *verfassungs*wegen subjektive Rechte[51]. Andererseits weist Bachof selbst[52] darauf hin, daß die Klagemöglichkeit als Kriterium des subjektiven Rechts unter der Geltung der Generalklausel und des Art. 19 Abs. 4 GG keinen Anhaltspunkt mehr abzugeben vermöge, weil sowohl die Generalklausel als auch Art. 19 Abs. 4 GG ihrerseits die Klagemöglichkeit gerade von der Geltendmachung eines Rechtes abhängig machten. Gleichwohl betrachtet er die Einräumung gerichtlicher Verfolgbarkeit eines rechtlich geschützten Interesses als die Ausgestaltung und Erhebung desselben zum subjektiven Recht. „Denn", so fährt er fort, „welche stärkere Rechtsmacht könnte dem Träger eines Interesses wohl verliehen sein, als diejenige, es im Wege gerichtlicher Klage durchzusetzen?"[53] Aufgrund des Art. 19 Abs. 4 GG kommt Bachof zu einer grundsätzlichen Bejahung der Rechtsmacht als eines wesentlichen Elements des subjektiven öffentlichen Rechts und damit zu der These, daß für die Klagebefugnis heute die Geltendmachung eines objektiv-rechtlich geschützten Interesses, einer von der Rechtsordnung gewährten und gewollten Begünstigung wegen der grundsätzlichen Klagbarkeit nach Art. 19 Abs. 4 GG genüge[54]. Henke weist demgegenüber zu Recht darauf hin, daß die Argumentation Bachofs insofern tautologisch ist, als das subjektive öffentliche Recht mit der Klagebefugnis (hier die generell verfassungsmäßig gegebene Klagebefugnis des Art. 19 Abs. 4

---

[49] Bettermann, Der Schutz der Grundrechte in der ordentlichen Gerichtsbarkeit, in: Bettermann/Nipperdey/Scheuner, S. 803 ff., 812.

[50] Bachof, Reflexwirkungen und subjektive Rechte im öffentlichen Recht, in: Gedächtnisschrift für Walter Jellinek, 1955, S. 300, 301.

[51] S. 301.

[52] S. 300.

[53] S. 300.

[54] S. 301.

GG) und diese wiederum mit dem subjektiven öffentlichen Recht begründet wird[55].

Der geschilderte Meinungsstreit hat für die Anforderungen an die Klagebefugnis Konsequenzen. Wird die Suche nach dem subjektiven öffentlichen Recht mit der Frage der Klagemöglichkeit verquickt — wie es Bachof tut —, so ist notwendigerweise — zumindest generell — bereits bei der Klagebefugnis die Frage zu klären, ob ein subjektives öffentliches Recht gegeben ist, und damit diese Frage insoweit abschließend in der Zulässigkeit der Klage zu erörtern. Denn es ist festzustellen, ob der Kläger ein rechtlich geschütztes Interesse, eine von der Rechtsordnung gewährte und gewollte Begünstigung geltend macht, die nach der Auffassung Bachof's für die Klagbarkeit erforderlich ist, aber auch genügt[56]. Umgekehrt ist die nach Auffassung Bachof's generell durch Art. 19 Abs. 4 GG gewährleistete Klagbarkeit Voraussetzung für das Vorliegen eines subjektiven Rechts bzw. ein Element des subj.-öffentlichen Rechts. Das subjektive Recht muß hiernach *im Rahmen der Klagebefugnis* festgestellt werden. Hingegen bedarf es einer derartigen Feststellung im Rahmen der Klagebefugnis nicht zwingend, wenn man das subjektive öffentliche Recht als ein von Art. 19 Abs. 4 GG vorausgesetztes, nicht aber als ein von ihm gewährleistetes Recht begreift, d.h. die Suche nach dem subjektiven öffentlichen Recht aus der Garantie eines effektiven Rechtsschutzes heraushält und sie damit als rein materiell-rechtliches Problem behandelt, sie also von allen prozessualen Fragen und damit von der Frage der gerichtlichen Durchsetzbarkeit trennt. Bei dieser Interpretation des Art. 19 Abs. 4 GG bestimmt sich die Frage, ob ein subjektives öffentliches Recht gegeben ist, allein nach dem materiellen Recht und gehört zur Begründetheit der Klage, d.h. der Richter hat zu fragen, ob die Klage wegen Verletzung eines dem Kläger zustehenden subjektiven Rechts begründet ist. Es erübrigt sich dann auch die Prüfung der Möglichkeit der Rechtsverletzung im Rahmen der Klagebefugnis, die zu der anhand der Fallgruppen geschilderten starken Verlagerung materiell-rechtlicher Fragen in die Zulässigkeit der Klage geführt hat.

Mit der Suche nach dem subjektiven Recht außerhalb des Art. 19 Abs. 4 GG wird die Bedeutung dieser Verfassungsnorm für den Rechtsschutz weder ausgehöhlt noch herabgemindert. Denn die Bedeutung einer umfassenden Rechtsschutzgarantie, wie sie in Art. 19 Abs. 4 GG verfassungsmäßig verankert ist, liegt gerade darin, daß der Rechtsweg nicht nur *eröffnet* wird, sondern der Bürger auch einen Anspruch darauf hat, daß die Gerichte bei Vorliegen der Prozeßvoraussetzungen in eine sachliche Prüfung des Klagebegehrens eintreten und hierüber eine Entscheidung fällen, die dem Klagebegehren, sofern es berechtigt ist, zum Siege ver-

[55] Henke, S. 3 und 57.

[56] Bachof, S. 301.

hilft. Dieser Anspruch ist nicht identisch mit dem materiell-rechtlichen Anspruch selbst, sondern ist als sog. Rechtsschutzanspruch zu verstehen[57]. Es ist also ein Anpruch darauf, daß das klägerische Begehren auch einer sachlich-rechtlichen Prüfung unterzogen und nicht bereits als Sachurteilsvoraussetzung mehr oder weniger abschließend behandelt wird.

In welcher Form die Verwirklichung dieses Rechtsschutzanspruchs durch die Gerichte zu erfolgen hat, darüber sagt allerdings Art. 19 Abs. 4 GG nichts aus. Die VwGO hat diesen Rechtsschutzanspruch in § 113 Abs. 1 S. 1 i.V.m. § 42 Abs. 1 dahingehend konkretisiert, daß der angefochtene Verwaltungsakt vom Gericht aufzuheben ist, sofern er rechtswidrig ist und den Kläger dadurch in seinen Rechten verletzt. Für die Verpflichtungsklage verschafft die VwGO dem Rechtsschutzanspruch des Klägers dadurch Geltung, daß das Gericht die Möglichkeit erhalten hat, im Falle der Rechtswidrigkeit eines abgelehnten oder unterlassenen Verwaltungsaktes, welcher den Kläger in seinen Rechten verletzt, die Behörde zu verpflichten, den abgelehnten oder unterlassenen Verwaltungsakt zu erlassen. Als Voraussetzung für einen derartigen Ausspruch durch das Gericht ist auch die subjektive Rechtsverletzung festzustellen. Folglich kann ohne Verstoß gegen Art. 19 Abs. 4 GG die Prüfung eines subjektiven Rechts und deren Verletzung vollumfänglich im Rahmen der Begründetheit der Anfechtungs- oder Verpflichtungsklage erfolgen. Auf diese Weise wäre die Suche nach dem subjektiven öffentlichen Recht als Voraussetzung für eine erfolgreiche verwaltungsgerichtliche Klage des Bürgers gegen die öffentliche Hand von allen prozessualen Elementen befreit.

Bei dieser Sicht wäre auch seinerzeit die bereits geschilderte Diskussion um die Klagebefugnis in den Gesetzesberatungen vermieden worden.

cc) Die Bindung der Verwaltung an Recht und Gesetz

Die starke Betonung der Rechtsverletzung und der damit zusammenhängenden Frage nach dem subjektiven öffentlichen Recht im Rahmen der Klagebefugnis als einer Prozeßvoraussetzung hat ihre Ursache auch in Art. 20 Abs. 3 GG, wonach die öffentliche Verwaltung an Gesetz und Recht gebunden ist. Aus Art. 20 Abs. 3 GG folgt jedoch nach allgemeiner Auffassung nur die Pflicht der Subjekte öffentlicher Verwaltung zu rechtmäßigem Handeln, nicht aber ein subjektives Recht der Zivilpersonen zur Abwehr jedweden nachteiligen rechtswidrigen Handelns jener Subjekte. Es gibt somit keinen allgemeinen *Gesetzesvollziehungsanspruch,* dem die Berechtigung *jedermanns* zugrunde liegen würde, die Befolgung *aller* normierten Verpflichtungen der öffentlichen Gewalt verlangen und gar im Klagewege (Popularklage) erzwingen zu können[58].

[57] Bettermann/Nipperdey/Scheuner, S. 784 ff., 803 ff.

[58] Statt vieler Wolff, Verwaltungsrecht I, 9. Aufl. (1974), § 43 I b 1, S. 321/322; Menger, System, S. 119.

Menger[59] fügt hinzu: „Nur die Aufsichtsorgane sind befugt, allgemein (positiv) für die Rechtmäßigkeit der Verwaltungshandlungen zu sorgen.“ Dieser Grundsatz macht es erforderlich, daß im Verwaltungsrecht — im Gegensatz zum Zivilrecht, wo grundsätzlich der Verpflichtung einer Privatperson die Berechtigung und der Anspruch einer anderen Privatperson entsprechen — im Einzelfall subjektive Rechte gesucht und begründet werden müssen; sie ergeben sich nicht bereits aus der aufgrund der einzelnen gesetzlichen Bestimmungen begründeten Verpflichtung der Behörde zu einem bestimmten Verhalten (Handeln oder Unterlassen). Diese Situation im öffentlichen Recht, die historisch auf die Lehren Gneist's und von Sarwey's sowie anderer Verwaltungs- und Staatsrechtler zurückgeht, brachte und bringt es mit sich, der Klagebefugnis im öffentlichen Recht besondere Aufmerksamkeit zu schenken. Hieraus ist zu erklären, daß die Frage des subjektiven öffentlichen Rechts einerseits und die Frage des gesetzmäßigen, rechtmäßigen Verhaltens der Behörde andererseits zu einem Streitpunkt des verwaltungsgerichtlichen Rechtsschutzes und damit auch der Beschreitung des Klageweges überhaupt geworden ist. Dementsprechend ergab sich zwangsläufig eine besondere Auseinandersetzung mit Fragen des Klagerechts, der Klagebefugnis und dem Anspruch des Bürgers auf gerichtliche Durchsetzbarkeit eventuell bestehender Ansprüche.

6. Untersuchung von Lösungsmöglichkeiten, insbesondere im Hinblick auf die Herabsetzung der Anforderungen an die Klagebefugnis

Es soll nun versucht werden, eine Lösung des Problems der Klagebefugnis zu finden, die den heutigen Anforderungen an den Rechtsschutz, dem Geist und der Zielsetzung der VwGO entspricht. Ob der Wortlaut des § 42 Abs. 2 VwGO allerdings eine Lösung erschließt, erscheint zweifelhaft, weil diese Norm nicht im einzelnen regelt, was unter der Begriffstrias „*geltend macht*, in *seinen Rechten verletzt* zu sein“ zu verstehen ist, insbesondere nicht ohne weiteres erkennbar ist, ob sich das Merkmal „geltend machen“ auf den Begriff „Rechte“ oder auf den der „Verletzung“ dieser Rechte oder aber auf beide Begriffe gleichermaßen erstreckt. Denkbar wäre, die Klage nach § 42 Abs. 2 VwGO für zulässig zu erachten, wenn der Kläger Rechte geltend machte und diese damit für sich in Anspruch nehmen könnte, während die Frage, ob diese Rechte „*verletzt*“ sind, im Rahmen der Begründetheit der Klage gem. § 113 Abs. 1 S. 1 bzw. Abs. 4 VwGO zu prüfen wäre. Bei strenger Wortinterpretation könnte auch die Auffassung vertreten werden, daß sich das Merkmal „geltend machen“ auf Rechte und ihre Verletzung erstreckt, d.h. daß die Feststel-

[59] Menger, System, S. 119.

lung von Rechten des Klägers allein für die Zulässigkeit der Klage nicht ausreicht, sondern daß weiterhin erörtert werden muß, ob der Kläger mit Erfolg Behauptungen dahin aufstellen kann, daß diese Rechte in seinem Fall auch tatsächlich verletzt sind. Letztlich bleibt zu klären, welche Bedeutung dem Merkmal „geltend machen" als solchem zukommt.

a) Das Tatbestandsmerkmal „in seinen Rechten verletzt zu sein"

Wie bereits erörtert, versteht die h.M. unter *Recht* i.S.d. § 42 Abs. 2 VwGO jedes rechtlich geschützte Interesse. Diese Auffassung basiert auf der Lehre vom subjektiven öffentlichen Recht, das zur Individualisierung des verwaltungsgerichtlichen Rechtsschutzes für erforderlich gehalten wird. Es werden lediglich keine subjektiven öffentlichen Rechte im strengen Wortsinne mehr gefordert, sondern alle rechtlich geschützten Interessen als ausreichend angesehen. Diese Bedeutung des subjektiven öffentlichen Rechts geht bereits auf Ottmar Bühler[1] zurück, wurde von Bachof für die Verwaltungsgerichtsbarkeit nach dem 2. Weltkrieg noch vertieft und von der Verwaltungsrechtsprechung übernommen. Bachof betrachtet das subjektive öffentliche Recht als eine dem öffentlichen Recht angehörende Willensmacht, die dem Willensträger in seinem eigenen Interesse verliehen ist. Es hat hiernach folgende Voraussetzungen:

1. den zwingenden Charakter der betreffenden Rechtsnorm, wobei auch Ermessensnormen wegen des Anspruchs auf fehlerfreie Ermessensbetätigung insoweit zwingend sind, 2. die Befriedigung eines Individualinteresses als Zweck der Rechtsnorm und 3. die Verleihung der Willensmacht an den Interessenten zur Herbeiführung eines der Norm entsprechenden Verhaltens des Verpflichteten[2]. Bachof bringt die Definition des subjektiven öffentlichen Rechts auf die Formel, daß unter Berücksichtigung des Art. 19 Abs. 4 GG alle gegenüber der öffentlichen Gewalt rechtlich geschützten Individualinteressen heute in den Rang subjektiver öffentlicher Rechte erhoben seien[3]. Diesen Grundsatz schränkt Bachof allerdings dahin ein, daß hieraus nicht die Klagbarkeit aller sog. *Reflexrechte* folge. Bei den Reflexrechten (richtiger: Rechtsreflexen) müsse unterschieden werden zwischen solchen, die auf einer der Befriedigung von Individualinteressen (ausschließlich oder auch nur *neben* dem Allgemeininteresse) *dienenden* Norm beruhten, und solchen Reflexen, die dem

---

[1] Ottmar Bühler, Die subjektiven öffentlichen Rechte, 1914; vgl. hierzu auch in: Jellinek-Gedächtnisschrift, 1955, S. 269 ff.

[2] Bachof, Die verwaltungsgerichtliche Klage auf Vornahme einer Amtshandlung, S. 84 u. in Jellinek-Gedächtnisschrift, S. 294/295.

[3] In: Gedächtnisschrift für Walter Jellinek, S. 300, 301; vgl. auch Menger, System, S. 115 ff. (118), der nicht von den rechtlich geschützten Individualinteressen spricht, sondern mit Hans J. Wolff die „Rechte" als die „Rechtsstellung des Betroffenen", d.h. den Inbegriff der aus dem objektiven Recht sich ergebenden Berechtigungen und Verpflichtungen definiert.

Individualinteresse *rein tatsächlich* zugute kämen, d.h. ohne daß der Norm die Absicht dieses Zugutekommens zugrunde liege[4]. Die Rechtsprechung hat diese Grundsätze dahin zusammengefaßt, daß ein rechtlich geschütztes Interesse dann vorliege, wenn 1. eine Rechtsnorm einem Einzelnen eine Rechtsposition einräume und 2. diese Rechtsnorm den Schutz des Individualinteresses allein oder doch zumindest neben dem Allgemeininteresse bezwecke[5]. Ob diese Voraussetzungen vorliegen, kann nur durch Auslegung der jeweils in Betracht kommenden Rechtsnorm beantwortet werden. Hiernach sind von den *rechtlich* geschützten Interessen die schlichten Interessen wirtschaftlicher, ideeller, kultureller oder sonstiger Art abzugrenzen, welche für die Anfechtbarkeit nicht ausreichen[6]. Die h.M. mißt dem so definierten „Recht" i.S.d. § 42 Abs. 2 die gleiche Bedeutung bei wie dem „Recht" i.S.d. § 113 VwGO und schließlich i.S.d. Art. 19 Abs. 4 GG.

Die Lehre vom rechtlich geschützten Interesse im Rahmen der Klagebefugnis empfing neue Impulse insbesondere durch die Zulassung der baurechtlichen Nachbarklage, die dazu zwang, alle möglichen Normen des Bauordnungs-, aber auch des Bauplanungsrechts auf ihre nachbarschützende Funktion zu überprüfen. Dies wurde bereits im einzelnen anhand der Fallgruppen dargelegt.

Wegen der sich für die Auslegung des § 42 Abs. 2 VwGO hieraus ergebenden Schwierigkeiten versucht eine neuere Lehre, den Begriff des subjektiven öffentlichen Rechts neu zu bestimmen, um ihn insbesondere für die Erleichterung der Klagebefugnis fruchtbar zu machen. So kommt Bartlsperger zu dem Ergebnis, daß das subjektive öffentliche Recht nach geltendem Verfassungsrecht nicht das Ergebnis einer Gesetzesauslegung, sondern nur das Ergebnis einer Bewertung der *tatsächlichen* Auswirkungen öffentlich rechtlicher Normen auf individuelle Angelegenheiten sein könne. Es sei immer dann anzunehmen, wenn ein Gewaltunterworfener von einer staatsrechtlichen Norm *konkret betroffen* sei[7]. Ähnlich formuliert es Henke, nach dessen Auffassung Voraussetzung für die Verletzung eines subjektiven öffentlichen Rechts außer der Gesetzwidrigkeit des Verhaltens der Verwaltung nur ist, daß ein bestimmter Bürger in seinen eigenen Angelegenheiten durch eben *diese* Gesetzwidrigkeit *betroffen* sei[8]. Auch Bernhardt hatte bereits versucht, den Begriff des subjektiven öffentlichen Rechts jedenfalls für die Klagebefugnis neu zu bestimmen[9]. Er kommt zu dem Ergebnis, daß sich Beschränkungen der Klagebefugnis

---

[4] Ebd., Bachof.

[5] BVerwGE 6, 169; 7, 355 ff.

[6] Statt vieler Ule, Verwaltungsprozeßrecht, 6. Aufl., S. 157.

[7] Bartlsperger in Verw.Arch. 1969, S. 49.

[8] Henke, S. 60.

[9] JZ 1963, S. 302 (306—308).

eines Dritten, also eines Klägers, der nicht Adressat des angefochtenen Verwaltungsaktes ist, nur daraus ergaben, daß er individuell und nicht ganz unerheblich betroffen sein müsse. Mache er lediglich die Interessen der Allgemeinheit geltend oder rüge er minimale und nicht schutzwürdige Beeinträchtigungen seines Bewegungsspielraumes, so fehle ihm die Klagebefugnis, und die Anfechtungsklage sei unzulässig. Entscheidend für die Klagebefugnis sei in jedem Fall allein das tatsächliche individuelle Betroffensein in schutzwürdigen Belangen[10]. Bernhardt leitet dieses Ergebnis aus der Verfassungsordnung des Grundgesetzes und zwar speziell aus Art. 2 Abs. 1 GG her, wonach das Recht auf freie Entfaltung der Persönlichkeit nicht nur das aktive Tun, sondern auch die Freiheit von allen rechtswidrigen Beeinträchtigungen der persönlichen Situation des Einzelnen umfasse, d.h. wonach die Freiheit der Entfaltung der Persönlichkeit sich nicht in der allgemeinen Handlungsfreiheit erschöpfe, sondern auch den grundrechtlichen Anspruch umfasse, durch die Staatsgewalt nicht mit einem Nachteil belastet zu werden, der nicht in der verfassungsmäßigen Ordnung begründet sei[11]. Die Begründung mit dem verfassungsrechtlichen Grundsatz der allgemeinen Handlungsfreiheit führt nach Auffassung Bernhardts dazu, daß die Klagebefugnis nicht vom Schutzzweck spezieller Normen abhängig gemacht werden dürfe, sondern daß das *tatsächliche* Betroffensein für die Klagebefugnis ausreichen müsse. Gleichwohl will er nicht jegliche Beinträchtigungen unerheblicher Interessen ausreichen lassen, sondern verlangt eine *nicht unerhebliche* individuelle Betroffenheit des Klägers[12]. Ob hiermit das Problem der Klagebefugnis gelöst werden kann, ist indessen zweifelhaft. Es liegt auf der Hand und wird auch von Bernhardt nicht geleugnet, daß mit dem Merkmal der Schwere des Eingriffs erneut Abgrenzungsschwierigkeiten in die Anwendung des § 42 Abs. 2 VwGO hineingetragen werden. Es lassen sich keine allgemeingültigen Kriterien dafür aufstellen, wann der Kläger *erheblich* in seinen Belangen oder Interessen betroffen ist. Dies müßte der jeweiligen Entscheidung im Einzelfall überlassen bleiben[13].

Zu einer ähnlichen Sicht des Begriffs „Rechte" im Sinne des § 42 Abs. 2 VwGO kommt Mössner, der wegen des Zwecks des § 42 Abs. 2 VwGO, Popularklagen auszuschalten, meint, dem Kläger könne die Klagebefugnis nicht abgesprochen werden, wenn sich aus seinem Vortrag ergebe, daß er in eigenen *Interessen* betroffen sei, die *möglicherweise* subjektive Rechte darstellten. In berichtigender Auslegung seien unter dem Begriff der Verletzung eigener Rechte in § 42 Abs. 2 VwGO Eingriffe in schutzwürdige eigene Belange zu verstehen, die zumindest dann gegeben seien,

---

[10] S. 308.

[11] S. 306; BVerwG in BVerwGE 9, 83 (88).

[12] S. 307.

[13] Bernhardt, S. 307, linke Spalte.

wenn sich subjektive Rechte feststellen ließen oder wenn dem Kläger durch eine Norm (auch Grundrechtsnorm) eine Rechtsposition eingeräumt sei. Ob diese Gedanken auch für § 113 VwGO, d.h. für die Begründetheit der Klage zuträfen, erscheine dagegen zweifelhaft. Denn ob der Bürger gegenüber der Behörde Recht behalte, sei nach anderen Gesichtspunkten zu bestimmen als die Frage der Klagebefugnis. Hier komme es tatsächlich darauf an, ob eine Vorschrift dem Kläger eine seinen Interessen dienende Rechtsstellung habe, so daß das Recht in § 113 VwGO gesetzesakzessorisch bleibe[14]. Nach diesen Ausführungen Mössners wird allerdings nicht ganz klar, ob er nicht doch die Möglichkeit der Verletzung subjektiver Rechte als eine Voraussetzung der Klagebefugnis neben der Voraussetzung der nur tatsächlichen Betroffenheit des Klägers ansieht. Immerhin scheint er aber der Auffassung zuzuneigen, daß der Begriff der „Rechte" im Sinne des § 42 Abs. 2 VwGO nicht im Lichte des § 113 Abs. 1 S. 1 VwGO zu interpretieren sei, sondern daß insoweit § 42 Abs. 2 von § 113 VwGO abgegrenzt werden müsse[15].

Die Diskussion um die Frage des Begriffs der „Rechte" im Sinne des § 42 Abs. 2 VwGO wurde insbesondere durch die Rechtsprechung des Bundesverwaltungsgerichts zu der unter den Fallgruppen geschilderten Konkurrentenklage erneut angeregt, welche auch Mössner in dem zitierten Aufsatz zum Anlaß genommen hat, Stellung zu nehmen. Das Bundesverwaltungsgericht leitet bei der Konkurrentenklage die Klagebefugnis des Konkurrenten — wie geschildert — aus der von Art. 2 Abs. 1 GG geschützten Wettbewerbsfreiheit ab. Wie bereits Bernhardt ausgeführt hat, besagt die allgemeine Handlungsfreiheit des Art. 2 Abs. 1 GG, daß niemand durch die Staatsgewalt mit einem Nachteil belastet werden darf, der nicht in der verfassungsmäßigen Ordnung begründet ist. Wenn das Bundesverwaltungsgericht alsdann den Schwerpunkt seiner Argumentation im Rahmen des § 42 Abs. 2 VwGO darauf legt, ob der Kläger eine „willkürliche Vernachlässigung schutzwürdiger Interessen" geltend machen kann, so kann der Entscheidung gleichwohl nicht entnommen werden, daß sich das Bundesverwaltungsgericht damit von der traditionellen Vorstellung und Definition des subjektiv-öffentlichen Rechts lösen und sich der eben geschilderten neuen Lehre anschließen wollte, nach welcher alle von der Rechtsordnung *objektiv eingeräumten Individualbegünstigungen* gegenüber der öffentlichen Gewalt sich von verfassungswegen als subjektive öffentliche Rechte darstellen. Denn das Bundesverwaltungsgericht läßt in seiner Entscheidung vom 30. August 1968[16] einerseits die Frage offen, ob dem benachteiligten Konkurrenten in Fällen der Subventionierung *generell* eine Anfechtungsklage gegen die Sub-

[14] Mössner, JUS 1971, S. 134/135.

[15] S. 135, linke Spalte.

[16] BVerwGE 30, 191 (197, 198).

ventionsmaßnahme zusteht. Andererseits nimmt es auf seine Entscheidung in BVerwGE 16, 187 (189) Bezug, in welcher die Konkurrentenklage im Falle der Erlaubniserteilung mit der Begründung als unzulässig erachtet wurde, bei der Erteilung einer Erlaubnis erhalte der Begünstigte nur die Möglichkeit, sich mit völliger Chancengleichheit am Wettbewerb zu beteiligen, wogegen sich aber andere Konzessionäre nicht wehren könnten, weil in die *Rechte* der *Nichtzugelassenen* nicht eingegriffen werde. Hieraus folgt, daß das Bundesverwaltungsgericht weiterhin für die Klagebefugnis daran festhält, daß in rechtlich geschützte Interessen eingegriffen werden muß. Es begreift offensichtlich speziell die Wettbewerbsfreiheit als ein durch Art. 2 Abs. 1 GG geschütztes *Recht* und kommt damit zur Zulässigkeit der Konkurrentenklage im Falle der *Verletzung* dieses Rechtes. Hieraus dürfte zu folgern sein, daß das Bundesverwaltungsgericht weiterhin an der herrschenden Meinung vom subjektiven öffentlichen Recht als *rechtlich geschütztes* Interesse *auch für § 42 Abs. 2 VwGO* festhält. Die herrschende Meinung und Rechtsprechung behalten damit den Begriffsgleichklang der „Rechte" in den §§ 42 Abs. 2, 113 VwGO einerseits und Art. 19 Abs. 4 GG andererseits bei. Dieser Auffassung ist zuzustimmen. Es mag sein, daß der bisher von der herrschenden Meinung vertretene Begriff des subjektiven öffentlichen Rechts unter der Herrschaft des Grundgesetzes zu eng ist und im Interesse eines effektiven Rechtsschutzes zumindest modifiziert werden müßte. Dies darf jedoch nicht dazu führen, daß der Begriff „Rechte" in den §§ 42 Abs. 2, 113 VwGO und Art. 19 Abs. 4 GG unterschiedlich interpretiert wird. Denn abgesehen davon, daß damit in die Auslegung des § 42 Abs. 2 VwGO eine zusätzliche Schwierigkeit hineingetragen wird und sich dadurch die Problematik um die Anforderungen an die Klagebefugnis noch verschärft, läßt sich eine unterschiedliche Interpretation des Begriffs „Rechte" in den drei genannten Normen rechtsdogmatisch nicht rechtfertigen. Der VwGO-Gesetzgeber hat sich durch die Vorschriften der §§ 42 Abs. 2 und 113 Abs. 1 VwGO zum Individualrechtsschutz bekannt und damit den Art. 19 Abs. 4 GG aktualisiert. Es soll somit den Rechten des Bürgers, nicht dessen bloßen Interessen gegenüber der Verwaltung zum Siege verholfen werden. Bei dieser Sicht stehen die Vorschriften der §§ 42 Abs. 2, 113 VwGO im Einklang mit Art. 19 Abs. 4 GG als einer lückenlosen Rechtsschutzgarantie. Der Begriff „Rechte" im Sinne des § 42 Abs. 2 VwGO ist daher synonym mit dem des § 113 VwGO und dem des Art. 19 Abs. 4 GG.

Dies ergibt sich nicht zuletzt aus den Gesetzesberatungen. Wie bereits erörtert, sah die Regierungsvorlage zunächst vor, daß der Kläger behaupten müsse, durch den Verwaltungsakt oder seine Ablehnung oder Unterlassung „beschwert" zu sein. Das Wort „beschwert" wurde jedoch in der endgültigen Fassung des Gesetzes durch die Worte „in seinen Rechten verletzt" mit der Begründung ersetzt, daß auch Art. 19 Abs. 4

GG diesen Ausdruck verwende und der Ausdruck „beschwert“ eine Erweiterung über den Art. 19 Abs. 4 GG hinaus bedeute. Die demgegenüber anläßlich der Gesetzesberatungen noch einmal von einem Vertreter der Bundesregierung vorgebrachten Bedenken, die Formulierung der bisherigen Verwaltungsgerichtsgesetze lasse befürchten, daß die Rechtsprechung wieder zu der Voraussetzung der Verletzung subjektiv-öffentlicher Rechte zurückkehre, und daß damit eine Entwicklung gehemmt werde, die kurz vor einem erfolgreichen Abschluß stehe[17], hat der Gesetzgeber nicht akzeptiert. Durch die Fassung des § 42 Abs. 2 VwGO hat er vielmehr verdeutlicht, daß er den Begriff der „Rechte“ im Sinne subjektiver öffentlicher Rechte für §§ 42 Abs. 2, 113 VwGO und Art. 19 Abs. 4 GG synonym interpretiert.

b) Das Tatbestandsmerkmal „Geltend machen“

Eine andere Frage ist, ob nicht über das Tatbestandsmerkmal „geltend machen“ die Anforderungen an die Klagebefugnis des § 42 Abs. 2 VwGO in dem Sinne herabgesetzt werden können, daß die Prüfung der Rechtsverletzung als einer materiell-rechtlichen Frage gänzlich in die Begründetheit der Klage gem. § 113 VwGO verlagert werden kann. Auf das Tatbestandsmerkmal „geltend machen“ hat auch der Gesetzgeber offensichtlich die Betonung gelegt, weil sich die Wortfassung des § 113 Abs. 1 VwGO bezüglich des Begriffs der Rechtsverletzung nur dadurch von § 42 Abs. 2 VwGO unterscheidet, daß der Kläger durch den rechtswidrigen Verwaltungsakt in seinen Rechten verletzt *sein* muß, während für § 42 Abs. 2 VwGO die *Geltendmachung* der Rechtsverletzung genügt.

aa) Die Wortbedeutung des Begriffs „geltend machen“

Für das im Gesetz nicht näher definierte Tatbestandsmerkmal „geltend machen“ findet sich in der Rechtsprechung und Rechtsliteratur kaum eine klare Definition seiner eigentlichen Wortbedeutung. Das machen die dargestellten Theorien zu § 42 Abs. 2 VwGO deutlich. Nur sehr allgemein wird das Merkmal „geltend machen“ als eine präzise oder auch substantierte Darlegung oder Behauptung der Rechtsverletzung umschrieben[1].

Inwieweit sich der VwGO-Gesetzgeber über den Begriff „geltend machen“ im klaren war, oder wie er ihn letztlich definierte, ist aus den Motiven nicht eindeutig zu entnehmen. Die Regierungsvorlage sah ursprünglich den Ausdruck „behaupten“ statt „geltend machen“ vor. Daß das Wort „behaupten“ durch „geltend machen“ ersetzt wurde, beruhte

---

[17] Vgl. die Übersicht bei Köhler, Anm. C I 5 b, S. 297 zu § 42 VwGO.

[1] Klinger, Kommentar zur Verwaltungsgerichtsordnung, Göttingen 1964, Anm. B 1 zu § 42 VwGO; Henke, S. 137; Ziemer-Birkholz, Rdnr. 103 zu § 40 FGO mit dem gleichlautenden Merkmal „geltend machen“.

darauf, daß man bei den Gesetzesberatungen der Auffassung war, der Ausdruck „behaupten" werde in der juristischen Sprache nur für Tatsachen gebraucht[2]. Hiermit kann der Gesetzgeber — das wird aus den Motiven nicht klar ersichtlich — zweierlei gemeint haben, nämlich, daß der Kläger entweder nur eine *Rechts*behauptung oder aber *Tatsachen*behauptungen verbunden mit einer *Rechts*behauptung aufzustellen habe.

Soweit ersichtlich, hat sich lediglich Hoffmann intensiver mit der Wortbedeutung des Merkmals „geltend machen" auseinandergesetzt. Er verlangt für den Begriff „Geltendmachung", daß etwas, im vorliegenden Fall ein Recht, zur Geltung gebracht werde[3]; er zerlegt den Begriff in ein subjektives und ein objektives Element. Das objektive Element besteht nach Ansicht Hoffmanns darin, daß nur derjenige seinem Recht die erforderliche Geltung verschaffe, der die Existenz des Rechts durch Tatsachen erhärte. Wer keine Tatsachen zur Hand habe, könne nicht erwarten, daß sein Recht in den Augen anderer etwas gelte[4]. Als subjektives Element muß nach Auffassung Hoffmanns der Wille des Klägers erkennbar hinzutreten, die Tatsachen zu dem Zweck vorzubringen, um seinem darin ausgewiesenen Recht Geltung zu verschaffen[5]. Fehlt eines der beiden Elemente, so ist nach dieser Auffassung die Klage als unzulässig abzuweisen.

Geht man dem Begriff „geltend machen" seiner ethymologischen Wortbedeutung nach, so ist festzustellen, daß in ihm der Wortstamm des Verbs „gelten" enthalten ist. Das Verb „gelten" hat aber eine sehr weit gefächerte Bedeutung und besagt u.a. soviel wie „wert sein" oder „gültig sein"[6]. Dementsprechend meint das Wort „geltend machen" in seiner ursprünglichen Bedeutung „etwas zur allgemeinen Anerkennung oder Wirkung bringen oder in einem Streit als Tatsache vorbringen". Diese Bedeutung des Wortes „geltend machen" ist aber im Laufe der Zeit stark verblaßt. Im Deutschen Wörterbuch von Jakob und Wilhelm Grimm heißt es hierzu: „Wenn man aber jetzt in einem Streit, einer Verhandlung etwas geltend macht, ist meist nur noch gemeint, daß man es geltend zu machen sucht (wie ähnlich das nun beliebte Konstatieren auch zu einem bloßen *Behaupten* wird, einem *Versuch* als Tatsache festzustellen)"[7]. Die geschilderte *ursprüngliche* Wortbedeutung könnte für die Auffassung Hoffmanns sprechen, daß der Begriff „geltend machen" ein subjektives und ein objektives Element enthält. Denn es wird nur dann etwas zur

---

[2] Vgl. die Übersicht bei Köhler, Anm. C I 5 a, S. 297 zu § 42.

[3] S. 319.

[4] S. 320.

[5] Ebd.

[6] Kluge, Etymologisches Wörterbuch, 1960, S. 245; Deutsches Wörterbuch von Jakob Grimm und Wilhelm Grimm, Leipzig 1897, 4. Band, 1. Abt., 2. Teil, S. 3066 oben.

[7] S. 3081.

„allgemeinen Anerkennung oder Wirkung“ gebracht, wenn auch der *Erfolg* eintritt, d.h. hier die Existenz des Rechts — wie Hoffmann sagt — dargetan wird. Gleichwohl fragt sich, ob nicht auch für § 42 Abs. 2 VwGO der Begriff „geltend machen“ in dem dargelegten abgeschwächten Sinne verstanden werden muß, d.h. in dem Sinne, daß man etwas geltend zu machen *sucht*. In diesem Sinne verstanden, hätte das Tatbestandsmerkmal „geltend machen“ im Rahmen des § 42 Abs. 2 VwGO nur noch eine subjektive Komponente, etwa i.S.v. „um Rechtsschutz nachsuchen“ oder „erkennen lassen“, daß der Kläger Rechtsschutz „begehrt“. Da der Wortlaut des § 42 Abs. 2 VwGO hierüber keine eindeutige Auskunft gibt, ist über die Wortinterpretation hinaus zu versuchen, im Wege der logischen und teleologischen, auch rechtsvergleichenden Interpretation den Sinn des Begriffs „geltend machen“ in seiner spezifischen Bedeutung für § 42 Abs. 2 VwGO zu erschließen.

bb) Der Begriff „Geltend machen“ in der Zivilprozeßordnung

Außer in § 42 Abs. 2 VwGO enthält die VwGO den Begriff „geltend machen“ nicht. Er taucht jedoch häufig in der Zivilprozeßordnung auf. Wenn auch die Zivilprozeßordnung eine Definition des Merkmals „geltend machen“ nicht enthält, so wird dieses Merkmal gleichwohl als reiner Prozeßbegriff, d.h. im Sinne von erklären, vorbringen vor Gericht oder dergleichen mehr verstanden. So verwendet ihn § 265 Abs. 3 ZPO, in welchem es heißt, daß dem Kläger, wenn er veräußert oder abgetreten hat, unter bestimmten Voraussetzungen der Einwand entgegengesetzt werden kann, daß er zur „Geltendmachung des Anspruchs“ nicht mehr befugt sei. Die ihm nicht mehr zustehende Befugnis zur Geltendmachung des Anspruchs bedeutet nach allgemeiner Auffassung den Verlust der Prozeßstandschaft, d.h. des Prozeßführungsrechts, in die Sprache der VwGO übersetzt: der Klagebefugnis. Ferner erscheint der Begriff „geltend machen“ in § 767 Abs. 1 ZPO, wonach Einwendungen, die den durch das Urteil festgestellten Anspruch selbst betreffen, von dem Schuldner im Wege der Klage bei dem Prozeßgericht des ersten Rechtszuges „geltend zu machen“ sind (Vollstreckungsabwehrklage). Auch in den Absätzen 2 und 3 des § 767 ZPO ist, wenn auch in unterschiedlichem Zusammenhang, von „geltend machen“ die Rede. Die Frage, ob die geltend gemachten Einwendungen bestehen, ist nach allgemeiner Auffassung in der Zivilprozeßrechtslehre eine Frage der Begründetheit, nicht der Zulässigkeit der Klage[8]. Hiernach hat das Tatbestandsmerkmal „geltend machen“ in keiner Weise die Bedeutung, daß auch materiellrechtliche Prüfungen bereits in der Zulässigkeit der Klage anzustellen sind. Eine ähnliche Bedeutung kommt dem Merkmal „geltend machen“ in verschiedenen Vorschriften der Zivilprozeßordnung hinsichtlich des Einwandes

[8] Statt vieler Thomas/Putzo, Anm. 6 zu § 767 ZPO.

der Aufrechnung zu. So ist in den §§ 145 Abs. 3, 302 Abs. 1, 322 Abs. 2 und 529 Abs. 5 ZPO von der „Geltendmachung“ der Aufrechnung einer Gegenforderung durch den Beklagten die Rede. Wie die in den genannten Vorschriften an die Geltendmachung der Aufrechnung geknüpften Rechtsfolgen zeigen, hat der Begriff „geltend machen“ auch hier eine rein prozessuale Bedeutung, d.h. es sind bestimmte prozeßrechtliche Verfahrensmodalitäten an das Geltendmachen der Aufrechnung geknüpft. Die „Geltendmachung der Aufrechnung im Prozeß“ kann als die Behauptung des Schuldners (des Beklagten) definiert werden, daß die Aufrechnung erklärt sei. Damit ist ausgesagt, daß die materiellrechtlichen Wirkungen nicht von der „Geltendmachung“ der Aufrechnung im Prozeß, sondern von der vorherigen Erklärung der Aufrechnung ausgehen, die allerdings gleichzeitig auch mit der Geltendmachung im Prozeß erfolgen kann. Die Geltendmachung der Aufrechnung im Prozeß hat daher keinerlei materiellrechtliche Wirkungen, sondern ist reine Prozeßhandlung[9]. Der Begriff „geltend machen“ in diesem Sinne hat also *nicht* die Bedeutung, daß das Gericht, um die prozessuale Wirksamkeit des Einwandes der Aufrechnung berücksichtigen zu können, zunächst in eine, wenn auch nur verkürzte, materiellrechtliche Prüfung einzutreten hätte. Die Prüfung, ob der Einwand der Aufrechnung durchgreift, und damit auch die Frage, ob die Aufrechnung mit der rechtsgestaltenden Wirkung gem. § 389 BGB erklärt worden ist, bleibt der Begründetheit der Klage vorbehalten. Das Merkmal „geltend machen“ ist folglich auch hier lediglich im Sinne von behaupten, vorbringen oder dergleichen zu verstehen. In ähnlichem Sinne werden die Merkmale „behaupten“ und „geltend machen“ bei der sog. Drittwiderspruchsklage gem. § 771 ZPO verwendet. Denn in § 771 ZPO heißt es, daß dann, wenn ein Dritter „behauptet“, daß ihm an dem Gegenstand der Zwangsvollstreckung ein die Veräußerung hinderndes Recht zustehe, der Widerspruch gegen die Zwangsvollstreckung im Wege der Klage bei dem Gericht „geltend zu machen“ sei, in dessen Bezirk die Zwangsvollstreckung erfolgt. Es ist in der Zivilprozeßrechtslehre nicht streitig, daß die Frage, ob dem Dritten ein die Veräußerung hinderndes Recht zusteht, als materiellrechtliche Frage lediglich in der *Begründetheit* der Klage abzuhandeln ist. Unter den Merkmalen „behaupten“ und „geltend machen“ wird nur die Prozeßführungsbefugnis und zwar in dem Sinne verstanden, daß es sich auf der Klägerseite um den „Dritten“, d.h. um eine von den Prozeßparteien des Vorprozesses verschiedene Person handeln muß. Weitere Anforderungen, insbesondere eine substantiierte oder gar schlüssige Behauptung, daß dem Dritten an dem Gegenstand der Zwangsvollstreckung ein die Veräußerung hinderndes Recht *zusteht*, wird für die Prozeßführungsbefugnis nicht gefordert[10].

---

[9] Rosenberg/Schwab, Zivilprozeßrecht, 12., neubearbeitete Auflage, München 1977, S. 564.

[10] Thomas/Putzo, Anm. 5 zu § 771.

Somit ergibt eine Heranziehung der verwendeten Begriffe „geltend machen“ und „behaupten“ in den Vorschriften der Zivilprozeßordnung, daß das Wort „geltend machen“ einerseits reine prozeßrechtliche Bedeutung hat, andererseits inhaltlich für die Rechtsanwendung keinesfalls mehr die ursprüngliche etymologische Bedeutung von „zur allgemeinen Anerkennung oder Wirkung bringen“, sondern lediglich noch die Bedeutung von „behaupten“, „vorbringen“ oder dergleichen bzw. von „um Rechtsschutz nachsuchen“, d.h. — um in der Sprache des deutschen Wörterbuches von Jakob und Wilhelm Grimm zu bleiben — die Bedeutung von geltend zu machen *suchen* hat.

Die vorstehenden Ausführungen zeigen, daß der Begriff „geltend machen“, wie er im Zivilprozeßrecht verwendet wird, von allen materiellrechtlichen Inhalten frei ist. Die herrschende Meinung, die für § 42 Abs. 2 VwGO die Möglichkeit der Rechtsverletzung verlangt, und erst recht die Auffassung, die eine schlüssige Behauptung für die Zulässigkeit der Klage nach § 42 Abs. 2 VwGO fordert, stehen daher nicht im Einklang mit dem üblichen Gebrauch des Wortes „geltend machen“ in der zivilprozessualen Rechtssprache.

cc) Das Geltendmachen der „Rechtsverletzung“

Eine weitere Ungereimtheit bei der Auslegung des Wortlauts des § 42 Abs. 2 VwGO sowohl durch die herrschende Meinung als auch durch die Schlüssigkeitstheorie ergibt sich insofern, als immer wieder gefordert, aber auch für ausreichend befunden wird, daß sich subjektive Rechte des Klägers — aufgrund der materiellrechtlichen Prüfung durch das Gericht — feststellen lassen. Dies entspricht der bei Köhler wiedergegebenen Formel der im Rahmen der Zulässigkeit der Klage durchzuführenden Rechtsprüfung in *abstracto*[11]. Damit klammern die herrschende Meinung wie auch die Schlüssigkeitstheorie letztlich das Merkmal der *Verletzung* von Rechten aus der Betrachtung im Rahmen des § 42 Abs. 2 VwGO aus. Bei konsequenter Anwendung des Wortlautes des § 42 Abs. 2 müßte vom Kläger auch — folgt man der Logik der herrschenden Meinung und der Schlüssigkeitstheorie — die Möglichkeit oder die schlüssige Behauptung der *Verletzung* von Rechten *dargetan* werden. Denn nach dem Wortlaut des § 42 Abs. 2 VwGO bezieht sich das „Geltendmachen“ nicht nur auf Rechte, sondern auch auf die „Verletzung“ dieser Rechte. Ein gradueller oder schwerpunktmäßiger Unterschied zwischen der Geltendmachung von Rechten und der Verletzung derselben ist nicht festzustellen. Das würde bedeuten, daß sich aus dem Vortrag des Klägers nicht nur ergeben müßte, daß subjektive öffentliche Rechte in Betracht kommen, sondern daß durch den angefochtenen Verwaltungsakt diese Rechte auch *verletzt*

---

[11] Köhler, Anm. C I 2 zu § 42.

sind, d.h. daß der Verwaltungsakt „möglicherweise“ *rechtswidrig* ist. Daß die Behauptung der Rechtswidrigkeit zu den Zulässigkeitsvoraussetzungen der Klage nach § 42 Abs. 2 VwGO gehört, wird aber gerade von der herrschenden Meinung wie auch von der Schlüssigkeitstheorie abgelehnt.

Es ist zwar nicht zu verkennen, daß die zu § 42 Abs. 2 VwGO spiegelbildliche Vorschrift des § 113 Abs. 1 VwGO bzw. § 113 Abs. 4 S. 1 VwGO zwischen der Rechtswidrigkeit des Verwaltungsaktes und der Rechtsverletzung trennt. In der Tat handelt es sich hierbei auch um verschiedene Voraussetzungen. Denn die Rechtswidrigkeit eines Verwaltungsaktes kann auf der Verletzung objektiven Rechts beruhen, ohne daß der Kläger in seinen subjektiven Rechten verletzt ist. Beide Merkmale bedingen sich aber insofern, als bei *fehlender* Rechtswidrigkeit des Verwaltungsaktes eine *Verletzung* subjektiver Rechte des Klägers nicht möglich ist. Das bringen § 113 Abs. 1 sowie Abs. 4 S. 1 VwGO bereits durch den Wortlaut zum Ausdruck, in dem es heißt, daß der Kläger *dadurch,* d.h. durch die Rechtswidrigkeit des Verwaltungsaktes in seinen Rechten verletzt sein muß. Damit ist die Verknüpfung zwischen Rechtswidrigkeit und Verletzungshandlung hergestellt[12]. Es besteht bezüglich des Begriffs der *Verletzung* von Rechten genauso ein Gleichklang seiner Bedeutung in den §§ 42 Abs. 2, 113 Abs. 1 bzw. Abs. 4 VwGO und Art. 19 Abs. 4 GG wie zwischen dem in diesen drei Bestimmungen genannten Begriff der „Rechte“.

Von der Rechtsverletzung ist der Begriff der Rechts*beeinträchtigung* zu unterscheiden. Er ist gegenüber der Verletzung rechtsneutral oder rechtswertfrei und besagt, daß der Kläger in irgendeiner Weise in seinen Rechten beeinträchtigt, d.h. berührt und betroffen ist, anders ausgedrückt, daß seine Rechtsphäre nachteilig betroffen oder geschmälert ist. Bei der Rechtsverletzung tritt das Element der *Rechtswidrigkeit* des Verwaltungshandelns hinzu, welche bei der bloßen Beeinträchtigung von Rechten fehlt[13].

Als Zwischenergebnis ist hiernach festzustellen, daß die herrschende Meinung wie auch die Schlüssigkeitstheorie einerseits dem Richter eine ambivalente Prüfung der Rechtsverletzung, nämlich im Rahmen des § 42 Abs. 2 *und* im Rahmen des § 113 VwGO abverlangen, andererseits aber in den § 42 Abs. 2 bezüglich der Geltendmachung von „Rechten“ und der „Verletzung“ dieser Rechte eine Unterscheidung hineintragen, die § 42 Abs. 2 nicht kennt, und deren Berechtigung auch nicht einzusehen ist.

Nach den vorstehenden Ausführungen lassen sich also die Anforderungen an die Klagebefugnis aufgrund der Merkmale „in seinen Rechten ver-

---

[12] Hierzu auch Bettermann, Klagebefugnis und Aktivlegitimation im Anfechtungsprozeß, in: Staatsbürger und Staatsgewalt, Verwaltungsrecht und Verwaltungsgerichtsbarkeit in Geschichte und Gegenwart, 1963, S. 449 ff.

[13] Bettermann, ebd., S. 461.

letzt zu sein" nicht herabsetzen. Es kommt daher nach wie vor entscheidend auf das Merkmal der „Geltendmachung" der Rechtsverletzung an. Hierbei ist es erforderlich, den Willen des Gesetzgebers einerseits und die Stellung des § 42 Abs. 2 VwGO im Rechtssystem andererseits sowie ihre historische und soziale Funktion im Hinblick auf den Rechtsschutz des Bürgers gegenüber Hoheitsträgern zu berücksichtigen und zu ermitteln.

dd) Die Bedeutung des § 113 VwGO für die Auslegung des § 42 Abs. 2 VwGO

Nach der klaren Formulierung des § 113 Abs. 1 S. 1 bzw. Abs. 4 S. 1 VwGO sind sowohl die Rechtswidrigkeit als auch die Rechtsverletzung eine Frage der Begründetheit der Klage. Folglich gehört auch die subjektive, nicht nur die objektive Rechtswidrigkeit des Verwaltungsaktes zum Klage*grund*, nicht zur Klage*voraussetzung*. Damit hat der VwGO-Gesetzgeber der Situation Rechnung getragen, daß das subjektive öffentliche Recht, dessen Verletzung durch die öffentliche Gewalt gerügt wird, dem materiellen Recht angehört. Es ist im materiellen Recht, d.h. in den von der öffentlichen Gewalt zu beachtenden gesetzlichen Bestimmungen des materiellen Rechts einschließlich der verfassungsrechtlichen Bestimmungen im Gegensatz zu den prozeßrechtlichen Vorschriften zu suchen, weil es nur dort verankert ist. Mit § 113 Abs. 1 bzw. Abs. 4 VwGO hat der Gesetzgeber diese rechtliche Situation noch einmal bekräftigt und bestätigt.

Historisch betrachtet war diese Rechtssituation keinesfalls selbstverständlich. Das *Gesetz* als für alle Gewalten, somit auch für den Richter bindende Rechtsquelle, aus welchem heute die subjektiven Rechte hergeleitet werden und herzuleiten sind, war noch im Mittelalter nicht die alleinige Rechtsquelle. Vielmehr galten nach mittelalterlichem Rechtsverständnis noch in vorherrschendem Maße gewohnheitsrechtliche Grundsätze, die in der Religion oder in Sitte und Übung oder in beiden begründet waren. Das mittelalterliche Rechtsdenken charakterisiert Fritz Kern mit dem Satz: „Für ein in Frage stehendes subjektives Recht war seine Zugehörigkeit zum Väterbrauch ungefähr dasselbe, was heute der Nachweis sein würde, daß sich dasselbe aus einem gültigen Staatsgesetz erschließe."[14] Wie Henke zutreffend anmerkt, gehört diese Gestalt der Rechte der Geschichte an[15]. Ein ähnliches Rechtsdenken hat aber noch bis in die jüngste Zeit das Verwaltungsrecht beeinflußt, nämlich die römischrechtliche Gestalt des subjektiven Rechts, und zwar die *Actio*. Nach Windscheid ist die Actio eine „Befugnis, seinen Willen durch gerichtliche Verfolgung durchzusetzen"[16]. Die Worte „Befugnis, seinen Willen durch-

[14] Fritz Kern, Recht und Verfassung im Mittelalter, Sonderausgabe 1958, S. 12.

[15] S. 5.

[16] Bei Henke S. 5; Windscheid, Die Actio des römischen Zivilrechts vom Standpunkte des heutigen Rechts, 1856, S. 3.

zusetzen“ bezeichnen nicht eine sekundäre, prozessuale Befugnis zur Durchsetzung eines *vorausgesetzten* subjektiven Rechts, sondern das *subjektive Recht* selbst. Windscheid nennt diese Rechtsordnung „nicht die Ordnung der Rechte, sondern die Ordnung der gerichtlich verfolgbaren Ansprüche“[17]. Den Grund hierfür sieht Windscheid in der Stellung des Prätors zum Recht. Er sei an das objektive Recht nicht gebunden gewesen, habe vielmehr Rechtsschutz gewährt, wo es nach „jus civile“ kein Recht gegeben habe, oder ihn versagt, wo es Rechte anerkannte, und darum habe für den Römer die Frage nach der Actio *vor* der Frage nach seinem Recht gestanden[18]. Es handelte sich also bei dem actionenrechtlichen Denken um die Begründung von subjektiven Rechten aufgrund richterlicher Zulassung und Richterspruchs, nicht aufgrund *objektivrechtlicher* Staatsgesetze. Nach diesem System hing also die Gewährung von Rechtsschutz wesentlich von der *Zulassung* des Anspruchs als einem *gerichtlich verfolgbaren* ab. Während dieses Rechtsdenken für den Bereich des Zivilrechts schon im 19. Jahrhundert überwunden war, und das subjektive Recht seine Wurzel in den gesetzlichen Bestimmungen, nicht aber in im Einzelfall gerichtlich verfolgbaren Ansprüchen hatte, war das Rechtsdenken im Verwaltungsrecht — begründet durch die Lehre Gneists — noch weitgehend in einem actionenrechtlichen Denken befangen und von ihm beherrscht. Zwar hebt Gneist hervor, daß das System der Verwaltungsjurisdiktion sich nach der Natur der Verwaltungsgesetze gestalte. Gleichzeitig fährt er aber fort, daß in den Einzelgebieten der Polizei-, Militär-, Finanz-, Kirchen-, Schulverwaltungsgesetze die Frage zu stellen sei, ob das durch einen Mißbrauch der obrigkeitlichen Gewalt *gefährdete Interesse der Person* und des Vermögens, und die Versuchung zu einem solchen Mißbrauch, *erheblich* genug sei, um dies Interesse zu einem *Klagerecht* zu *kondensieren* und durch eine Rechtskontrolle mit kontradiktorischem Verfahren zu schützen, oder ob die Handhabung lediglich der administration pure mit ihren administrativen Kontrollen überlassen werden könne[19]. Gneist vertieft diesen Gedanken auch mit dem weiteren Grundsatz, daß man der Sache Gewalt antue, wenn man umgekehrt nach der Weise des Privatrechts von den *Einzelrechten* ausgehe und die Verwaltungsklagen nach dem zivilistischen Prinzip von personae, res usw. scheiden wolle. Hieraus folgt, daß nach der Lehre Rudolf Gneists die subjektiven Rechte letztlich als actiones ähnlich wie im römischen Recht zu betrachten waren. Dementsprechend wurde nur im Einzelfall ein Klagerecht eingeräumt. Davon war der Rechtsschutz abhängig. Die Einräumung eines Klagerechts d.h. einer Klagebefugnis war hiernach bestimmend für die Frage, ob dem Kläger ein subjektives Recht zustand, und er die Mög-

[17] S. 3.

[18] Henke, S. 6.

[19] Gneist, S. 273.

lichkeit hatte, die Verletzung dieser Rechte durch die hoheitliche Gewalt in einem kontradiktorischen Verfahren durch die dritte Gewalt klären zu lassen. Für Rudolf Gneist war die Verwaltungsgerichtsbarkeit lediglich Rechtskontrolle der Verwaltung, nicht aber subjektiver Rechtsschutz des Bürgers. Nur nach diesem Denkschema konnte die Frage des subjektiven Rechts in ihrer Verkoppelung mit der Klagebefugnis eine Frage des Prozeßrechts und der prozessualen Durchsetzbarkeit, nicht aber eine solche des materiellen Rechts sein. Wie aber § 113 Abs. 1 bzw. Abs. 4 VwGO deutlich zeigt, sollte dieses Rechtsdenken keinen Eingang mehr in die VwGO finden; vielmehr hat die VwGO nunmehr die Frage der subjektiven Rechtsverletzung der Begründetheit der Klage anheim gegeben und damit die subjektiven Rechte endgültig als materielle Rechte, welche den gesetzlichen Bestimmungen des Verwaltungsrechts zu entnehmen sind, auch für den *Verwaltungsprozeß* anerkannt.

Ein dem Zulässigkeitsbereich der Klage zugeordnetes subjektives — öffentliches Recht scheint daher nur noch aus dem geschilderten historischen Denkmodell heraus verständlich, wird aber durch § 113 VwGO widerlegt.

Die somit in § 113 VwGO zum Ausdruck gekommene positivrechtliche Bestimmung für den Individualrechtsschutz muß zwangsläufig dazu führen, daß jegliche materielle Prüfung der Rechtsverletzung aus § 42 Abs. 2 VwGO herauszuhalten ist. Von daher gesehen ist nicht § 113 im Lichte des § 42 Abs. 2 VwGO zu interpretieren, sondern umgekehrt § 42 Abs. 2 im Lichte des § 113 VwGO. Denn § 113 VwGO als die zentrale prozessuale Vorschrift für das, was die Verwaltungsgerichte bei Anfechtungs- und Verpflichtungsklagen rechtlich zu überprüfen haben, bestimmt gleichzeitig die Grenzen der Auslegung für die Klagebefugnis. Diese Grenzen sind hiernach — grob betrachtet — zunächst dahin abgesteckt, daß eine materiellrechtliche Prüfung der Rechtsverletzung für § 42 Abs. 2 VwGO ausscheidet. Jede andere Auslegung wäre ein Rückfall in die historische Betrachtungsweise der Verwaltungsgerichtsbarkeit des 19. Jahrhunderts bis etwa 1945.

Es soll zwar nicht in Abrede gestellt werden, daß von dieser Entwicklung auch der Gesetzgeber der Verwaltungsgerichtsordnung noch stark beeinflußt war. Anders sind die langen Beratungen über die Wortfassung des § 42 Abs. 2 VwGO, wie sie bereits dargestellt wurden, nicht verständlich. Die herrschende Meinung sowie die Schlüssigkeitstheorie wurzeln ebenfalls noch in diesem historischen Vorstellungsbild und berücksichtigen nur wenig die geschilderten Änderungen, welche sich nach Inkrafttreten der VwGO durch § 113 VwGO ergeben haben. Das zeigt in aller Deutlichkeit die Übernahme der Auslegung der Klagebefugnis, wie sie noch Lüke im Jahre 1959 vor Inkrafttreten der VwGO vorgenommen hat[20]. Lüke begründete im wesentlichen die noch heute herrschende Lehre von der Klagebefugnis, in dem er zu dem Ergebnis kam, daß der Kläger einen Anspruch als *eigenen* geltend machen und das objektive Recht den erhobenen Anspruch *(abstrakt)* gewähren muß[21]. Die konkrete Rechtsverletzung, d.h. ob der Kläger tatsächlich in seinen Rechten verletzt ist, soll auch nach Lükes Auffassung eine Frage der Begründetheit sein. Diesen Schluß zog Lüke bereits vor Inkrafttreten der VwGO, zu einem Zeitpunkt, als die damaligen Vorschriften der Verwaltungsgerichtsgesetze der Länder noch keine ausdrückliche Regelung für die Begründetheit der Klage — vergleichbar dem § 113 VwGO — getroffen hatten.

Wenn diese Definition der Klagebefugnis auch Gegenstand der Beratungen zu § 42 Abs. 2 VwGO[22] war, so kann hierauf gleichwohl nicht zurückgegriffen werden. Die Motivation des Gesetzgebers darf nicht dazu führen, sie ausschließlich der Auslegung zugrunde zu legen. Denn der Rückgriff auf die Motive ist nur dann zulässig und entscheidend, wenn andere Auslegungskriterien versagen. Das Gesetz ist vielmehr in erster Linie an den Erfordernissen und den Bedürfnissen der Gegenwart zu messen und dementsprechend auszulegen oder aber berichtigend anzupassen.

ee) Vergleich der Klagebefugnis mit den prozessualen Gestaltungsklagen der Zivilprozeßordnung und mit der Beschwerde gem. § 20 Abs. 1 FGG[23]

Für die besondere Betonung der Klagebefugnis bei Anfechtungs- und Verpflichtungsklagen im Verwaltungsprozeß wird immer wieder der Gesichtspunkt herangezogen, daß die rechtliche Situation bei diesen Klagearten ähnlich sei wie bei den vollstreckungsrechtlichen Gestaltungsklagen im Zivilprozeß gem. §§ 323, 767 und 771 ZPO, bei der Anfechtungsklage gegen Ausschlußurteile im Aufgebotsverfahren gem. §§ 957, 958 ZPO und bei der Wiederaufnahme des Verfahrens. In allen diesen Verfahren richtet sich die Klage gegen ein *Urteil*, dessen Aufhebung oder Änderung begehrt wird. In diesen Fällen, so folgert man, stelle sich auch für den Zivilprozeß die Frage, wer zur Erhebung einer solchen Anfechtungsklage *befugt* sei[24]. Bei einem Verwaltungsakt oder der Ablehnung oder Unterlassung eines Verwaltungsaktes sei es theoretisch denkbar, daß der Verwaltungsakt von *jedermann* angefochten werden könne, wenn das Wesen

---

20 Lüke, AöR 84, S. 201 ff.

21 S. 223.

22 Vgl. die Übersicht bei Köhler, Anm. C I 2 zu § 42.

23 Zu den Parallelen und Unterschieden zwischen Verwaltungsakt und verwaltungsgerichtlichem Urteil im Anfechtungsprozeß einerseits sowie zwischen Anfechtungsklage im Verwaltungsstreitverfahren und den zivilprozessualen Klagearten andererseits, vgl. die eingehende Darstellung von Menger, System, S. 134 ff.

24 Ule, Verwaltungsprozeßrecht, 6. Aufl., S. 155.

der Verwaltungsgerichtsbarkeit allein in der Aufrechterhaltung der objektiven Rechtsordnung bestände .Es bedürfe dann einer gesetzlichen Regelung, wer zur Erhebung der Anfechtungs- und Verpflichtungsklage befugt sein solle. Sei die heutige Verwaltungsgerichtsbarkeit vornehmlich eine Einrichtung zum Schutz des Einzelnen gegen rechtswidrige Maßnahmen der Verwaltung, so dürfe grundsätzlich nur der klagebefugt sein, der durch den Verwaltungsakt oder seine Ablehnung oder Unterlassung in seinen Rechten verletzt zu sein behaupte[25]. Dieser Vergleich der Anfechtungs- und Verpflichtungsklagen mit den genannten zivilprozessualen Gestaltungsklagen ist äußerlich zunächst einsichtig, weil die Aufhebung der mit diesen Klagen angefochtenen gerichtlichen Entscheidungen auch theoretisch von jedem, der von ihnen erfährt, begehrt werden könnte. Diese Betrachtungsweise bleibt jedoch vordergründig. Denn rechtsdogmatisch ergibt sich gleichwohl ein wesentlicher Unterschied. Angriffsziel der genannten Sonderrechtsbehelfe im Zivilprozeß ist ein Urteil des *Gerichts*, während sich die Anfechtungs- oder Verpflichtungsklagen gegen Verwaltungsakte der Behörden richten, die als *Beklagte* im Verwaltungsprozeß als einem kontradiktorischen Verfahren auftreten. Für die Anfechtung gerichtlicher Erkenntnisse ist aber grundsätzlich das Vorliegen einer Beschwer Voraussetzung. Das gilt insbesondere für die Rechtsmittel und ist hier unstreitig[26]. Die Beschwer gibt regelmäßig das Rechtsschutzbedürfnis für die Anrufung der höheren Instanz und ist dadurch gekennzeichnet, daß der rechtskraftfähige Inhalt der angefochtenen Entscheidung als solcher für den Rechtsmittelkläger sachlich nachteilig ist[27].

Ähnlich, jedoch mit gewissen Ausnahmen und unterschiedlicher Intensität ist die Beschwer bei den genannten Gestaltungsklagearten der Zivilprozeßordnung Voraussetzung ihrer Zulässigkeit. Sie sind teilweise Rechtsmittel*ersatz* und verlangen von daher schon das Vorliegen einer Beschwer. Das gilt insbesondere für die Wiederaufnahmeklage[28], aber auch für die beim übergeordneten Landgericht zu erhebende Anfech-

[25] Wie vor, S. 156.

[26] Thomas/Putzo, Vorbem. IV 2 zu § 511; Baur, Die Beschwer im Rechtsmittelverfahren des Zivilprozesses, Festschrift für Lent 1957; Brox, Die Beschwer als Rechtsmittelvoraussetzung, ZZP 81, 379; Bettermann, Die Beschwer als Klagevoraussetzung, in: Recht und Staat, Tübingen 1970, S. 5 ff. mit weiteren Nachweisen sowie Redeker/von Oertzen, Rd. Nr. 4 zu § 124 mit zahlreichen Rechtsprechungsnachweisen.

[27] Vgl. statt vieler Thomas/Putzo, Vorbem. IV 2 zu § 511 mit weiteren Nachweisen: Beim Kläger ist die Nachteiligkeit regelmäßig dann gegeben, wenn der rechtskraftfähige Inhalt der angefochtenen Entscheidung hinter dem Klagebegehren in der unteren Instanz zurückbleibt (*formelle* Beschwer). Für den Beklagten ist auf die *materielle* Beschwer abzustellen, d.h. jeder nachteilige rechtskraftfähige Inhalt der angefochtenen Entscheidung ohne Rücksicht auf die Vollstreckungsfähigkeit und auf die in der unteren Instanz gestellten Anträge genügt.

[28] BGHZ 39, 179; Bettermann, Die Beschwer, S. 6.

tungsklage gem. § 957 ZPO. Denn nach Abs. 1 kann das Ausschlußurteil durch ein „Rechtsmittel" nicht angefochten werden. Die Beschwer im geschilderten Sinne ist — anders als die Klagebefugnis — dem allgemeinen Rechtsschutzinteresse zuzuordnen und bereits im Rahmen der Zulässigkeit des Rechtsmittels oder der Klage *abschließend* festzustellen, andernfalls das Rechtsmittel oder die Klage unzulässig sind. Es genügt daher nicht wie bei § 42 Abs. 2 VwGO die Behauptung oder das Geltendmachen einer „Beschwer", sondern sie muß *vorliegen.*

Ähnlich verhält es sich mit der Beschwerde nach § 20 Abs. 1 FGG. Diese Vorschrift wird ebenfalls zum Vergleich mit der Klagebefugnis gem. § 42 Abs. 2 VwGO herangezogen[29]. Hoffmann bezeichnet sie als Vorbild des § 42 Abs. 2 VwGO. Aber auch bei § 20 Abs. 1 FGG handelt es sich um eine typische Rechtsmittelvorschrift, die *abschließend* die Voraussetzungen einer Beschwer fordert. Das ergibt sich bereits aus ihrem Wortlaut „die Beschwer steht jedem zu, dessen Recht durch die Verfügung beeinträchtigt *ist*". Hingegen heißt es in § 42 Abs. 2 eindeutig, daß der Kläger *geltend zu machen habe,* in seinen Rechten verletzt zu sein.

Die genannten Beispiele zeigen, daß die Beschwer als typische Zulässigkeitsvoraussetzung für die Anrufung des Gerichts überall dort zu finden ist, wo es um die Anfechtung gerichtlicher Entscheidungen geht. Nach § 42 Abs. 2 VwGO wird jedoch ein Verwaltungsakt der Behörde angegriffen. Es wird also mit der Anfechtungs- oder Verpflichtungsklage ein Aufhebungsanspruch gegen die Behörde, d.h. gegen den Aktsetzer, nicht aber ein Anspruch gegen das Urteil (wenn auch in verschiedenen Instanzen) geltend gemacht. Dieser Anspruch ist, wie § 113 VwGO klarstellt, Gegenstand der Begründetheit der Klage und berührt nicht die Frage der Zulässigkeit. Die formelle Ausgestaltung der Anfechtungsklage als Gestaltungsklage steht dem nicht entgegen. Denn denkbar wäre auch gewesen, daß der Gesetzgeber die Anfechtungsklage in Form der Leistungsklage ausgestaltet hätte, nämlich derart, daß im Falle der Rechtswidrigkeit und der dadurch bedingten Beeinträchtigung subjektiver Rechte des Klägers die Behörde dazu verpflichtet wird, den angefochtenen Verwaltungsakt aufzuheben. Insofern wäre dann eine Gleichschaltung mit der Verpflichtungsklage erfolgt, bei welcher das Gericht selbst die beantragte Amtshandlung, also den Verwaltungsakt nicht erlassen kann, sondern die Behörde hierzu nur verpflichten darf[30]. Auch für die Verpflichtungsklage gilt aber die Klagebefugnis gleichermaßen. Daß sich der Gesetzgeber bei der Anfechtungsklage für die Kassation des Verwaltungsaktes durch das Gericht entschieden hat, dient der Effektuierung des Rechtsschutzes und steht mit der Funktion der Verwaltungsgerichtsbarkeit als rechtsprechende Gewalt auch im Einklang. Denn Verwal-

[29] Hoffmann, S. 325; Lüke, S. 187.

[30] Vgl. § 113 Abs. 4 VwGO.

tungstätigkeit, somit typische Tätigkeit der Exekutive, nimmt das Gericht damit deshalb nicht wahr, weil hiermit nur ein Akt der Verwaltung beseitigt, jedoch — anders als beim *Erlaß* eines Verwaltungsaktes — keine Verwaltungstätigkeit im eigentlichen Sinne wahrgenommen wird.

Aus der Tatsache, daß die VwGO in den §§ 42 Abs. 1 und 113 ausdrückliche Bestimmungen über die Art der gerichtlichen Entscheidung für Anfechtungs- und Verpflichtungsklagen enthält, kann für die Anfechtungsklage auch im Umkehrschluß gefolgert werden, daß der Gesetzgeber selbst von einem *Aufhebungsanspruch* des Bürgers gegen die *Behörde* im Falle des Vorliegens der Voraussetzungen des § 113 Abs. 1 VwGO ausging und deshalb, um eine Kassation durch das Gericht zu ermöglichen, besondere Vorschriften für erforderlich hielt. Im übrigen ist aus der ausdrücklichen Aufnahme der Verpflichtungsklage in die Normen der §§ 42 und 113 VwGO zu schließen, daß es um einen Aufhebungsanspruch des Bürgers gegen die Verwaltung bzw. bei der Verpflichtungsklage um einen Verpflichtungsanspruch gegen die Verwaltung selbst geht. Wie § 113 VwGO beweist und worauf Bettermann deshalb zutreffend hinweist[31], gehört zu den Voraussetzungen dieses Aufhebungs- bzw. Verpflichtungsanspruchs nicht nur die Rechtswidrigkeit des Verwaltungsaktes, sondern auch dessen „Lästigkeit" für den Betroffenen, so daß das Aufhebungsverlangen des „Nichtbeschwerten" *unbegründet*, nicht aber bloß *unzulässig* ist. Diese Betroffenheit hat daher mit der „Beschwer" als Zulässigkeitsvoraussetzung für die Anrufung des Gerichts gegen ein gerichtliches Erkenntnis nichts zu tun.

Zum gleichen Ergebnis gelangt man, wenn man die Anfechtungsklage als Abwehrklage oder als Gegengestaltungsklage im Sinne Böttichers begreift, mit der der Bürger rechtswidrigen Eingriffen der öffentlichen Gewalt in seine Freiheit oder sein Eigentum begegnet[32]. Sie ist bei dieser Betrachtungsweise das verwaltungsrechtliche Gegenstück zur negatorischen Beseitigungsklage des Zivilrechts[33]. Bei der Negatoria ist die Störung, Belästigung oder Beeinträchtigung des Klägers nicht Zulässigkeits-, sondern Erfolgsvoraussetzung der Klage[34]. Umstritten ist hier lediglich, ob die Unterlassungsklage bei fehlender oder nicht feststellbarer Wiederholungsgefahr unzulässig oder unbegründet ist[35].

---

[31] In Recht und Staat, S. 22.

[32] Bötticher, Besinnung auf das Gestaltungsrecht und das Gegengestaltungsklagerecht, in: Festschrift für Dölle, 1963, Bd. I, S. 41 ff.

[33] Bettermann, in Recht und Staat, S. 23, und in DÖV 1955, 528 (535 unter d); Menger, in: Gedächtnisschrift für Walter Jellinek (1955), S. 347 ff. (350); Weyreuther, Gutachten zum 47. Deutschen Juristentag, Band I, Teil B, S. 63 ff.

[34] Bettermann, in Recht und Staat, S. 23 mit weiteren Nachweisen.

[35] Für Unzulässigkeit: Henckel, Parteilehre und Streitgegenstand, 1961, S. 85; für Unbegründetheit: RGZ 170, 317/18 und Blomeyer, § 35 II 2, S. 173, Anm. 4.

Schließlich muß ein Vergleich der Klagebefugnis mit den Voraussetzungen für ein Anfechtungsrecht im Rahmen der zivilprozessualen Gestaltungsklagen, vornehmlich der Klagen gem. §§ 323, 767 und 771 ZPO sowie der Wiederaufnahmeklagen deshalb scheitern, weil es sich bei diesen Klagen um *Ausnahmerechtsbehelfe* handelt. Mit ihnen kann die Rechtskraft eines Urteils, somit dessen Unanfechtbarkeit, die im Regelfall zu beachten ist, unter bestimmten Voraussetzungen durchbrochen werden. Die Anfechtungs- und Verpflichtungsklagen im verwaltungsgerichtlichen Rechtschutzsystem sind aber keineswegs Sonderrechtsbehelfe, sondern bilden den *Regelfall*. Sie stehen unter der Rechtsschutzgarantie des Art. 19 Abs. 4 GG, so daß der Rechtsweg für sie grundsätzlich eröffnet ist. Besondere Erschwernisse, so auch die Voraussetzung des *Vorliegens* einer *Beschwer* sind mit einem gerichtlichen Verfahren, für das der Rechtsweg in allen öffentlich-rechtlichen Streitigkeiten nichtverfassungsrechtlicher Art *generalklauselmäßig* (§ 40 VwGO) gegeben ist, unvereinbar.

Dem steht für den Bereich des § 42 Abs. 2 VwGO nicht entgegen, daß der Widerspruch im Rahmen des Vorverfahrens nur von dem „Beschwerten" eingelegt werden kann (vgl. § 70 VwGO). Denn diese Vorschrift betrifft nur das verwaltungsgerichtliche Vorverfahren, somit das Verwaltungsverfahren, nicht aber — wie § 42 Abs. 2 VwGO — das verwaltungs*gerichtliche* Verfahren. Sie kann daher für die Klagebefugnis kein Auslegungs- und Abgrenzungskriterium abgeben, zumal die Anfechtungs- und Verpflichtungsklagen nicht in allen Fällen ein Vorverfahren voraussetzen (vgl. § 68 Abs. 1 S. 2 VwGO).

Ähnlich verhielt es sich mit § 231 der Reichsabgabenordnung in der früheren Fassung des § 162 Nr. 40 FGO. Auch hier war von „Beschwer" die Rede, und zwar im Rahmen des Einspruchs gegen eine abgabenrechtliche Verfügung.

In diesem Zusammenhang kann allerdings § 54 Abs. 1 S. 2 SGG nicht außer Betracht bleiben, der statt des Merkmals „in seinen Rechten verletzt zu sein" den Begriff „Beschwer" verwendet. Er ist jedoch mit dem Begriff der „Beschwer" i.S.d. besprochenen zivilprozessualen Gestaltungsklagen und Rechtsmittelvorschriften nicht identisch, weil § 54 Abs. 1 S. 2 SGG nur die „Behauptung" der Beschwer, wie § 42 Abs. 2 VwGO die „Geltendmachung" der Rechtsverletzung fordert. Es ist daher in Parallele zu § 42 Abs. 2 VwGO — anders als bei den Rechtsmitteln gegen gerichtliche Erkenntnisse und den zivilprozessualen Gestaltungsklagen — im Rahmen der Zulässigkeit der sozialgerichtlichen Klage keine *abschließende* Beurteilung vorzunehmen, ob die „Beschwer" tatsächlich vorliegt.

ff) Vergleich der Klagebefugnis im Verwaltungsprozeß mit den Zulässigkeitsvoraussetzungen der Verfassungsbeschwerde und des verfassungsrechtlichen Organstreits

Desgleichen lassen sich weder die von der Möglichkeitstheorie noch die von der Schlüssigkeitstheorie gestellten Anforderungen an die Klagebefugnis des § 42 Abs. 2 VwGO aus einem Vergleich mit der Verfassungsbeschwerde nach dem Bundesverfassungsgerichtsgesetz herleiten. Zwar steht die Verfassungsbeschwerde gem. § 90 BVerfGG demjenigen offen, der behauptet, durch die öffentliche Gewalt in einem seiner Grundrechte oder in einem der enummerierten grundrechtsähnlichen Verfassungsrechte durch die öffentliche Gewalt verletzt zu sein. Die Grundrechts- oder Verfassungsbeschwerde des Grundgesetzes ist also keine Popularklage, sondern eine Verletztenklage. Insofern bestehen Parallelen zu § 42 Abs. 2 VwGO. Wie gesagt, soll hierdurch ebenfalls die Popularklage ausgeschlossen werden. Die Verfassungsbeschwerde kann daher nur von dem erhoben werden, der durch die öffentliche Gewalt in bestimmten eigenen Grundrechten verletzt zu sein behauptet. Gerügt werden muß also die Verletzung eines subjektiven Rechts des Beschwerdeführers[36].

Eine ähnliche Bestimmung enthält für den verfassungsrechtlichen Organstreit Art. 93 Abs. 1 Nr. 1 GG, d.h. für Streitigkeiten zwischen Bundesverfassungsorganen oder -organteilen über den Umfang ihrer verfassungsmäßigen Rechte und Pflichten. Gemäß § 64 Abs. 1 BVerfGG ist „der Antrag nur zulässig, wenn der Antragsteller geltend macht, daß er durch eine Maßnahme oder Unterlassung des Antraggegners in seinen ihm durch das Grundgesetz übertragenen Rechten und Pflichten verletzt oder unmittelbar gefährdet ist.“ Somit handelt es sich auch hierbei um eine Verletztenklage. Nur der Verletzte oder Gefährdete ist legitimiert, die Organklage zu erheben.

Der Wortlaut des § 64 Abs. 1 BVerfGG ähnelt weitgehend dem der Klagebefugnis in den §§ 42 Abs. 2 VwGO und § 40 Abs. 2 FGO.

Gleichwohl lassen diese vom Gesetzeswortlaut her gegebenen Parallelen keinen Vergleich zu. Denn die Frage der Rechtsverletzung gehört weder zu den Elementen der Begründetheit der Verfassungsbeschwerde noch zu denen des Organstreits, weil das BVerfGG für diese Verfahren keine dem § 113 VwGO vergleichbare Bestimmungen enthält. Bei der Verfassungsbeschwerde besteht bereits insofern eine Besonderheit, daß, soweit Verwaltungsakte mit der Verfassungsbeschwerde angegriffen werden, die Verwaltungsbehörde nicht am Verfahren beteiligt ist. Es handelt sich nicht um ein kontradiktorisches Verfahren. Die Situation ist also insoweit anders als bei der Anfechtungs- und Verpflichtungsklage gem. § 42 VwGO, als kein Aufhebungsanspruch *gegen* die *Verwaltungs-*

---

[36] BVerfGE 4, 210; 6, 445; 15, 256 ff. und 283 ff., 298 ff.

behörde bzw. keine Rechtsverletzung *gegen dieselbe* geltend gemacht wird. Dementsprechend stellt auch die der Verfassungsbeschwerde stattgebende Entscheidung gem. § 95 Abs. 1 S. 1 BVerfGG weder das Bestehen eines solchen Anspruchs noch eine Rechtsverletzung des Beschwerdeführers fest. Es wird vielmehr nur die objektive Verfassungswidrigkeit festgestellt und zwar nach der Regel: welche Vorschrift des Grundgesetzes, und durch welche Handlung oder Unterlassung sie verletzt wurde. Hingegen wird nichts darüber ausgesagt, welches *subjektive* Grundrecht des Beschwerdeführers verletzt wurde. Das gleiche gilt für die Vorbeugungsfeststellung nach § 95 Abs. 1 S. 2 BVerfGG. Hier ist vom Bundesverfassungsgericht nur zu tenorieren, „daß auch jede Wiederholung der beanstandeten Maßnahme das Grundgesetz verletzt". Die für die Zulässigkeit der Verfassungsbeschwerde gegen Normen aufgestellte Standardformel des Bundesverfassungsgerichts, daß derjenige, der durch die mit der Verfassungsbeschwerde angegriffene Maßnahme nicht „selbst, gegenwärtig und unmittelbar" nachteilig betroffen sei, zur Erhebung der Verfassungsbeschwerde nicht legitimiert sei, hat daher im Verfassungsstreitverfahren der Verfassungsbeschwerde ihre Berechtigung[37]. Sie dient der Individualisierung mit dem ausschließlichen Ziel, die Popularklage zu verhindern. Mithin ist die Rechtsverletzung im Verfahren der Verfassungsbeschwerde nur Zulässigkeitsvoraussetzung, nicht aber — wie gem. § 113 VwGO für die Anfechtungs- und Verpflichtungsklage im Verwaltungsprozeß — materiell-rechtliche Voraussetzung für den Erfolg der Verfassungsbeschwerde.

Genauso verhält es sich bei der Organklage nach § 64, 1 BVerfGG. Die Vorschrift des § 67 BVerfGG bürdet dem Bundesverfassungsgericht im Rahmen der *Begründetheit* der Organklage allein die Frage auf, ob die beanstandete Maßnahme oder Unterlassung des Antragsgegners gegen eine — genau zu bezeichnende — Bestimmung des Grundgesetzes verstößt. Es hat aber nicht die Frage zu klären, ob diese Maßnahme den Antragsteller in seinen grundgesetzlichen Rechten und Pflichten verletzt oder gefährdet. Somit ist die Beeinträchtigung oder Gefährdung dieser Rechte und Pflichten allein Sachurteils-, also Zulässigkeitsvoraussetzung, nicht aber Gegenstand des Sachurteils selbst.

Aus den vorstehenden Erwägungen folgt, daß die Kriterien für die Anfechtungs- oder Klagebefugnis der Verfassungsbeschwerde bzw. des verfassungsrechtlichen Organstreits nicht auf die Klagebefugnis gem. § 42 Abs. 2 VwGO übertragen werden können.

[37] Vgl. die Nachweise bei Leibholz/Rupprecht, § 90, Erl. 71, 72; Betermann, in: Recht und Staat, S. 36/37.

gg) Vergleich der Klagebefugnis mit der Prozeßführungsbefugnis im Zivilprozeß

Für eine Lösung des Problems der Klagebefugnis i.S.d. § 42 Abs. 2 VwGO könnten die von der Zivilprozeßrechtslehre zur Prozeßführungsbefugnis entwickelten Grundsätze fruchtbar gemacht werden. Wie bereits zu Anfang erörtert, dient auch letztere dem Ausschluß der Popularklage und damit dem Schutz des Beklagten, mit einer Unzahl von Prozessen überzogen zu werden. Im Zivilprozeß besteht kein Streit darüber, daß die Prozeßführungsbefugnis als Zulässigkeitsvoraussetzung der Klage das wirkliche Zustehen des Rechts so wenig wie dessen wirkliches Bestehen voraussetzt. Vielmehr kommt es nur darauf an, ob die Parteien für das Recht, *wenn* es so, wie es behauptet ist, besteht, kurz für das *behauptete* Recht, prozeßführungsbefugt sind[38]. In der Regel steht die Prozeßführungsbefugnis den Trägern des streitigen Rechtsverhältnisses, ausnahmsweise statt dessen Dritten, d.h. Rechtfremden zu. In letzterem Fall handelt es sich um die Fälle der Prozeßstandschaft, der Befugnis, fremde Rechte im eigenen Namen gerichtlich verfolgen zu können. Für den Zivilprozeß gilt bezüglich der Prozeßführungsbefugnis als Sachurteilsvoraussetzung im Grundsatz folgende Regel: Wird das geltend gemachte Recht als *eigenes* oder als gegen den Beklagten persönlich gerichtet in Anspruch genommen, so muß ein *besonderer Grund* vorliegen, wenn die Prozeßführungsbefugnis den Parteien fehlen soll. Wird aber das eingeklagte Recht von dem Kläger als ein *fremdes* oder als nicht gegen den Beklagten persönlich gerichtet in Anspruch genommen, so bedarf es umgekehrt eines *besonderen Grundes,* wenn den Parteien die Prozeßführungsbefugnis *zustehen* soll[39]. Ein besonderer Grund im letzteren Fall ist die Prozeßstandschaft (z.B. Testamentsvollstrecker, Konkursverwalter usw.). Hieraus folgt — worauf Grunsky[40] und Ule[41] zutreffend hinweisen —, daß die Prozeßführungsbefugnis im Zivilprozeß grundsätzlich unproblematisch ist und keiner besonderen Prüfung bedarf, es sei denn, es wird ein fremdes Recht im Prozeß verfolgt; nur im letzteren Fall ist zu prüfen, ob dem Kläger die Prozeßführungsbefugnis zusteht. Da die Prozeßführungsbefugnis im Einzelfall entweder *neben* dem Rechtsträger einem Dritten oder auch unter *Ausschluß* des Rechtsträgers einem Dritten zustehen kann, kann sie weder Bestandteil noch Ausfluß des Rechts sein, über das prozessiert wird[42].

Diese Gedanken könnten für § 42 Abs. 2 VwGO gelten. Wenn im Verwaltungsprozeß wie im Zivilprozeß Popularklagen unzulässig sind, kön-

---

[38] Rosenberg, S. 193, § 452; Thomas/Putzo, 8. Aufl., Anm. 1 b zu § 51 ZPO.

[39] Rosenberg, S. 194, § 194, § 45 II (sog. Rosenbergsche Formel).

[40] S. 224 ff.

[41] S. 145.

[42] Rosenberg, S. 194, I 2.

nen grundsätzlich nur eigene[43] Rechte des Klägers verfolgt werden. Zwar ist der Begriff der Popularklage etwas schillernd. In der Rechtsliteratur und der Rechtsprechung wurde bisher eine einheitliche Definition nicht gefunden. Es ist immer wieder von dem „jedermann“ die Rede, der sich als „Sachwalter der Allgemeinheit“ geriert[44]. Ule unterscheidet offenbar auch zwischen der Geltendmachung von Rechten Dritter und der Geltendmachung des Allgemeininteresses; im letzteren Fall verwendet er den Begriff des „quivis ex populo“[45]. Unbestritten ist aber — das wird auch von Ule vertreten[46] —, daß beide Fälle zur Unzulässigkeit der Klage gem. § 42 Abs. 2 VwGO führen[47], wenn nicht der Gesetzgeber dem betreffenden Kläger die Klagebefugnis ausdrücklich eingeräumt hat („soweit gesetzlich nichts anderes bestimmt ist“, § 42 Abs. 2 VwGO). Indessen werden unter Heranziehung des Schutzzwecks des § 42 Abs. 2 VwGO vom Begriff der Popularklage *beide* Fälle erfaßt. Denn wenn es der Schutzzweck des § 42 Abs. 2 VwGO sein soll, den Prozeßgegner vor einer Unzahl von Prozessen zu bewahren, so trifft dieser Gedanke gleichermaßen auf den Kläger, der *fremde* Rechte gerichtlich verfolgen will, wie auf den Kläger zu, der sich zum Sachwalter der Allgemeinheit macht, d.h. das Allgemeininteresse als Staatsbürger zur Geltung bringen will. Auch im ersteren Fall ist es denkbar, daß eine unübersehbare Zahl von Klägern ein- und dasselbe Recht eines Dritten geltend machen, wäre eine solche Klage nicht grundsätzlich unzulässig[48]. Legt man diesen Begriff der Popularklage der weiteren Betrachtung zugrunde, so besteht von daher eine enge Beziehung zwischen dem Prozeßführungsrecht im Zivilprozeß und der Klagebefugnis im Verwaltungsprozeß.

Der Unterschied zwischen Prozeßführungsbefugnis im Zivilprozeß und Klagebefugnis im Verwaltungsprozeß, den Hoffmann darin sieht, daß nach seiner Auffassung § 42 Abs. 2 VwGO — anders als die Prozeßführungsbefugnis im Zivilprozeß — nicht die Frage beantworte, ob ein Kläger die Befugnis habe, das zum Streitgegenstand erhobene Begehren im eigenen Namen vor dem Verwaltungsgericht geltend zu machen, besteht in Wirklichkeit nicht. Denn es ist zu bedenken, daß die Prozeßführungsbefugnis im Zivilprozeß grundsätzlich nur problematisch ist, wenn der Kläger ein *fremdes* Recht im eigenen Namen geltend macht. In diesem Fall spricht man von Prozeßstandschaft, die sich als zivilprozessuales Gegenstück zur Klagebefugnis im Verwaltungsprozeß darstellt. Gleichwohl gibt es aber — wie bereits erörtert — den allgemeinen Begriff der

---

[43] So auch Ule/Laubinger, S. 63.

[44] Bettermann, in: Staatsbürger und Staatsgewalt, S. 471.

[45] S. 157.

[46] S. 157.

[47] Statt vieler Redeker/von Oertzen, 6. Auflage, Rdnr. 25 zu § 42.

[48] So auch Bachof, Gedächtnisschrift für Jellinek, S. 300.

Prozeßführungsbefugnis, der bereits nach der Rosenbergschen Formel dem der Klagebefugnis entspricht. Die Prozeßführungsbefugnis ist gegeben, wenn der Kläger das geltend gemachte Recht als *eigenes* in Anspruch nimmt[49]. Nichts anderes ergibt sich aus § 42 Abs. 2 VwGO. § 42 Abs. 2 besagt, wie das Prozeßführungsrecht, daß die Klagebefugnis grundsätzlich dem materiell Berechtigten zusteht[50]. Denn materiell berechtigt ist nach der gesetzlichen Definition in § 113 VwGO derjenige, der durch den rechtswidrigen Verwaltungsakt in seinen Rechten verletzt ist. Es liegt aber — wie erörtert — eine *Verletzung* der Rechte nur bei rechtswidrigem Handeln der jeweiligen Verwaltungsbehörde vor und die Begriffe *„Rechtsverletzung* i.S.d. §§ 113 VwGO, 42 Abs. 2 VwGO haben die gleiche Bedeutung. Die Klage ist danach grundsätzlich nur zulässig, wenn der Kläger geltend macht, in *seinen,* d.h. seinen *eigenen* Rechten verletzt zu sein. Macht er fremde Rechte geltend, so ist die Klage unzulässig, es sei denn, der Gesetzgeber hat ihm die Klagebefugnis ausdrücklich eingeräumt. In diesen Fällen liegt eine Gleichschaltung mit der Prozeßstandschaft im Zivilprozeß vor. Somit sind die genannten Argumente Hoffmanns nicht überzeugend[51]. Das gesteht Hoffmann[52] letzten Endes auch selbst zu, wenn er ausführt, daß gleichwohl gewisse Beziehungen zwischen der Klagebefugnis gem. § 42 Abs. 2 VwGO und der Prozeßführungsbefugnis bestehen. In diesem Zusammenhang kehrt er ausdrücklich den Fall hervor, daß der Gesetzgeber einem Dritten die Möglichkeit eingeräumt hat, fremde Rechte im eigenen Namen geltend zu machen.

Hoffmann ist allerdings zuzugeben, daß im Falle der Geltendmachung eines *fremden* Rechts dieses auch Gegenstand der verwaltungsgerichtlichen Überprüfung in der Begründetheit der Klage sein muß. Insoweit enthalten die Vorschriften der §§ 42 Abs. 2 VwGO, 113 VwGO eine Ungereimtheit. Denn § 113 VwGO sieht nach seinem Wortlaut keine Regelung für den Fall vor, daß aufgrund des gesetzlichen Vorbehaltes in § 42 Abs. 2 VwGO im Einzelfall kraft Gesetzes die Popularklage bzw. die Prozeßstandschaft zugelassen ist. § 113 Abs. 1 bzw. Abs. 4 VwGO sprechen nur von den *eigenen* Rechten des Klägers. Diese gesetzliche Ungereimtheit läßt sich — worauf von Oertzen[53] zutreffend hinweist — durch eine berichtigende Auslegung ausräumen, indem für die Fälle, in denen die Popularklage bzw. die Prozeßstandschaft zulässig ist, sich die materiellrechtliche Überprüfung durch das Verwaltungsgericht auch im Rahmen des § 113 VwGO nur auf die Frage der Rechtmäßigkeit des angefochtenen Verwaltungsaktes bzw. neben der Überprüfung der Rechtmäßigkeit des

[49] Rosenberg, S. 194.
[50] Henke, S. 60.
[51] Hoffmann, S. 314.
[52] Auf Seite 317.
[53] In DVBl. 1961, 650 (652).

Verwaltungsaktes nur auf die Verletzung *fremder,* nicht eigener Rechte des Klägers erstrecken darf. Dann ist insoweit der vom Gesetzgeber offensichtlich gewollte Gleichklang der §§ 42 Abs. 2, 113 VwGO hergestellt.

Die immer wieder in der Rechtsprechung, aber auch in der Literatur zu findende Auseinandersetzung mit der Popularklage im Rahmen des § 42 Abs. 2 VwGO dergestalt, daß der Personenkreis der Anfechtungsberechtigten überschaubar gehalten und dementsprechend eingegrenzt werden müsse, um die Popularklage zu vermeiden, kann ebenfalls kein Argument dafür sein, gegenüber der Prozeßführungsbefugnis im Zivilprozeßrecht besondere Anforderungen an die Klagebefugnis zu stellen. Denn dieses mehr rechtspolitische Argument verfehlt sowohl den maßgeblichen rechtsdogmatischen Ansatzpunkt als auch die Rechtsschutzgarantie des Art. 19 Abs. 4 GG. Steht nämlich jedem, der durch die öffentliche Gewalt in seinen Rechten verletzt ist, der Rechtsweg offen, und werden die verletzten Rechte von Art. 19 Abs. 4 GG nicht begrenzt, sondern nur vorausgesetzt, so kann es nicht zulässig sein, für den Rechtsschutz aus Gründen der Überschaubarkeit des Kreises der Betroffenen eine Begrenzung des Kreises der Anfechtungsberechtigten vorzunehmen. Daher ist es möglich, daß ein Verwaltungsakt von einer mehr oder weniger unübersehbaren Anzahl von Klägern angefochten wird, sofern nur deren Rechte verletzt sind. Dies hat offensichtlich auch das Bundesverwaltungsgericht selbst erkannt, wenn es[54] im Rahmen einer Entscheidung betreffend das von den Straßenverkehrsbehörden erlassene Parkverbot ausführt, daß dem Kläger durch die Anordnung des Parkverbots aufgegeben werde, das Abstellen seines Fahrzeuges an der von ihm für das Abstellen vorgesehenen Stelle zu unterlassen. Dadurch sei in die durch Art. 2 GG geschützte allgemeine Handlungsfreiheit eingegriffen worden, so daß der Kläger die Verletzung eines eigenen und nicht etwa die Verletzung eines fremden Rechts geltend mache oder sich gar als Sachwalter der Allgemeinheit aufspiele. Das Bundesverwaltungsgericht hebt ausdrücklich hervor, es habe mit der sog. Popularklage nichts zu tun, daß die verkehrsbeschränkenden Anordnungen von einer *unübersehbaren Zahl* von Verkehrsteilnehmern angefochten werden könnten. Dies liege vielmehr in ihrer Natur als Massenverwaltungsakte begründet.

Ferner sprechen weder prozeßökonomische Gesichtspunkte für eine Verlagerung der materiellrechtlichen Prüfung des subjektiven öffentlichen Rechts in die Zulässigkeit der Klage noch sind Nachteile des Bürgers damit verbunden, wenn auch im Verwaltungsprozeß wie im Zivilprozeß die Frage der Rechtsverletzung oder des Anspruchs auf Vornahme einer Amtshandlung der Behörde allein und abschließend in der Begründetheit der Klage beurteilt wird.

---

[54] U. v. 9.6.1967, NJW 1967, 1628/29.

Prozeßökonomische Gesichtspunkte könnten zu einer Verlagerung der materiellen Rechtsprüfung in die Zulässigkeit der Klage bei der Klagebefugnis sprechen, wenn z.B. § 113 Abs. 1 S. 1 VwGO zwingend die Prüfung der Rechtswidrigkeit *vor* der der *Rechtsverletzung* vorsähe. Denn in diesem Fall wäre es prozessual unökonomisch, wenn im Falle der Fraglichkeit der Rechtsverletzung, aber der eindeutigen Bejahung der Rechtswidrigkeit des Verwaltungsaktes zunächst Abhandlungen über die Rechtswidrigkeit erfolgten und sodann gleichwohl die Klage wegen fehlender Rechtsverletzung abgewiesen werden müßte. Für diesen Fall wäre es in der Tat der einfachere Weg, bereits im Zulässigkeitsstadium der Klage die fehlende Rechtsverletzung festzustellen und sodann ohne Prüfung der Rechtswidrigkeit zu einem Ergebnis zu kommen. Eine logische Reihenfolge derart, daß zunächst die Rechtswidrigkeit des Verwaltungsaktes zu prüfen wäre, sieht aber § 113 Abs. 1 S. 1 VwGO nicht vor. Auch sonstige Gründe, die nur diesen Weg bei der Rechtsprüfung zuließen, sind nicht ersichtlich[55]. Das Bundesverwaltungsgericht selbst hat in dem Urteil vom 24. Oktober 1967[56] die materiellrechtliche Prüfung im Rahmen der *Begründetheit* mit Ausführungen über die mögliche Betroffenheit des Klägers begonnen und damit die gesamte Problematik der Rechtsverletzung in der Begründetheit der Klage abgehandelt.

Auch der von dem angefochtenen Verwaltungsakt begünstigte Bürger erleidet bei den sog. Drittklagen keine Nachteile, wenn die Frage der Rechtsverletzung allein und abschließend in der Begründetheit der Klage gewürdigt und geprüft wird. Das wäre nur dann anders, wenn die Klage im Falle ihrer Unzulässigkeit gem. § 42 Abs. 2 VwGO, anders als im Falle ihrer Zulässigkeit, keine aufschiebende Wirkung gem. § 80 Abs. 1 VwGO entfaltete. Dies ist jedoch nicht der Fall. Nach der bisweilen vom Bundesverwaltungsgericht vertretenen Auffassung, die wegen des klaren Wortlauts des § 80 Abs. 1 VwGO zu billigen ist, kommt auch dem unzulässigen Rechtsbehelf aufschiebende Wirkung zu[57]. Somit wäre der vom Verwaltungsakt Begünstigte keinesfalls besser gestellt, wenn die Klage des Dritten bereits unzulässig wäre. Sowohl im Falle der Unzulässigkeit als auch im Falle der Unbegründetheit der Klage kann der Begünstigte wegen der eintretenden aufschiebenden Wirkung den erlassenen Verwaltungsakt nicht vollziehen und in die Tat umsetzen. Dabei kann in diesem Zusammenhang die Streitfrage offenbleiben, ob ein begünstigter Verwaltungsakt überhaupt einen vollziehungsfähigen Inhalt hat, und ob aus diesem Grunde § 80 nicht unanwendbar ist. Diese Frage ist insbesondere bei der baurechtlichen Nachbarklage umstritten. Teilweise wird § 80

[55] Hierzu Friauf in DVBl. 1969, S. 369.

[56] DVBl. 1968, S. 35 ff.

[57] BVerwG, U. v. 21.6.1961, NJW 1962, 602, 604; a.A. aber BVerwGE 28, 305 ff. = NJW 1968, 955; OVG Münster, B. v. 18.7.1974, NJW 1975, 794 mit zahlreichen Rechtsprechungs- und Literaturnachweisen, sehr streitig.

Abs. 5 VwGO für den Rechtsbehelf des Dritten entsprechend angewandt[58]. Teilweise wird aber auch die einstweilige Anordnung gem. § 123 VwGO für den richtigen Rechtsbehelf gehalten und die Möglichkeit des Antrags nach § 80 Abs. 5 VwGO abgelehnt. Für die hier zu erörternde Frage kann dieses Problem[59] aber dahingestellt bleiben, weil bei einer Verneinung der Anwendbarkeit des § 80 VwGO der Gesichtspunkt der aufschiebenden Wirkung ohnehin keine Rolle spielt, und deshalb dem von dem angefochtenen Verwaltungsakt Begünstigten keine Nachteile entständen.

Der Übernahme der Grundsätze, welche für die Prozeßführungsbefugnis im Zivilprozeß gelten, stehen auch nicht die Eigenarten der Gerichtsverfassung und des Verfahrens der Verwaltungsgerichtsbarkeit entgegen. Denn das geltende Recht, das im Grundgesetz, insbesondere in den Art. 19 Abs. 4, 92, 95, 96 und 97, in den Landesverfassungen und in der VwGO niedergelegt ist, schließt grundsätzlich eine Deutung der Verwaltungsgerichtsbarkeit als objektive Rechtskontrolle der Verwaltung aus, und läßt die Verwaltungsgerichtsbarkeit als ein Teil der rechtsprechenden Gewalt erscheinen. Sie wird durch Art. 95 Abs. 1 GG neben die übrigen Zweige der Gerichtsbarkeit (ordentliche Gerichtsbarkeit, Arbeitsgerichtsbarkeit, Finanzgerichtsbarkeit und Sozialgerichtsbarkeit) gestellt und ist der Teil der Rechtsprechung, dem speziell der Rechtsschutz des Einzelnen gegen rechtswidrige Maßnahmen der Verwaltung anvertraut ist. Bereits die Weimarer Reichsverfassung hatte in Art. 107 die Einrichtung von Verwaltungsgerichten „zum Schutz des Einzelnen gegen Anordnungen und Verfügungen der Verwaltungsbehörden“ vorgesehen. Auch die Bestimmungen der Landesverfassungen, die sich mit der Verwaltungsgerichtsbarkeit beschäftigen, gewähren zum Teil ausdrücklich Rechtsschutz gegen widerrechtliche Maßnahmen der Verwaltung, z.B. Art. 74 der Verfassung des Landes Nordrhein-Westfalen, Art. 67 der Verfassung des Landes Baden-Württemberg, Art. 41 der Verfassung des Landes Niedersachsen, Art. 93 der Verfassung des Landes Bayern und Art. 124 der Verfassung des Landes Rheinland-Pfalz. Die Gestaltung des Rechtsschutzes durch die VwGO in Form der Anfechtungs-, Verpflichtungs-, Feststellungs- und Leistungsklage macht deutlich, daß es im Grundsatz um den Rechtsschutz des Einzelnen gegen die Verwaltung und um die Verfolgung *eigener* Rechte gegenüber der Verwaltung geht. Das geltende Recht gibt insbesondere dem Kläger die Verfügung über den Klageanspruch, und dem Beklagten im Rahmen der Dispositionsmaxime auch die Befugnis, den Klageantrag anzuerkennen. Die Beteiligten haben die Möglichkeit, einen Vergleich abzuschließen. Der Kläger kann seine Klage zurückneh-

[58] So z.B. VerwG, U. v. 21.10.1968, DVBl. 1969, S. 269, 270; OVG Lüneburg, B. v. 28.12.1976, GewArch. 1977, 126 ff.

[59] Vgl. hierzu im einzelnen Buhren, Der gerichtliche Rechtsschutz gegen Verwaltungsakte mit drittbelastender Wirkung, Diss. Münster 1973.

men, und die Beteiligten können den Rechtsstreit in der Hauptsache für erledigt erklären, sind somit nicht darauf angewiesen, nach Klageerhebung unter allen Umständen ein Urteil zu erstreiten. Alles dies zeigt, daß der Verwaltungsprozeß — wie der Zivilprozeß — *Partei*prozeß ist, d.h. die Beteiligten behalten grundsätzlich die Möglichkeit der Verfügung über den Streitgegenstand. Sie haben es in der Hand, eine Entscheidung des Gerichts über die Rechtmäßigkeit oder Unrechtmäßigkeit der umstrittenen Verwaltungsmaßnahme zu erstreiten, aber auch zu verhindern. Das alles läßt einen Vergleich des Verwaltungsprozesses mit dem Zivilprozeß zu[60]. Der gesamte Verfahrensgang gleicht dem des Zivilprozesses mit der Ausnahme, daß im Verwaltungsprozeß der Amtsermittlungsgrundsatz, während im Zivilprozeß die Parteimaxime gelten[61]. Dieser Unterschied ist aber nicht so erheblich, daß er einen Vergleich mit dem Zivilprozeß nicht mehr ermöglichen würde. Das Wesen des Verwaltungsprozesses als einer Einrichtung zum Rechtsschutz des Einzelnen — wie der Zivilprozeß — wird dadurch nicht berührt. Die Amtsmaxime hat einmal ihre Wurzel in der historischen Entwicklung der Verwaltungsgerichtsbarkeit und resultiert aus dem früheren Zusammenhang zwischen Verwaltungsverfahren und Verwaltungsprozeß. Nach Ablösung des Verwaltungsprozesses vom Verwaltungsverfahren rechtfertigt sich der Untersuchungsgrundsatz damit, daß die Rechtmäßigkeit eines Verwaltungsaktes, die Verpflichtung der Verwaltung zu einer Leistung, das Bestehen eines öffentlich-rechtlichen Rechtsverhältnisses nicht verfassungsrechtlicher Art, *wenn* sie schon durch Klage zum Gegenstand einer gerichtlichen Nachprüfung gemacht werden, nicht der Willkür der Prozeßbeteiligten überlassen bleiben können[62]. Der Untersuchungsgrundsatz ermöglicht es dem Gericht, den Sachverhalt umfassend aufzuklären und rechtlich zu würdigen, trägt damit zur Effektuierung des Rechtsschutzes bei und steht daher in besonderem Maße mit der Rechtsschutzgarantie des Art. 19 Abs. 4 GG im Einklang.

Auch die Prozeß*inhalte* im Verwaltungsstreitverfahren gleichen weitgehend denen des Zivilprozesses. Wenn auch die Anfechtungsklage, die im Zivilprozeß nur die Ausnahme darstellt (vgl. z.B. die bereits genannten zivilprozessualen Gestaltungsklagen), im Verwaltungsprozeß einen großen Teil der Streitverfahren ausmacht, so ist doch gerade unter der Herrschaft des Grundgesetzes, insbesondere aufgrund der Sozialstaats-

---

[60] Vgl. aber im einzelnen die eingehendere Darstellung von Menger, System, S. 79 ff., wo Parallelen und Unterschiede zwischen dem Verwaltungsprozeß und dem Zivilprozeß herausgearbeitet wurden; vgl. auch seine Abhandlung „Der Schutz der Grundrechte in der Verwaltungsgerichtsbarkeit“, S. 728 ff.

[61] Zu den Verfahrensmaximen im einzelnen insbesondere Menger, Allgemeine Prozeßrechtsgrundsätze in der Verwaltungsgerichtsordnung, in: Staatsbürger und Staatsgewalt, Bd. II, S. 427, 433 ff.

[62] Ule, § 1 III/2, S. 5.

klausel des Art. 20 Abs. 1 GG, bei der heute vorherrschenden Leistungsverwaltung auch die Leistungsklage — insbesondere in der Form der Verpflichtungsklage — im Verwaltungsstreitverfahren stark in den Vordergrund getreten. Insoweit besteht kein Zweifel, daß es sich um echte Ansprüche des Bürgers gegen die Verwaltung handelt, die hier — wie im Zivilprozeß die bürgerlich rechtlichen Ansprüche — im Verwaltungsstreitverfahren verfolgt werden können.

Nicht zuletzt ist die Wirkung der Entscheidungen, die im Verwaltungsstreitverfahren getroffen werden, der Wirkung derjenigen im Zivilprozeß weitgehend gleich oder ähnlich. Das zeigt schon die fast generelle Verweisung in § 167 VwGO auf die vollstreckungsrechtlichen Bestimmungen im 8. Buch der Zivilprozeßordnung. Auch die Regelung des § 121 VwGO betreffend die Rechtskraft der verwaltungsgerichtlichen Urteile gleicht der Regelung des § 322 ZPO.

c) Ergebnis: Möglichkeit der Übertragung der für die Prozeßführungsbefugnis geltenden Voraussetzungen auf die Klagebefugnis

Aus den vorstehenden Erörterungen folgt, daß die Grundsätze für die Anforderungen an die Prozeßführungsbefugnis im Zivilprozeß auf die Klagebefugnis gem. § 42 Abs. 2 VwGO übertragen werden können. Die Klage muß nach § 42 Abs. 2 VwGO somit zulässig sein, wenn der Kläger den Verwaltungsakt wegen — tatsächlicher oder vermeintlicher — Verletzung seiner Rechte mit dem Ziel der Beseitigung der Rechtsverletzung anficht, wenn er also um Rechtsschutz *für sich nachsucht.* Dann macht er eine *eigene* Rechtsverletzung *geltend.* Es kommt sonach allein auf die *Willens*richtung des Klägers an. Das Merkmal „geltend machen" i.S.d. § 42 Abs. 2 VwGO erhält von daher eine rein subjektive voluntative Bedeutung und steht letztlich im Einklang mit der dargelegten etymologischen Bedeutung in ihrer abgeschwächten Form, wie sie bei Jakob und Wilhelm Grimm niedergelegt ist.

Bei dieser Betrachtungsweise ist im Rahmen der Zulässigkeit der Klage weder zu erörtern, ob der Vortrag für eine Rechtsverletzung schlüssig ist, noch die Frage zu prüfen, ob eine Rechtsverletzung möglich erscheint. Die gesamte Rechtsprüfung bleibt als Klage*grund* der Sachprüfung im Rahmen des § 113 VvGO vorbehalten. Allein entscheidend für § 42 Abs. 2 VvGO ist, *ob der Kläger mit der Klage erkennbar eigene Rechte verfolgen will.* Dies ist ohnehin für den Regelfall gegeben. Die vom Kläger angesteuerte Zielrichtung seiner Klage kann zumeist ohne weiteres aus dem Klagevorbringen oder bereits aus dem gestellten Klageantrag entnommen werden. Es ist daher für den Regelfall ohne weiteres möglich, festzustellen, ob der Kläger eigene oder fremde Rechte verfolgen will oder sich gar zum Sachwalter des öffentlichen Interesses, d.h. der Allgemeinheit aufspielen will. Soweit das in Ausnahmefällen anhand der Klageschrift nicht erkennbar sein sollte, kann die Klarstellung durch entsprechende prozeßleitende Verfügungen oder die Ausübung des richterlichen Fragerechts gem. § 86 VwGO nachgeholt werden. Dies ist ohnehin erforderlich, wenn die Klageschrift das Ziel des Prozesses nicht klar erkennen läßt. Die Bestimmung des Streitgegenstandes ist gem. § 82 Abs. 1 S. 1 VwGO Aufgabe des Klägers und kann daher im Rahmen der Zulässigkeit der Klage von ihm verlangt werden. Sie gehört — wie nach § 253 Abs. 2 Nr. 2 ZPO — auch gem. § 82 VwGO zu den „Muß"voraussetzungen des Inhalts der Klageschrift. Ergibt sich aus der vom Kläger vorgebrachten Zielsetzung, daß er *eigene* Rechte, nicht aber fremde Rechte oder gar das öffentliche Interesse verfolgen will, so ist die Klage gem. § 42 Abs. 2 VwGO zulässig, einerlei, ob das von ihm geltend gemachte Recht oder der von ihm geltend gemachte Anspruch möglich oder gar schlüssig ist.

Gegen eine derart abgeschwächte, auf den Willen des Klägers zugeschnittene Bedeutung der Klagebefugnis i.S.d. § 42 Abs. 2 VwGO wird gelegentlich vorgebracht, daß sie kein abgrenzungsfähiges Kriterium darstelle, weil jeder Kläger eine solch abgeschwächte Behauptung aufstellen könne. Deshalb könnte dem Ausschluß der Popularklage, insbesondere in Fällen querulatorischer Klagen, nicht mehr wirksam begegnet werden[1]. Hinsichtlich der querulatorischen Klagen ist hiergegen aber einzuwenden, daß sich diese Klagen vielfach dadurch auszeichnen, daß sie das Klageziel nicht klar erkennen lassen, und der Kläger oft auch auf Befragen durch das Gericht keine Klarstellung vornimmt. In vielen Fällen wollen die Kläger auch keine eigenen Ansprüche verfolgen, vielmehr das Gericht lediglich als Forum benutzen, um ihre Beschwerden gegen die Verwaltung in irgendeiner Weise vorzubringen. Derartige Klagen sind aber, wenn sie trotz Befragens letztlich einen Willen des Klägers dahin, daß er eigene Rechte verfolgen will, nicht erkennen lassen, auch nach der hier vertretenen Auffassung mangels Klagebefugnis unzulässig, weil der Kläger nicht geltend macht, in seinen Rechten verletzt zu sein. Im übrigen bedarf es bei echt querulatorischen Klagen, die sich dadurch auszeichnen, daß die Kläger in ihrem Aufbegeheren gegen tatsächliches oder vermeintliches Unrecht den Boden der Realität verlassen und sich unter Verkennung des Anlasses ihrer Reaktion mit abwegigem Sachvorbringen sowie unsinnigen Anträgen an das Gericht wenden, nicht des Rückgriffs auf das Institut der Klagebefugnis. Für diese Fälle stellt die Rechtsordnung die Möglichkeit zur Verfügung, eine solche Klage wegen Fehlens des allgemeinen Rechtsschutzinteresses, das neben der Klagebefugnis zu prüfen ist, als unzulässig abzuweisen. Denn das allgemeine Rechtsschutzinteresse ist gerade deshalb zu fordern, um die mißbräuchliche Inanspruchnahme der Gerichte zu vermeiden. Eine querulatorische Klage im geschilderten

---

[1] Hoffmann, S. 320; Schröter, Die verwaltungsrechtliche Entscheidung, 1961, S. 42 ff.

Sinne stellt sich in der Regel als Mißbrauch der Inanspruchnahme des Gerichts dar und ist deshalb unzulässig. Die Gerichte dürfen nur in Anspruch genommen werden, wenn die Kläger ernsthaft um Rechtsschutz nachsuchen und sich auch nicht auf andere Weise ihr Recht verschaffen können[2].

Der Einwand, die Popularklage könne nur wirksam ausgeschlossen werden, wenn wenigstens die Möglichkeit der Rechtsverletzung bereits im Rahmen der Klagebefugnis überprüft werde, ist auch im übrigen nicht stichhaltig. Der Begriff der Popularklage wird übermäßig strapaziert, wenn sie stets dann bejaht wird, wenn eine Rechtsprüfung des Vortrags des Klägers ergibt, daß eine Rechtsverletzung in *abstracto* nicht in Betracht kommt. Denn die Popularklage ist gerade dadurch gekennzeichnet, daß „quivis ex populo" klagt, d.h. jemand, der in keinerlei Beziehung zu dem angefochtenen Verwaltungsakt steht. Zwischen dem Fehlen einer Beeinträchtigung und der Popularität der Klage liegt — wie Bettermann[3] und Hoppe[4] zutreffend bemerken — eine breite Zwischenzone vielfältiger Fallgestaltungen. Hiernach bezeichnet die Popularklage nur den Extremfall fehlender Aktivlegitimation, während das andere Extrem die Beeinträchtigung subjektiver Rechte des Klägers, die Verletzung des Klägers in seinen Rechten durch die Rechtswidrigkeit des Verwaltungsaktes ist[5]. Nur eine in diesem Sinne definierte Popularklage wird den Vorschriften der §§ 42 Abs. 2, 113 VwGO gerecht. Dies soll folgendes Fallbeispiel verdeutlichen: Angenommen, ein in Hamburg wohnender Kläger, der dort ein Hausgrundstück besitzt, klagt gegen eine einem Grundstückseigentümer in Frankfurt a.M. erteilte Baugenehmigung mit der Behauptung, ihm werde durch das beabsichtigte Bauwerk auf einer ihm aufgrund Erbfalls gehörenden Nachbarparzelle, die er auch im einzelnen bezeichnet, die Belichtung und Besonnung genommen, so daß er in seinen Rechten beeinträchtigt sei. Im Laufe des Prozesses stellt sich aber aufgrund umfangreicher Ermittlungen des Sachverhalts durch das Gericht, insbesondere durch weitere Aktenbeiziehung heraus, daß der Kläger nicht zum Kreis der Erben gehört und daher weder Eigentümer noch in sonstiger Weise Nutzungsberechtigter noch Besitzer des von ihm genannten Grundstücks in Frankfurt a.M. ist, sondern daß ihm lediglich ein Grundstück in Hamburg gehört. Sowohl nach der herrschenden Möglichkeitstheorie als auch nach der Schlüssigkeitstheorie wäre aber in diesem Fall die Klagebefugnis gegeben, weil die Vorschriften über die Besonnung und Belichtung nachbarschützende Funktion haben und der Kläger daher in seinen Rechten verletzt sein kann. Sein Vortrag ist auch insoweit schlüssig. Erst bei der Begründetheit der Klage würde nach der herrschenden Meinung

[2] Vgl. unter I 1 b.
[3] Klagebefugnis und Aktivlegitimation im Anfechtungsprozeß, S. 456/457.
[4] Organstreitigkeiten, S. 86/87.
[5] Bettermann, in: Staatsbürger und Staatsgewalt, S. 457.

und der Schlüssigkeitstheorie die tatsächlich fehlende Betroffenheit des Klägers festgestellt und damit die Klage als unbegründet abgewiesen.

Betrachtet man den geschilderten Fall unter dem Gesichtspunkt der Popularklage, so müßte streng genommen auch dieser Fall als eine Popularklage angesehen werden. Denn in Wirklichkeit ist der Kläger hier jemand, der in seinen Rechten durch die erteilte Baugenehmigung unter keinem Gesichtspunkt beeinträchtigt sein kann, weil er überhaupt kein Grundstück in Frankfurt a.M. besitzt und damit auch gar nicht Nachbar des begünstigten Dritten ist. Er ist, folgt man der herrschenden Meinung oder der Schlüssigkeitstheorie, in letzter Konsequenz „quivis et populo", nämlich jemand, der in keinerlei Beziehung zu dem angefochtenen Verwaltungsakt steht. An diesem Beispiel zeigt sich, daß die herrschende Meinung, und erst recht die Schlüssigkeitstheorie bei der Beurteilung der Frage, ob eine Popularklage erhoben ist, nicht konsequent vorgehen. Das muß den Schluß darauf zulassen, daß der Begriff der Popularklage nicht eng gesehen werden darf. Denn dann wäre letztlich erst durch § 113, nicht aber durch § 42 Abs. 2 WwGO die Popularklage ausgeschlossen. Da es jedoch Sinn der Klagebefugnis ist, Popularklagen *im Interesse der Funktion der Verwaltungsgerichtsbarkeit als Individualrechtsschutzinstitution auszuschalten,* muß angenommen werden, daß keine Popularklage vorliegt, wenn — wie hier vertreten — der Kläger zu *erkennen gibt,* daß er mit der Klage *eigene Rechte* verfolgen oder eine eigene Rechtsverletzung rügen *will.* Damit ist die für die Zulässigkeit der Klage erforderliche Individualisierung gegeben, d.h. es klagt nicht der jedermann, also nicht der „quivis ex populo", sondern derjenige, der glaubt oder vorgibt, von dem betreffenden Verwaltungsakt rechtsnachteilig betroffen zu sein. Die gesamte materiell-rechtliche Prüfung hat zu unterbleiben.

d) Vorteile der gefundenen Lösung

Mit dem so verstandenen Begriff der Popularklage wird vermieden, daß die Fragen des materiellen Rechts bereits in der Zulässigkeit der Klage geprüft und damit zu einer prozeßrechtlichen werden[1]. Die für das

[1] Obwohl der Begriff „Beschwer" aus Gründen der Rechtsklarheit dem allg. Rechtsschutzinteresse und damit allein der Zuständigkeit der Klage vorbehalten bleiben, nicht aber auch zur Kennzeichnung der Rechtsverletzung oder des Anspruchs im materiell-rechtl. Sinne verwendet werden sollte, kann von der Sache her den Ausführungen Bettermanns, in Recht und Staat, S. 23, zu gestimmt werden: „Die Beschwer ist eine typische Rechtsschutzvoraussetzung. Kann der Rechtsschutz nur vom Gericht gewährt werden, so ist die Beschwer Zulässigkeitsvoraussetzung für die Anrufung des Gerichts, also *Prozeß*voraussetzung. Besteht dagegen der Rechtsschutz in einem außergerichtlichen Rechtsbehelf, insbesondere in einem Anspruch oder einem Gestaltungsrecht gegenüber dem Verletzer oder Störer, dann bleibt die Beschwer eine materiellrechtliche, weil außerprozessuale oder außergerichtliche Rechtsschutzvoraussetzung auch dann, wenn es zum Prozeß kommt. Die Beschwer als Voraussetzung des Anspruchs- oder Gestaltungsrechts wird nicht dadurch zur Prozeß-

Prozeßrecht systemwidrige, aber von der herrschenden Möglichkeitstheorie geforderte ambivalente Prüfung des materiellen Rechts im Rahmen der Zulässigkeit *und* der Begründetheit der Klage entfällt. Damit wird auch für den Verwaltungsprozeß eine klare Trennung von Sachlegitimation und Prozeßführungsrecht erreicht, die zugleich die in der Rechtspraxis immer wieder anzutreffende „sinnwidrige Entleerung"[2] des § 113 VwGO verhindern würde.

Ferner wird bei der hier vertretenen Auffassung dem Kläger auch nicht die nach der Schlüssigkeitstheorie erforderliche Darlegungslast bezüglich der Rechtsverletzung aufgebürdet, die im Verwaltungsprozeß mit der herrschenden Amtsmaxime und der daraus resultierenden Amtsermittlungspflicht des Gerichts systemwidrig erscheint. Wie die Vorschriften der §§ 82, 86 VwGO ergeben, kann der Kläger nicht verpflichtet werden, einen für den Erfolg der Klage schlüssigen Sachverhalt darzulegen. Um wieviel weniger darf ihm dann für die *Zulässigkeit* der Klage ein für die Rechtsverletzung schlüssiger Vortrag abverlangt werden[3]. Diese Forderung der Schlüssigkeitstheorie erscheint um so widersprüchlicher, wenn man bedenkt, daß die Zivilprozeßrechtslehre eine derartige Forderung trotz der im Zivilprozeß herrschenden Partei- oder Dispositionsmaxime für die Prozeßführungsbefugnis nicht stellt.

Die hier vertretene Auffassung führt auch zu einer Vereinheitlichung und Systematisierung der Anforderungen an die Klagebefugnis innerhalb der verschiedenen Fallgestaltungen der Anfechtungs- und Verpflichtungsklagen im Verwaltungsprozeß. Hinsichtlich der Anforderungen an die Klagebefugnis bestehen keine Unterschiede mehr zwischen Adressatenklagen und Drittklagen sowie Anfechtungsklagen und Verpflichtungsklagen. Das entspricht der gesetzlichen Regelung des § 42 Abs. 2 VwGO, der derartige Unterscheidungen selbst nicht vorsieht.

Schließlich lassen sich die hier gefundenen und mit den Anforderungen an die Prozeßführungsbefugnis im Zivilprozeß übereinstimmenden Kriterien für die Klagebefugnis gleichermaßen auf die Klagebefugnis im Finanz- und Sozialgerichtsprozeß übertragen, weil den §§ 40 Abs. 2 FGO, 54 Abs. 1 S. 2 SGG — wie erörtert — die gleiche Bedeutung wie dem § 42 Abs. 2 VwGO zukommt.

e) Eigenständige Bedeutung des § 42 Abs. 2 VwGO trotz der abgeschwächten Anforderungen an die Klagebefugnis

§ 42 Abs. 2 VwGO wird bei der hier vertretenen Auslegung nicht etwa zur Bedeutungslosigkeit herabgespielt. Ist auch der Grundsatz, daß der

voraussetzung, daß der Anspruch oder das Gestaltungsrecht gerichtlich geltend gemacht wird."

[2] Friauf, S. 369.

[3] So auch Bettermann, in: Staatsbürger und Staatsgewalt, S. 449 ff.

Kläger mit der Klage nur Rechte oder Ansprüche als eigene verfolgen kann, im Zivilprozeß so selbstverständlich, daß die Zivilprozeßordnung keine dem § 42 Abs. 2 VwGO entsprechende Bestimmung enthält, so stellt § 42 Abs. 2 VwGO immerhin eine Kodifizierung dieses Grundsatzes für die Verwaltungsgerichtsbarkeit dar, deren grundsätzliche Funktion als Institution für den Individualrechtsschutz aufgrund der geschilderten historischen Entwicklung keinesfalls selbtsverständlich war, so daß von daher eine gesetzliche Regelung sinnvoll erschien.

Darüber hinaus behält § 42 Abs. 2 VwGO seine Bedeutung auch im Hinblick auf den in ihm enthaltenen Gesetzesvorbehalt („soweit gesetzlich nichts anderes bestimmt ist"). Dieser Gesetzesvorbehalt ermöglicht es, de lege ferenda durch Landes- oder Bundesgesetz in bestimmten Fällen die Popularklage[1] zuzulassen.

Der Gesetzgeber kann daher die Klagemöglichkeit auch für Fälle einräumen, in denen mit der Klage keine eigenen oder fremden Rechte, sondern das Allgemeininteresse an der Rechtmäßigkeit des Verwaltungshandelns verfolgt wird (sog. objektive Beanstandungsklage). Eine ausdrückliche gesetzliche Einräumung der Klagebefugnis in diesem Sinne ist z.B. in § 338 LAG für den Vertreter der Interessen des Ausgleichsfonds[2], in den §§ 22, 43 Abs. 3 des Kriegsgefangenenentschädigungsgesetzes[3] für den Behördenleiter, in § 8 Abs. 4 HwO für die Handwerkskammer[4], in § 35 Abs. 2 WpflG für die Wehrbereichsverwaltung[5], für den Vertreter des öffentlichen Interesses gegen Entscheidungen der Beschlußausschüsse in Niedersachsen, Nordrhein-Westfalen und Schleswig-Holstein sowie in den Vorschriften des besonderen Rheinland-Pfälzischen und Saarländischen Vorverfahrensrechts für die Kommunalaufsichtsbehörden gegen abhelfende Widerspruchsbescheide von Kreis- und Stadtrechtsausschüssen[6] zu finden.

Nicht zu verwechseln mit einer gesetzlichen Regelung im Sinne des Gesetzesvorbehaltes sind die Fälle, in denen einer Behörde bei dem Erlaß eines Verwaltungsaktes Mitwirkungs- oder Anhörungsrechte eingeräumt sind, insbesondere in der Gestalt einer Antragsberechtigung. Denn in diesen Fällen handelt es sich um die Frage, ob die Behörden wegen der ihnen eingeräumten Mitwirkungsrechte eine eigene Rechtsverletzung geltend machen können[7].

---

[1] Redeker/von Oertzen, 6. Auflage, Rd.Nr. 22 zu § 42.

[2] Henke, S. 143.

[3] Ebd.

[4] Ebd.

[5] Ebd.

[6] Ebd.

[7] Redeker/von Oertzen, 5. Auflage, Rd.Nr. 17 zu § 42.

Mit dem Gesetzesvorbehalt ist gleichzeitig die gesetzliche Prozeßstandschaft ermöglicht, so daß bestimmten Personen oder Körperschaften Klagebefugnisse zur Geltendmachung fremder Rechte im eigenen Namen eingeräumt werden können. Derartige Fälle der gesetzlichen Prozeßstandschaft enthalten z.B. § 19 Abs. 5 des Wehrpflichtgesetzes für den gesetzlichen Vertreter des Wehrpflichtigen neben dessen Klagebefugnis[8], ferner § 83 Abs. 2 des II. Wohnungsbaugesetzes für den Mieter auf Anerkennung der Wohnung als steuerbegünstigt, wenn der Vermieter nicht klagt[9].

Insoweit regelt der Gesetzesvorbehalt in § 42 Abs. 2 VwGO das, was auch im Zivilprozeß gilt.

In Abweichung vom Zivilprozeß schließt aber § 42 Abs. 2 VwGO die gewillkürte Prozeßstandschaft aus. Das Erfordernis der *gesetzlichen* Regelung läßt die durch Rechtsgeschäft übertragene Prozeßstandschaft nicht zu. Dementsprechend hat die verwaltungsgerichtliche Rechtsprechung die Möglichkeit der gewillkürten Prozeßstandschaft — wenn auch vereinzelt in neueren Entscheidungen die Frage ihrer Zulässigkeit ausdrücklich offengelassen wurde[10] — bisher verneint[11]. Der gegenteiligen Auffassung von Ule[12] und Grunsky[13] kann im Hinblick auf den klaren Wortlaut des § 42 Abs. 2 VwGO nicht gefolgt werden.

Das gleiche gilt für eine einem Verein oder einem sonstigen Verband durch *Satzung übertragene* Befugnis der Klageerhebung. Auch insoweit handelt es sich um eine Ermächtigung durch den Rechtsinhaber im Sinne der gewillkürten Prozeßstandschaft, nämlich durch die dem Verein oder Verband angehörigen Mitglieder, die die Satzung beschlossen haben[14]. Satzungen sind zwar Rechtsvorschriften. Sie beruhen jedoch auf der Satzungsautonomie der betreffenden Körperschaften oder Vereine und sind daher Gesetze im materiellen, nicht aber im formellen Sinne. Die Ausnahmeregelung in § 42 Abs. 2 VwGO setzt aber ein Gesetz im *formellen und* materiellen Sinne voraus. Denn das Wort „Gesetz" oder „gesetzlich" (wie in § 42 Abs. 2 VwGO) ohne einen weiteren Zusatz bezeichnet nach dem juristischen Sprachgebrauch und der Gesetzessprache grundsätzlich das im ordentlichen Gesetzgebungsverfahren zustande gekommene, mithin formelle und materielle Bundes- oder Landesgesetz. Demzufolge spricht die VwGO z.B. in den Fällen, in denen sie nur ein *Bundes-*

[8] BVerwGE 39, 216.

[9] BVerwGE 22, 113.

[10] BVerwG, DÖV 1974, 318; Hess.VGH, U. v. 3.5.1974, Akt.Z. IV OE 76/73.

[11] BVerwG, MDR 1960, 338; Hess.VGH, VRspr. 3, 753; OVG Hamburg, VRspr. 2, 206; auch BSGE 10, 131; Redeker/von Oertzen, 6. Auflage, Rd.Nr. 26 u. 27 zu § 42; Kopp, Komm. z. VwGO, 1974, Vorbem. 7 zu § 40.

[12] Ule, 5. Aufl., § 33 I.

[13] Grunsky, § 28 II 1, S. 234/35.

[14] Vgl. im Zivilrecht BGH, U. v. 9.5.1967, BGHZ 48, 12/13/15.

gesetz, nicht aber auch ein *Landes*gesetz meint, ausdrücklich von ersterem (z.B. in § 80 Abs. 2 Nr. 3 und Abs. 4 S. 1). Die Gesetze im lediglich „formellen" Sinne, wie z.B. die Haushaltsgesetze, können hier außer Betracht bleiben. Umgekehrt verwendet sie etwa den Begriff „landesrechtliche Bestimmungen", wenn sie nur *Landes*recht meint (z.B. in § 61 Nr. 3 und § 78 Abs. 1 Nr. 2). Hieraus ergibt sich zugleich, daß die VwGO überall dort, wo sie ohne Zusatz von „Gesetz" oder „gesetzlich" spricht, ein Gesetz im üblichen juristischen Sprachgebrauch, d.h. ein *formelles und materielles* Gesetz verlangt. Es reichen daher für die Ausnahmeregelung nach § 42 Abs. 2 VwGO ausschließlich materielle Gesetze nicht aus, so daß für die „gesetzliche" Einräumung von Klagebefugnissen weder Rechtsverordnungen noch Satzungen in Betracht kommen[15].

In diesem Zusammenhang soll noch kurz auf das Problem der Verbandsklage eingegangen werden. Denn die satzungsmäßige Einräumung der Klagebefugnis eines Verbandes ist zwar im Zivilprozeß wegen der dort zulässigen gewillkürten Prozeßstandschaft möglich[16], jedoch für Anfechtungs- und Verpflichtungsklagen im Verwaltungsprozeß nach den vorstehenden Ausführungen zu verneinen. Wie die Darstellung der Verbandsklage im Rahmen der Fallgruppen gezeigt hat, ist die Diskussion um die Klagebefugnis der Verbände bisher weder zu einem Abschluß noch zu einem befriedigenden Ergebnis gekommen. Bei den von der herrschenden Möglichkeitstheorie und der Schlüssigkeitstheorie gestellten Anforderungen an die Klagebefugnis ist insoweit auch kaum eine Lösung zu finden. Nach der hier vertretenen Auffassung läßt sich aber für den Bereich der Klagebefugnis eine klare Abgrenzung vornehmen und zwar dergestalt, daß Verbände, insbesondere Wirtschafts- oder Interessenverbände, soweit sie die Parteifähigkeit besitzen, stets als klagebefugt im Sinne des § 42 Abs. 2 VwGO anzusehen sind, wenn sie zu erkennen geben, daß sie eigene Verbandsinteressen, die dem Verband als solchem zustehen, verfolgen wollen. Eine solche Klage unterscheidet sich von der vielfach erhobenen Verbandsklage, mit welcher lediglich die Interessen der einzelnen Mitglieder des Verbandes und zwar ohne Rücksicht darauf, ob das einzelne Mitglied die Klage überhaupt erheben will, geltend gemacht werden. Derartige Klagen sind als unzulässig im Sinne des § 42 Abs. 2 VwGO anzusehen, weil der Verband in diesen Fällen keine *eigenen* Rechte geltend macht. Verfolgt er aber mit der Verbandsklage erkennbar eigene Rechte, so muß die Klage nach § 42 Abs. 2 VwGO bei gegebener Parteifähigkeit des Verbandes zulässig sein; die Frage, ob dem Verband als solchem ein Recht zusteht, das verletzt sein kann oder verletzt ist, ist sodann im Rahmen des § 113 VwGO zu prüfen. Bei dieser Betrachtungsweise würde das Problem der Verbandsklage erst in der Begründet-

---

[15] So auch Redeker/von Oertzen, 6. Auflage, Rd.Nr. 8 zu § 68.

[16] BGH, U. v. 16.11.1956, BGHZ 22, 167 (182); U. v. 9.5.1967, BGHZ 48, 12 (15).

heit der Klage auftauchen. Es gehört letztlich auch in die Begründetheit der Klage, weil es sich um den materiellen Klagegrund handelt, der erst durch das Gericht geklärt werden soll. In diesem Rahmen ist dann zu fragen, ob dem Verband im Einzelfall ein *eigenes Verbandsrecht* zusteht, welches verletzt ist.

Nun gilt es noch, folgendes Bedenken auszuräumen: Es ist denkbar, daß ein Berufs-, Wirtschafts- oder Interessenverband um Rechtsschutz wegen Verletzung seiner eigenen Gruppeninteressen nachsucht, jedoch dem betreffenden Verband u.U. die Klagebefugnis zur Geltendmachung der Interessen seiner Mitglieder ausdrücklich durch Gesetz eingeräumt ist. Würde das Gericht die Klagebefugnis aufgrund der Behauptung der eigenen Rechtsverletzung bereits bejahen, in der Begründetheit im Rahmen des § 113 Abs. 1 VwGO jedoch zu dem Ergebnis kommen, daß dem betreffenden Verband eigene Rechte nicht zustehen, die verletzt sein können, so bliebe der Aspekt der Geltendmachung der *Fremd*interessen seiner Mitglieder außer Acht. Die Rechte der Mitglieder des betreffenden Verbandes könnten aber tatsächlich verletzt sein, so daß der Klage stattzugeben wäre, wenn sie von vornherein auf die Geltendmachung der *Fremd*rechte gestützt gewesen wäre.

Aber auch diesen Bedenken ist dadurch zu begegnen, daß der Richter im Wege des Fragerechts gem. § 86 VwGO alsdann den Verband auf dieses Prozeßführungsrecht, welches ihm und seinen Mitgliedern gesetzlich zugestanden ist, hinzuweisen hat. Dann hat der betreffende Verband die Möglichkeit, die Klage *auch* auf die Verletzung der Interessen seiner Mitglieder zu stützen (Prozeßstandschaft). Da die Verwaltungsgerichte den Rechtsstreit von amtswegen in tatsächlicher und rechtlicher Hinsicht unter allen denkbaren rechtlichen Gesichtspunkten zu prüfen haben, werden insoweit die Rechte des Verbandes im Prozeß *nicht* verkürzt.

Mit der aufgezeigten Lösung wird natürlich von der Sache her das Problem der Verbandsklage nur vom Prozeßrecht ins materielle Recht verlagert. Es bleibt daher im Rahmen der Begründetheit der Klage jeweils zu prüfen, ob dem Verband, soweit er *eigene* Rechte verfolgt, diese zustehen, und soweit er Rechte seiner Mitglieder verfolgt, solche diesen zustehen. Daß auch einem Verband als solchem, d.h. unabhängig von den Individualrechten seiner Mitglieder, Rechte und Ansprüche zustehen können, zeigt für den Bereich des Zivilrechts die bereits erwähnte Vorschrift des § 13 Abs. 1 UWG, die dem Verband zur Bekämpfung des unlauteren Wettbewerbs einen eigenen Unterlassungsanspruch einräumt[17].

Da juristische Personen, aber auch teilrechtsfähige Personenverbände (z.B. die OHG) selbst Träger von Rechten und Pflichten sind, können auch

[17] BGH, U. v. 24.4.1964, a.a.O.; Wolf, S. 7 ff.

sie in ihren „Rechten" i.S.d. Art. 19 Abs. 4 GG i.V.m. §§ 42 Abs. 2, 113 VwGO „verletzt" sein[18], ohne daß eine Rechtsverletzung eines oder mehrerer ihrer Mitglieder in Betracht kommt[19]. Das materielle öffentliche Recht enthält allerdings für die heute allgemein interessierenden Rechtsgebiete wie etwa des Umweltschutzes, Baurechts usw. keine Bestimmungen, die auch Verbänden selbst eine geschützte Rechtsposition im Sinne eines subjektiv öffentlichen Rechts einräumen. Deshalb tendiert die Diskussion um die Verbandsklage zur Zeit dahin, den Verbänden *unabhängig* von einer geschützten Rechtsposition im Naturschutz- und Umweltrecht gesetzlich Popularklagebefugnisse einzuräumen, um die Verwaltung durch eine verwaltungsgerichtliche Kontrolle zur Beachtung der ihnen nach den Natur- und Umweltgesetzen obliegenden Verpflichtungen zu zwingen[20]. Die Verbandsklage in diesem Sinne wäre eine objektive Beanstandungsklage mit dem alleinigen Ziel der Rechtskontrolle der Verwaltung.

Diese rechtspolitische Lösung des Problems der Verbandsklage, die der Gesetzesvorbehalt in § 42 Abs. 2 VwGO für die Anfechtungs- und Verpflichtungsklage ermöglicht und die Verletzung eigener Rechte des Verbandes für den Erfolg der Klage nicht voraussetzt, könnte sicher manchen Mißbrauch des Rechts, aber auch die Untätigkeit der Behörden auf dem Gebiete des Umweltschutzes, insbesondere im Zusammenhang mit der Bauplanung verhindern. So könnte möglicherweise Bauplanungen, die gegen die Vorschriften des Bundesbaugesetzes oder die des Umweltschutzrechtes (z.B. des Bundesimmissionsschutzgesetzes) verstoßen, und

---

[18] Maunz/Dürig, Rd.Nr. 16 zu Art. 19 Abs. 4.

[19] Wolf, S. 23.

[20] Dt.BT, 7. Wahlperiode, Nr. 2807 v. 14.11.1974, Umweltgutachten 1974, S. 177/178. Dort heißt es u.a. „... Es wird ... von der Verwaltungsrechtswissenschaft mit Recht die Forderung erhoben, die Klagemöglichkeiten des Verwaltungsprozeßrechts in Umweltschutzsachen dahin zu erweitern, daß auch Klagen von Verbänden erhoben werden können, die sich kraft ihrer Satzung den Belangen des Umweltschutzes widmen. ... Es bedarf einer gerichtlichen Kontrolle des Verwaltungshandelns auf Initiative privater Verbände hin, weil die verwaltungsinternen Sicherungen (etwa des Organisations-, Aufsichts- und öffentlichen Dienstrechts einschließlich des Disziplinarrechts), zusammen mit dem bestehenden Rechtsschutzsystem (Klagemöglichkeit nur beim Betroffensein in eigenen Rechten) nicht dafür ausreichen, daß sich der Grundsatz der Gesetzmäßigkeit der Verwaltung auf einem für die Allgemeinheit so wichtigen Gebiet wie dem des Umweltschutzes durchsetzt (Näheres bei Stich, R. DVBl. 1972, S. 209 ff.). ... Der Rat von Sachverständigen empfiehlt daher nachdrücklich die Einführung der Verbandsklage für Umweltschutzverbände. Mißbräuchen wird — abgesehen von dem mit der Prozeßführung verbundenen Kostenrisiko — dadurch vorgebeugt, daß die Gerichte an Gesetz und Recht gebunden sind (Art. 20 Abs. 3 GG) und daher nur prüfen können, ob die Verwaltungsbehörden die Rechtsvorschriften zum Schutze der Umwelt fehlerhaft angewandt oder außer Acht gelassen haben. Gerade deshalb aber dürfen sich Regierung und Verwaltung auch nicht davor scheuen, die Gesetzmäßigkeit ihres Verhaltens in Umweltschutzangelegenheiten auf eine Verbandsklage hin vor unabhängigen Gerichten vertreten zu müssen."

dadurch städtebauliche Fehlentwicklungen einleiten oder gar verfestigen, wirksamer begegnet werden als es über den Individualrechtsschutz möglich wäre. Diese Fragen können aber, da sie den Rahmen der vorliegenden Untersuchung sprengen würden, nicht weiter vertieft werden.

III. Klagebefugnis bei der allg. Leistungsklage, der Feststellungsklage und dem verwaltungsrechtlichen Organstreitverfahren

1. Zulässigkeit allg. Leistungsklagen im Verwaltungsprozeß. Fehlende Regelung der Klagebefugnis für allg. Leistungsklagen. Keine Anwendbarkeit des § 42 Abs. 2 VwGO auf allg. Leistungsklagen

Die allgemeine oder auch sog. schlichte Leistungsklage ist im Gegensatz zur Verpflichtungsklage als Spezialform der Leistungsklage nicht auf den Erlaß eines Verwaltungsaktes, sondern — soweit die Klage gegen die Verwaltung erhoben wird — auf eine schlicht hoheitliche Tätigkeit der Verwaltung gerichtet. Mit ihr kann die Verurteilung zu einer Handlung, Duldung oder Unterlassung der Verwaltung begehrt werden, d.h. von ihr werden nicht nur Klagen auf Verurteilung zu einem aktiven Tun, sondern auch solche auf Verurteilung zu einem Dulden oder Unterlassen (z.B. Unterlassungs-, auch vorbeugende Unterlassungsklagen) erfaßt[1]. Ferner zählen zu den allg. Leistungsklagen die sog. Bürgerverurteilungsklagen, mit denen keine Amtshandlungen, sondern öffentlich-rechtliche Handlungen von Privatpersonen begehrt werden[2].

Obwohl die allg. Leistungsklage in der VwGO nicht ausdrücklich geredelt ist, besteht kein Streit, daß sie im Verwaltungsprozeß zulässig ist[3]. Ihre Zulassung im Verwaltungsprozeß folgt daraus, daß sie in einigen Vorschriften der VwGO und zwar in den §§ 43, Abs. 2, 111, 113 Abs. 3 und 169 Abs. 2 erwähnt wird. Gem. § 43 Abs. 2 VwGO wird die Feststellungsklage ausdrücklich ausgeschlossen, wenn der Kläger seine Rechte durch Gestaltungs- oder *Leistungs*klage verfolgen kann oder hätte verfolgen können. Ferner hebt — um nur noch dieses gesetzliche Beispiel zu nennen — § 113 Abs. 3 VwGO hervor, daß dann, wenn neben der Aufhebung eines Verwaltungsaktes eine Leistung verlangt werden kann, im gleichen Verfahren auch die Verurteilung zur Leistung zulässig ist. Es kann daher, auch unter Heranziehung der Generalklausel gem. § 40 VwGO, kein Zweifel bestehen, daß Gegenstand eines Verwaltungsstreitverfahrens, sofern es sich nur um eine öffentlich-rechtliche Streitigkeit nichtverfassungsrechtlicher Art handelt, auch eine allg. Leistungsklage sein kann.

---

[1] Redeker/von Oertzen, Rd.Nr. 166 zu § 42 mit weiteren Nachweisen.

[2] Holland, Dissertation 1964, S. 50.

[3] BVerwGE 31, 301; VGH Mannheim ESVGH 17, 184; OVG Münster DÖV 1961, 469; OVG Hamburg DVBl. 1967, 86.

Da es jedoch an einer eigens für die allg. Leistungsklage bestimmten Regelung in der VwGO fehlt, enthält die VwGO auch keine Vorschrift für die Klagebefugnis bei allg. Leistungsklagen. Sie wird im Gegensatz zur Verpflichtungsklage und zur Regelung des § 40 Abs. 2 FGO vom Wortlaut des § 42 Abs. 2 VwGO nicht erfaßt. Wenn gleichwohl mehrere Gerichte und ein Teil der Rechtsliteratur — allerdings zumeist ohne nähere Begründung — § 42 Abs. 2 VwGO auch auf die allg. Leistungsklage anwenden[4], so mag das einmal seinen Grund in dem Bemühen der Gerichte haben, die Popularklage im Bereich der Verwaltungsgerichtsbarkeit auszuschließen, zum andern aber auch daraus zu erklären sein, daß mit der allg. Leistungsklage zumindest ein ähnliches Ziel verwaltungsgerichtlichen Rechtsschutzes angestrebt wird, wie mit der Verpflichtungsklage, und nicht recht einzusehen ist, inwiefern für eine Spezialform der Leistungsklage, nämlich der Verpflichtungsklage, eine gesetzliche Regelung der Klagebefugnis besteht und für die allg. Leistungsklage selbst nicht.

Bei der hier vertretenen Auffassung betr. die Anforderungen an die Klagebefugnis gem. § 42 Abs. 2 VwGO ergeben sich für die Klagebefugnis bei der allg. Leistungsklage jedoch im Grundsatz keine besonderen Probleme. Die Klagebefugnis ist — ebenso wie im Zivilprozeß die Prozeßführungsbefugnis — in der Regel unproblematisch, weil hier wie dort ausreicht, daß der Kläger sein Recht oder seinen Anspruch als eigenen verfolgt. Dies trifft vornehmlich auf den Vergleich der Klagebefugnis gem. § 42 Abs. 2 VwGO mit der Prozeßführungsbefugnis bei Leistungsklagen im Zivilprozeß zu, weil der Grundsatz, daß — abgesehen von den Fällen der gesetzlichen oder gewillkürten Prozeßstandschaft — nur demjenigen das Prozeßführungsrecht zusteht, der eigene Rechte bzw. Ansprüche verfolgen will, gerade für die Leistungsklage als die im Zivilprozeß *häufigste* Klageart entwickelt worden ist. Daß der Kläger auch mit der allg. Leistungsklage im Verwaltungsprozeß nur *eigene* Rechte bzw. Ansprüche geltend machen kann, ist zwar in der VwGO nicht ausdrücklich geregelt, ergibt sich aber ebenso, wie die grundsätzliche Zulässigkeit der allg. Leistungsklage, aus Einzelbestimmungen der VwGO. So heißt es in § 43 Abs. 2 VwGO ausdrücklich, daß die Feststellungsklage nicht zulässig ist, wenn der Kläger *seine* Rechte u.a. durch eine Leistungsklage verfolgen kann. Nach allem gelten auch ohne Heranziehung des § 42 Abs. 2 VwGO im Regelfall für die Klagebefugnis bei der allg. Leistungs-

[4] BVerwG, DVBl. 1965, 364; U. v. 28.10.1970, DVBl. 1971, 404 (406); BVerwGE 36, 192 (199 ff.); 41, 253 (256); B. v. 1.9.1976, NJW 1977, 118; OVG Münster, DVBl. 1967, 54; OVG Hamburg, DVBl. 1961, 136 (137); 1967, 86; Schunck/De Clerck, 3. Aufl., § 42 Anm. 4 c; Rautenberg/Vogt, DÖV 1964, 261; Stern, Verwaltungsprozessuale Probleme, S. 110; Frotscher, DÖV 1971, 259 ff.; Tschira/Schmidt/Glaeser, Bay.VBl. 1975, 496; a.A. Lerche, in: Staatsbürger und Staatsgewalt II, 1963, S. 77 ff.; Holland, Dissertation 1964, S. 50 und DÖV 1965, 410 ff.; Bettermann, DVBl. 1965, 366; Redeker/von Oertzen, 6. Auflage, § 42 Rdnr. 153; Kopp, 2. Aufl. (1976), § 42 Anm. 11 mit weiteren Nachweisen.

klage die für die Klagebefugnis bei Anfechtungs- und Verpflichtungsklagen geltenden Grundsätze.

Gleichwohl kann die Frage der Anwendbarkeit des § 42 Abs. 2 VwGO auf die allg. Leistungsklage nicht offen bleiben, weil diese Vorschrift gegenüber den allg. Grundsätzen zum Prozeßführungsrecht insofern eine selbständige Bedeutung hat, als die gewillkürte Prozeßstandschaft für Anfechtungs- und Verpflichtungsklagen im Verwaltungsprozeß ausgeschlossen ist. Im Falle der Unanwendbarkeit des § 42 Abs. 2 VwGO auf die allg. Leistungsklage bliebe aber die gewillkürte Prozeßstandschaft unter den auch im Zivilprozeß anerkannten Voraussetzungen[5] zulässig, weil hier wie dort mit der allg. Leistungsklage Ansprüche geltend gemacht werden, die nur im Verwaltungsprozeß ihre Grundlage nicht im bürgerlichen Recht, sondern in den Normen des öffentlichen Rechts haben. Ein darüber hinausgehender sachlicher Unterschied im Rechtssystem besteht nicht, der für einen Ausschluß der gewillkürten Prozeßstandschaft bei der allg. Leistungsklage im Verwaltungsprozeß sprechen könnte. Insbesondere entstehen für den jeweiligen Beklagten — im Verwaltungsprozeß in der Regel die Behörde — keine unvertretbaren Nachteile, wenn die gewillkürte Prozeßstandschaft bei der allg. Leistungsklage für zulässig erachtet wird. Denn sie ist auch nach den im Zivilprozeß anerkannten Grundsätzen nur unter erschwerten Voraussetzungen möglich, nämlich dann, wenn zu der Ermächtigung durch den Rechtsinhaber ein schutzwürdiges Interesse des ermächtigten Klägers an der gerichtlichen Geltendmachung des fremden Rechtes im eigenen Namen hinzukommt[6].

Es ist daher zu prüfen, ob § 42 Abs. 2 VwGO auch für allg. Leistungsklagen gilt. Dies ist jedoch zu verneinen. Eine unmittelbare Anwendung läßt der eindeutige Wortlaut des Gesetzes nicht zu. In § 42 Abs. 1 VwGO sind Anfechtungs- und Verpflichtungsklage geregelt. Unmittelbar daran schließt sich die Bestimmung über die Sachurteilsvoraussetzung des § 42 Abs. 2 an.

Die gegenteilige Auffassung von Engelhardt[7] vermag nicht zu überzeugen. Engelhardt befürwortet die Anwendbarkeit des § 42 Abs. 2 VwGO mit der Begründung, daß *jede* Leistungsklage, für welche der Verwaltungsrechtsweg offenstehe, als Verpflichtungsklage von § 42 Abs. 2 VwGO erfaßt sei. Unter Bezugnahme auf Bettermann[8] leitet er dies aus § 113 Abs. 4 VwGO ab, der nach seiner Meinung auf *Amts*handlungen *jeder Art*[9] anzuwenden sei. Dies ist jedoch unzutreffend. Denn § 113

---

[5] BGH, U. v. 26.9.1957, BGHZ 25, 250 (259, 260).

[6] BGH, ebd., u. U. v. 9.5.1967, S. 15.

[7] S. 590.

[8] NJW 1960, 649.

[9] So auch früher Menger, Verw.Arch. 1961, 318; Lerche, in: Staatsbürger und Staatsgewalt, Bd. II, S. 59, 76; Eyermann/Fröhler, VwGO, Rdnr. 17 zu § 42.

Abs. 4 VwGO erfaßt als Spiegelbild zu § 42 VwGO nur Amtshandlungen der Behörde, die *Verwaltungsakte* darstellen, mithin nicht Amtshandlungen schlechthin. Es ist daran festzuhalten, daß der Anwendungsbereich der Verpflichtungsklage auf Verwaltungsakte im engeren Sinne zu beschränken ist. Unter Verwaltungsakt in diesem Sinne ist jede hoheitliche Maßnahme zu verstehen, die eine Behörde zur Regelung eines Einzelfalles auf dem Gebiet des öffentlichen Rechts trifft und die auf unmittelbare Rechtswirkung nach außen gerichtet ist. Diese herkömmliche Definition ist nunmehr in § 35 des Verwaltungsverfahrensgesetzes des Bundes — entsprechende Regelungen enthalten die Verwaltungsverfahrensgesetze der Länder — gesetzlich niedergelegt[10]. Der Begriff des Verwaltungsaktes als eine Zweckschöpfung der Verwaltungsrechtswissenschaft, die ursprünglich dem Rechtsschutz des Bürgers dienen sollte, hat zwar heute nicht mehr diese alleinige Bedeutung, weil der Rechtsweg wegen der Generalklausel des § 40 VwGO unabhängig davon eröffnet ist, ob ein Verwaltungsakt vorliegt oder nicht. Er hat jedoch seine Bedeutung als Form und Mittel des rechtsstaatlichen Gesetzesvollzuges durch die Verwaltungsbehörden[11] und sich insoweit bewährt. Im Gegensatz zur schlicht hoheitlichen Tätigkeit knüpfen sich an den Verwaltungsakt besondere Rechtsfolgen wie etwa die der Unanfechtbarkeit des Verwaltungsaktes.

Mangels gegenteiliger Anhaltspunkte ist davon auszugehen, daß die VwGO den Begriff des Verwaltungsaktes einheitlich verwendet. Insbesondere besteht kein Grund für die Annahme, dieses Wort habe in den §§ 42 und 43 VwGO verschiedene rechtliche Bedeutungen. Ungeachtet der Verschiedenheit der in § 43 Abs. 2 VwGO erwähnten drei Klagearten (Gestaltungs-, Leistungs- und Feststellungsklagen) müssen daher die Amtshandlungen, die mit der Verpflichtungsklage erstrebt werden können, dieselben Begriffsmerkmale aufweisen, wie die Amtshandlungen, die angefochten oder als nichtig festgestellt werden können. Nach § 113 Abs. 4 S. 1 VwGO spricht das Gericht, „soweit die Ablehnung oder Unteralssung des Verwaltungsaktes rechtswidrig ..... ist", die Verpflichtung der Verwaltungsbehörde aus, „die beantragte Amtshandlung vorzunehmen". Aus der Verwendung des Wortes „Amtshandlung" in der zitierten Vorschrift kann aber nicht auf die Bedeutung eines von der herkömmlichen Definition abweichenden Begriffs des „Verwaltungsaktes" geschlossen" werden. Denn § 113 Abs. 4 S. 1 VwGO knüpft unmittelbar an

[10] § 35 des Verwaltungsverfahrensgesetzes des Bundes lautet wie folgt: „Verwaltungsakt ist jede Verfügung, Entscheidung oder andere hoheitliche Maßnahme, die eine Behörde zur Regelung eines Einzelfalles auf dem Gebiet des öffentlichen Rechts trifft und die auf unmittelbare Rechtswirkung nach außen gerichtet ist ..."

[11] Bettermann, in: VVDStRL 17, 140; Redeker/von Oertzen, 5. Auflage, Rdnr. 28 zu § 42.

die Legaldefinition der Verpflichtungsklage in § 42 Abs. 1 VwGO an, die dort mit der „Verurteilung zum Erlaß eines abgelehnten oder unterlassenen Verwaltungsaktes (Verpflichtungsklage)" umschrieben wird. Die Verpflichtungsklage ist also auf den Erlaß eines Verwaltungsaktes gerichtet und nicht auf andere Amtshandlungen. Daß § 113 Abs. 4 S. 1 VwGO sich insoweit, als es um den Begriff der „Verurteilung zum Erlaß eines ... Verwaltungsaktes" geht, nicht an den Wortlaut des § 42 Abs. 1 VwGO hält, sondern anstelle dessen von der „Verpflichtung der Verwaltungsbehörde" zur Vornahme der „beantragten Amtshandlung" spricht, hängt damit zusammen, daß es sich bei § 113 Abs. 4 S. 1 VwGO um eine Vorschrift betreffend den *Urteilsausspruch* handelt. Sie weist das Gericht an, im Falle der Begründetheit der Verpflichtungsklage die Verwaltungsbehörde zu der *konkret* vorzunehmenden Amtshandlung zu verpflichten und vermeidet so nur den im § 42 Abs. 1 WGO *abstrakt* verwendeten Begriff des Verwaltungsakates, der eine Amtshandlung darstellt. Das Bundesverwaltungsgericht weist zutreffend darauf hin, daß Bedenken bestehen, mit Hilfe des § 113 Abs. 4 S. 1 VwGO, der nur den Urteilsausspruch betrifft, den die Legaldefinition für die Verpflichtungsklage enthaltenen § 42 Abs. 1 VwGO auszulegen[12]. Die Definition der Verpflichtungsklage enthält einzig und allein § 42 Abs. 1 VwGO, an welchen § 113 Abs. 4 S. 1 VwGO anknüpft. Das folgt unzweideutig aus der Übernahme der Begriffe „Ablehnung oder Unterlassung des Verwaltungsaktes", wie sie auch in § 42 Abs. 1 VwGO genannt werden („eines abgelehnten oder unterlassenen Verwaltungsaktes").

Gegen eine extensive Auslegung des in der Verwaltungsgerichtsordnung mehrfach verwendeten Begriffes des Verwaltaungsaktes spricht ferner der Umstand, daß allgemeine Übereinstimmung über die Begriffsbestimmung des Verwaltungsaktes besteht. Wenn das Gesetz bei der Regelung der Klagearten und des Vorverfahrens vom „Verwaltungsakt" spricht, dieser Begriff aber nicht im herkömmlichen Sinne, sondern im Sinne einer hoheitlichen Amtshandlung schlechthin zu verstehen wäre, so hätte dies deutlich zum Ausdruck gebracht werden müssen. Eine Auslegung des Gesetzes, die von der anerkannten Bedeutung eines zentralen Begriffes des Verwaltungs- und Verwaltungsprozeßrechts abweicht, wäre nur vertretbar, wenn sie aus verfassungsrechtlichen Gründen geboten wäre. Dies ist nicht der Fall. Wenn wegen Fehlens der Verwaltungsakt-Eigenschaft der Amtshandlung keine Verpflichtungsklage erhoben werden kann, steht dem Rechtsschutzsuchenden die allgemeine Leistungsklage zur Verfügung. Dieses Rechtsinstitut ist für ihn günstiger als die Verpflichtungsklage, da die Verwaltungsgerichtsordnung für diese Klage kein Vorverfahren und keine Frist zur Klageerhebung vorschreibt.

---

[12] U. v. 25.2.1969, DBVl. 1969, 700, 701.

Auch das gesetzliche Erfordernis des Vorverfahrens vor Erhebung der Anfechtungs- und der Verpflichtungsklage kann nichts für die Auslegung des Begriffs des Verwaltungsaktes im Sinne der Verwaltungsgerichtsordnung hergeben. Gemäß § 68 VwGO sind vor Erhebung der Anfechtungsklage und der Verpflichtungsklage, wenn der Antrag auf Vornahme des Verwaltungsaktes abgelehnt worden ist, Rechtmäßigkeit und Zweckmäßigkeit des Verwaltungsaktes in einem Vorverfahren nachzuprüfen. Alle anderen Klagearten können dagegen ohne ein Vorverfahren im Sinne des § 68 VwGO erhoben werden. Da § 68 VwGO für die beiden Klagearten gilt, für die § 42 Abs. 1 VwGO Legaldefinitionen enthält, kann nicht aus ihm geschlossen werden, was § 42 VwGO unter einer Verpflichtungsklage versteht. Auch der Gesichtspunkt, daß unter § 42 VwGO Klagen aus dem Über-/Unterordnungsverhältnis (Subordinationsverhältnis) fallen und für diese die besonderen Vorschriften der §§ 68 bis 80 VwGO gelten, rechtfertigt nicht die Auslegung, daß mit dem Wort „Verwaltungsakt“ in Wirklichkeit der Begriff „Amtshandlung“ gemeint sei. Abgesehen davon, daß diese Ausweitung des Verwaltungsakt-Begriffes sich über den Wortlaut des § 42 Abs. 1 VwGO hinwegsetzt, trifft es nicht zu, daß für alle Subordinationsverhältnisse die Vorschriften für die Anfechtungs- und die Verpflichtungsklage bezüglich des Vorverfahrens und der Frist für die Klageerhebung gelten. So kann z.B. bei Meinungsverschiedenheiten über eine öffentlich-rechtliche Verpflichtung oder einen Rechtsstatus Feststellungsklage erhoben oder es kann die Feststellung der Nichtigkeit eines Verwaltungsaktes begehrt werden. Diese Klagen können ohne Vorverfahren erhoben werden[13].

Die insbesondere von Bettermann[14] bezüglich des Tatbestandsmerkmals „Amtshandlung“ vertretene Gegenmeinung würde das von der VwGO vorgegebene System der Klagearten sprengen, zumindest aber verunsichern. Es ist vor allem bedenklich, wenn über den Begriff der Amtshandlung die allg. Leistungsklage Eingang in die Verpflichtungsklage mit allen ihren gesetzlichen Erschwernissen, wie z.B. denen des Vorverfahrens und der Anfechtungs- sowie Klagefristen, finden würde. Der Verwaltungsprozeß dient in erster Linie dem Rechtsschutz des Bürgers und sollte daher nicht erschwert werden, wenn es der Gesetzgeber nicht ausdrücklich vorsieht.

Ferner ist zu bedenken, daß § 113 Abs. 4 S. 1 VwGO nur von der Verpflichtung zur *Vornahme* einer Amts*handlung* spricht. § 113 Abs. 4 S. 1 dürfte daher nur die Fälle erfassen, in denen die Klage auf ein positives Tun der Behörde, nicht aber auf ein Dulden oder Unterlassen gerichtet ist, so daß ein großer Teil der Fallgestaltungen der allg. Leistungsklage,

---

[13] BVerwG, U. v. 25.2.1969, a.a.O.

[14] DVBl. 1969, 703 ff. (Anm. zu vorzitiertem Urteil des Bundesverwaltungsgerichts).

nämlich die Duldungs- und Unterlassungsklagen ohnehin ausscheiden dürften.

Die Verpflichtungsklage muß daher auf den Verwaltungsakt im engeren Sinne beschränkt bleiben.

Schließlich hat Engelhardt — worauf Holland mit Recht hinweist[15] — übersehen, daß dem Verwaltungsprozeß Leistungsklagen bekannt sind, mit denen keine Amtshandlungen, sondern öffentlich-rechtliche Handlungen von Privatpersonen begehrt werden (sog. Bürgerverurteilungsklagen). Als typische Beispiele hierfür können Klagen der Behörden auf Rückgewähr überzahlter Dienstbezüge, auf Rückgewähr sonstiger überzahlter Geldleistungen und die Klagen der Wehrverwaltung gegen einen Soldaten auf Leistung von Schadenersatz gem. § 24 des Soldatengesetzes genannt werden. Diese Ansprüche werden zwar von der Verwaltung in der Regel durch Leistungsbescheide geltend gemacht, gegen die der betroffene Bürger Anfechtungsklage erhebt. Aber abgesehen davon, daß die Frage der Zulässigkeit eines Leistungsbescheides umstritten ist[16], wird ein Rechtsschutzinteresse für die Erhebung einer allg. Leistungsklage der Verwaltung gegen den Bürger unter bestimmten Voraussetzungen auch bei Bejahung der Möglichkeit zum Erlaß eines Leistungsbescheides anerkannt[17]. Sog. Bürgerverurteilungsklagen sind daher im Verwaltungsprozeß nach wie vor möglich.

Kommt somit eine unmittelbare Anwendung des § 42 Abs. 2 VwGO auf die allg. Leistungsklage nicht in Betracht, so bleibt zu erörtern, ob etwa eine entsprechende (analoge) Anwendung befürwortet werden kann. Unter Analogie versteht die Rechtslehre die ausdehnende Anwendung der aus dem Gesetz zu entnehmenden Prinzipien auf Fälle, welche von den im Gesetz geregelten nur unwesentlich abweichen (rechtsähnliche oder wesensähnliche Fälle)[18]. Sie basiert auf der Erkenntnis, daß jede Auslegung davon ausgehen muß, mit dem Gesetz eine vernünftige, zweckvolle Ordnung der Lebensverhältnisse zu geben. Das gilt besonders auch für die Prozeßgesetze, deren Richtschnur vor allem die Zweckmäßigkeit des zugeordneten Verfahrens sein muß. Daraus folgt, daß bei Normen des Prozeßrechts grundsätzlich weder eine *einengende* Auslegung geboten noch eine *analoge* Anwendung verboten ist[19]. Bereits das Reichsgericht hatte für den Bereich des Zivilprozeßrechts in ständiger Rechtsprechung

---

[15] Dissertation 1964, S. 50.

[16] Bejahend BVerwG MDR 1968, 523; JZ 1969, 70; DÖV 1970, 284; BSG NJW 1965, 220. Verneinend Wacke DÖV 1966, 314; Menger/Erichsen, Verw.Arch. 1970, 177 ff.; Wolff, Verwaltungsrecht I, 8. Aufl., S. 316.

[17] BVerwG, U. v. 24.6.1966, BVerwGE 24, 225/227, betr. die Geltendmachung einer Schadenersatzforderung des Freistaates Bayern gegen bayr. Landrat.

[18] Menger, System, S. 68 ff. mit weiteren Nachweisen.

[19] Rosenberg, S. 26/27; Nikisch, S. 27; Menger, System, S. 74.

die These vertreten, daß die Bestimmungen der ZPO den Parteien bei der Verfolgung und Erledigung ihrer Ansprüche nicht hemmend und hindernd entgegenträten, sondern im Gegenteil für die möglichst schnelle Herbeiführung einer endgültigen sachlichen Entscheidung die Wege ebnen und geordnete Bahnen schaffen wollten[20]. Nichts anderes kann für die Vorschriften der VwGO gelten.

Aber gerade unter Berücksichtigung dieser Grundsätze muß hier eine analoge Anwendung des § 42 Abs. 2 VwGO unterbleiben. Der durch § 42 Abs. 2 VwGO bedingte Ausschluß der gewillkürten Prozeßstandschaft stellt eine *Ausnahme* von den grundsätzlich auch für den Verwaltungsprozeß geltenden allgemeinen Voraussetzungen des Prozeßführungsrechts dar und engt von daher die Klagemöglichkeiten ein. Es würde mithin der geschilderten Zielsetzung der Prozeßgesetze, den Parteien bei der Verfolgung geltend gemachter Ansprüche möglichst nicht hindernd und hemmend entgegenzutreten, gerade widersprechen, wollte man die durch den Gesetzesvorbehalt in § 42 Abs. 2 VwGO bedingte Begrenzung der Klagemöglichkeiten des Prozeßstandschafters auf die allg. Leistungsklage übertragen[21]. Für die Anfechtungsklage mag eine derartige Begrenzung sinnvoll sein, weil ein Verwaltungsakt, den die Behörde im

[20] RG Warn 1922, 129; RGZ 105, 427; 150, 363.

[21] Hierzu auch meine Ausführungen in JuS 1979, S. 31 (35). Dort heißt es: „Die entsprechende Anwendung des § 42 II VwGO auf die allgemeine Leistungsklage nur am Problem der ‚Geltendmachung der Rechtsverletzung' zu erörtern, dabei aber die Frage des Gesetzesvorbehalts auszuklammern, läuft letztlich auf eine bedenkliche Teilanalogie, d.h. auf eine um bestimmte Voraussetzungen gekappte entsprechende Anwendung einer Norm hinaus. Abgesehen davon trifft es nicht zu, daß die allgemeine Leistungsklage ohne den Rückgriff auf § 42 II VwGO stets auch als Popularklage zulässig und der Popularklage insoweit Tür und Tor geöffnet wäre. Vielmehr müssen auch im Verwaltungsprozeß die im Zivilprozeß für Leistungsklagen anerkannten Grundsätze des Prozeßführungsrechts gelten. In der Zivilprozeßrechtslehre besteht kein Streit, daß eine Popularklage grundsätzlich — d.h. von Ausnahmen, wie z.B. der gesetzlichen und gewillkürten Prozeßstandschaft, abgesehen — unzulässig ist. Dem entspricht, daß im Verwaltungsprozeß die Voraussetzung der Geltendmachung einer Rechtsverletzung — unabhängig von einer einfachgesetzlichen Regelung in § 42 II VwGO — aufgrund des Art. 19 IV GG i.V. mit der Generalklausel in § 40 I VwGO für jede Klage gilt. § 42 II VwGO wiederholt für Anfechtungs- und Verpflichtungsklagen *insoweit* nur, was ohnehin gem. Art. 19 IV GG, § 40 I VwGO bereits gilt. Daß der Kläger auch mit der allgemeinen Leistungsklage im Verwaltungsprozeß grundsätzlich nur *eigene* Rechte bzw. Ansprüche geltend machen kann, läßt sich im übrigen aus Einzelbestimmungen der VwGO, z.B. aus § 43 II VwGO, entnehmen: In dieser Vorschrift heißt es ausdrücklich, daß die Feststellungsklage nicht zulässig ist, wenn der Kläger *seine* Rechte u.a. durch eine Leistungsklage verfolgen kann. Auf der anderen Seite versteht es sich von selbst, daß es Art. 19 IV GG als Rechtsschutzgarantie nicht verbietet, die Klagemöglichkeiten auch über den verfassungsmäßig gewährleisteten Rechtsschutz bei der Verletzung von Individualrechten durch die öffentliche Gewalt hinaus einzuräumen. Es bestehen daher keine Bedenken, die gewillkürte Prozeßlandschaft bei allgemeinen Leistungsklagen im Verwaltungsprozeß zuzulassen, was jedoch nur möglich ist, wenn eine entsprechende Anwendung des § 42 II VwGO auf diese Klagen unterbleibt."

Wege der Eingriffsverwaltung erläßt, eine sehr breite Wirkung haben und daher — wie die Fallgruppen zeigen — eine große Zahl von Prozessen auslösen kann. Aus Gründen der Übersichtlichkeit und letztlich der Rechtsklarheit erscheint es daher einleuchtend, wenn nur die gesetzliche, nicht aber auch die gewillkürte Prozeßstandschaft zugelassen wird. Diese Situation ist aber bei allg. Leistungsklagen anders, weil sie nicht durch einen Verwaltungsakt mit der beschriebenen Breitenwirkung veranlaßt werden. Gegenstand einer allg. Leistungsklage ist in der Regel ein Einzelanspruch eines Bürgers gegen die Verwaltung, der nur ihm und nicht einer mehr oder weniger unübersehbaren Zahl von Bürgern zusteht. Die Rechtslage ist hier die gleiche wie im Zivilprozeß, so daß für die allg. Leistungsklage die Grundsätze des Prozeßführungsrechts auch unter Einbeziehung der gewillkürten Prozeßstandschaft zu gelten haben.

Aus den gleichen Gründen kommt schließlich eine entsprechende Anwendung des § 40 FGO, in welcher die allg. Leistungsklage für den Bereich der Finanzgerichtsbarkeit im Gegensatz zu § 42 VwGO mit geregelt und in die Klagebefugnis mit einbezogen worden ist, nicht in Betracht. Im übrigen besteht in der Finanzgerichtsbarkeit im Gegensatz zur Verwaltungsgerichtsbarkeit für die allg. Leistungsklage kaum ein praktisches Bedürfnis, weil jede „andere" Leistung der Finanzverwaltung auf einem Verwaltungsakt beruht, der seinerseits mit der Verpflichtungsklage gerichtlich durchgesetzt werden kann[22].

2. Besonderheiten bei der Feststellungsklage, insbesondere der Begriff des „berechtigten Interesses" i.S.d. § 43 Abs. 1 VwGO in Abgrenzung zum Begriff der „Klagebefugnis"

Besonderheiten ergeben sich noch bei der Feststellungsklage. Sie ist generell in § 43 VwGO geregelt und enthält in § 113 Abs. 1 S. 4 VwGO einen Sondertatbestand für den Fall, daß sich ein Verwaltungsakt vor oder nach Klageerhebung erledigt hat (sog. Fortsetzungsfeststellungsklage). § 43 VwGO stellt für die Zulässigkeit der Feststellungsklage folgende Voraussetzungen auf:

(1) ein „Rechtsverhältnis"

(2) ein „berechtigtes Interesse" des Klägers „an der baldigen Feststellung"

(3) der Kläger kann seine Rechte nicht durch Gestaltungs-oder Leistungsklage verfolgen oder hätte sie nicht durch diese Klagen verfolgen können (Subsidiaritätsklausel).

Die sog. Fortsetzungsfeststellungsklage erfordert als Zulässigkeitsvoraussetzung ebenfalls ein „berechtigtes Interesse" an der Feststellung — hier der Rechtswidrigkeit des Verwaltungsaktes —.

[22] Ziemer/Birkholz, Rdnr. 141 zu § 40 FGO.

Diese Bestimmungen regeln die Zulässigkeitsvoraussetzungen der Feststellungsklage abschließend. § 42 Abs. 2 VwGO ist daher auf die Feststellungsklage nicht anwendbar. Gleichwohl fragt es sich, ob nicht das Erfordernis des „berechtigten Interesses", das gerade dem *Kläger* zustehen muß, eine ähnliche oder gar die gleiche Funktion wie die Klagebefugnis gem. § 42 Abs. 2 VwGO erfüllt. Sicher ist, daß das Feststellungsinteresse eine bestimmte Beziehung des Klägers zu dem festzustellenden Rechtsverhältnis voraussetzt, wobei es sich gerade um ein Feststellungsinteresse des *Klägers* gegenüber dem *Beklagten* handeln muß[1]. Damit wird auch hier die *Individualisierung* der Feststellungsklage erreicht.

Indessen verlangt § 43 VwGO nicht, daß das festzustellende Rechtsverhältnis gerade zwischen dem Kläger und dem Beklagten besteht, d.h. der Kläger braucht an dem strittigen öffentlich-rechtlichen Rechtsverhältnis *nicht unmittelbar* als *Rechtssubjekt* beteiligt sein[2]. Deshalb kann der Auffassung Engelhardts nicht gefolgt werden, daß das Rechtsverhältnis gerade die Rechtsposition des *Klägers* betreffen müsse[3]. Die Beziehung zum Kläger wird vielmehr durch das „berechtigte Interesse" an der Feststellung hergestellt.

Aber auch das „berechtigte Interesse an der baldigen Feststellung" hat nicht zur Voraussetzung, daß die Beziehungen des Klägers rechtlicher Art sein müßten. Vielmehr genügt insoweit, daß das Interesse des Klägers wirtschaftlicher, kultureller oder auch ideeller Natur ist[4]. Denn der Wortlaut des § 43 Abs. 1 VwGO erfordert im Gegensatz zu § 256 ZPO kein *rechtliches*, sondern nur ein *berechtigtes* Interesse, das eine umfassendere Bedeutung als der Begriff „rechtliches Interesse" hat, und mithin auch außerrechtliche Interessen erfaßt.

§ 43 VwGO ermöglicht es daher, daß der Kläger die Feststellung eines nicht zwischen ihm und dem Beklagten, sondern eines zwischen einem Dritten und dem Beklagten streitigen Rechtsverhältnisses begehrt. Folglich ist gem. § 43 VwGO — anders als im Regelfall gem. § 42 Abs. 2 VwGO — nicht erforderlich, daß der Kläger um Rechtsschutz für *sich* nachsucht. Ferner genügt im Gegensatz zu § 42 Abs. 2 VwGO das Betroffensein des Klägers in seinen irgendwie gearteten berechtigten Interessen.

Umgekehrt reicht aber das bloße *Geltendmachen* des berechtigten Interesses *nicht* aus. § 43 VwGO verlangt vielmehr, daß der Kläger ein berechtigtes Interesse an der Feststellung *hat*. Das Feststellungsinteresse gehört also im Gegensatz zur Rechtsverletzung bei Anfechtungs- und

[1] BVerwG, U. v. 25.2.1970, NJW 1970, 2260/2261; Engelhardt, S. 590/591.

[2] BVerwGE 24, 272/279; BVerwG, U. v. 25.2.1970, a.a.O.

[3] S. 591.

[4] Redeker/von Oertzen, Rdnr. 20 zu § 43 mit zahlreichen Nachweisen, allg. Meinung.

Verpflichtungsklagen nicht zum Klagegrund, sondern dient, sofern es fehlt, ausschließlich als Zulässigkeitssperre. Folgerichtig enthält die VwGO für die Begründetheit der Feststellungsklage auch keine dem § 113 Abs. 1 S. 1 bzw. Abs. 4 VwGO entsprechende Regelung. Das Gericht hat im Falle der Zulässigkeit der Klage im Rahmen der Begründetheit nur noch zu prüfen, ob das streitige Rechtsverhältnis besteht oder nicht besteht und nur hierüber materiell zu entscheiden. Die Frage des berechtigten Interesses ist abschließend im Rahmen der Zulässigkeit der Klage zu behandeln.

Damit ist das berechtigte Interesse i.S.d. § 43 VwGO nicht der Klagebefugnis, sondern dem allgemeinen Rechtsschutzinteresse in seiner besonderen Ausprägung für die Feststellungsklage zuzuordnen. Es ist insoweit vergleichbar mit der „Beschwer" bei den Rechtsmitteln gegen gerichtliche Entscheidungen und den besprochenen zivilprozessualen Gestaltungsklagen, die eine Art Rechtsmittelersatz darstellen.

Gleichwohl bestehen in der Wirkung insofern Berührungspunkte zwischen dem berechtigten Interesse i.S.d. § 43 Abs. 1 VwGO und der Klagebefugnis i.S.d. § 42 Abs. 2 VwGO sowie der Prozeßführungsbefugnis im Zivilprozeß, als derjenige, der keinerlei Beziehung zum Streitgegenstand hat oder nicht wenigstens behauptet, von der Klagemöglichkeit ausgeschlossen ist.

3. Besonderheiten des Problems der Klagebefugnis bei den verwaltungsrechtlichen Organstreitverfahren im Hinblick auf die Frage des Individualrechtsschutzes — Lösungsmöglichkeit

Schließlich soll noch kurz darauf eingegangen werden, ob bei Organstreitverfahren die Klagebefugnis als Sachurteilsvoraussetzung gefordert werden kann[1]. Wie bereits im Rahmen der Erörterung der Fallgruppen angedeutet, begegnet es rechtsgrundsätzlichen Bedenken, im innerorganisatorischen Bereich von subjektiven öffentlichen Rechten zu sprechen, wie sie in Art. 19 Abs. 4 GG sowie in den §§ 42 Abs. 2, 113 Abs. 1 S. 1 und Abs. 4 VwGO unter dem Begriff der „Rechte" angesprochen sind. Die Individualrechtsschutzgarantie will gerade dem Einzelnen oder einer Personengruppe, u.U. auch einer juristischen Person einen umfassenden Rechtsschutz *gegenüber* dem Staat, insbesondere staatlicher Allmacht gewähren. Kennzeichnend für die Individualrechte des Einzelnen ist, daß sie ihm aufgrund seiner Persönlichkeit in Verbindung mit seiner Menschenwürde zustehen und *abzugrenzen* sind von dem Rechtsstatus der öffentlichen Hand. Es handelt sich also zwischen dem Individualrechts-

---

[1] Dieser Frage kann jedoch im Rahmen der vorliegenden Abhandlung nicht in aller Gründlichkeit nachgegangen werden, weil sie wegen ihrer besonderen Problematik einer eigenständigen Untersuchung bedarf.

bereich des Einzelnen als Träger von Individualrechten und dem Rechtsbereich der öffentlichen Hand als dem Vertreter des Gemeininteresses um von voneinander getrennte Rechtsbereiche, um deren Abgrenzung[2] es bei den Klagen des Einzelnen gegen die öffentliche Hand in der Regel geht. Dieses Verhältnis des Einzelnen zum Staat oder der öffentlichen Hand wird auch als „Außenrechtsbereich" bezeichnet[3]. Den Außenrechtsbereich regelt typischerweise der Verwaltungsakt, der demzufolge auch als „Regelung eines Einzelfalles" auf dem Gebiet des öffentlichen Rechts mit „Außenwirkung" definiert wird.

Kennzeichnend für die innerorganisatorischen Beziehungen der Organe zueinander oder der Organe zu ihren Organteilen bzw. umgekehrt sind aber Regelungen, die den ordnungsgemäßen Funktionsablauf der von den betr. Organen zu bewältigenden Tätigkeiten sicherstellen sollen. Die einzelnen Organe einer juristischen Person des öffentlichen Rechts, z.B. einer Gemeinde, oder deren Organteile sind als solche nicht Träger divergierender Individualinteressen, die es voneinander abzugrenzen gilt, sondern Träger von Rechten und Pflichten, die den internen ordnungsgemäßen Funktionsablauf der Organtätigkeit ermöglichen sollen[4]. So gesehen sind die von der Rechtsprechung genannten Mitglieds- oder Mitgliedschaftsrechte der Organteile, wie z.B. das Stimmrecht oder Teilnahmerecht von Mitgliedern der Kollegialorgane einer Gemeinde keine subjektiven öffentlichen Rechte des Organteils als Individuum, sondern Rechte des Organteils als Funktionsträgers. Die den Funktionsablauf im innerorganisatorischen Bereich betreffenden Vorschriften beinhalten daher keine Abgrenzung der Rechtssphäre, sondern stellen sich als sog. *zusammenordnende* Regelungen dar[5].

Dementsprechend dürfte im Ergebnis der Begriff der Klagebefugnis oder der des Prozeßführungsrechts, wie er für den Individualrechtsschutz entwickelt wurde, für die Organstreitverfahren nicht heranzuziehen sein. Gleichwohl sind die Organstreitverfahren im Verwaltungsprozeß gem. der Generalklausel des § 40 VwGO zulässig. Da die Entscheidungen der Kollegialorgane interne Willensbildungsakte sind und als solche keine Verwaltungsakte darstellen, mithin nicht den sog. Außenrechtsbereich berühren, kommen als Klagearten die Anfechtungs- und Verpflichtungsklagen nicht in Betracht. Als Klagearten bieten sich aber entweder die Feststellungsklage, die nach den vorstehenden Ausführungen nicht zwingend die Verletzung von Individualrechten voraussetzt, oder auch die allg. Leistungsklage an[6]. Wenn auch die allg. Leistungsklage grundsätz-

---

[2] Haenel, S. 210 u. 221; Hoppe, Organstreitigkeiten, S. 95 u. 237, 238.

[3] Ebd.

[4] Ebd.

[5] Haenel, S. 210.

[6] Hoppe, Organstreitigkeiten, S. 278.

lich dem Bereich des Individualrechtsschutzes zuzuordnen ist, so erscheint es gleichwohl nicht abwegig, sie für Klagen im innerorganisatorischen Bereich heranzuziehen. Denn es ist durchaus vertretbar, mit Hoppe[7] für die Organträger ein sog. *intrapersonales subjektives Recht* zu entwickeln, das dem Schutz des einheitlichen Interesses der juristischen Person an einem ordnungsgemäßen internen Funktionsablauf dienen soll. Es kann in diesem Bereich dann sog. innerorganisatorische Erfüllungs- oder Störungsbeseitigungsansprüche der juristischen Person als Gesamtorganisation geben. Da die juristische Person als solche aber nicht handlungsfähig ist, wird „das intrapersonale subjektive Recht aufgrund einer besonderen organisationsrechtlichen Wahrnehmungszuständigkeit von dem Organ geltend gemacht, dessen Funktionsbereich durch das organisationsrechtswidrige Verhalten eines anderen Organs oder Organteils gestört wird. Dieser materiell-organisationsrechtlichen Wahrnehmungszuständigkeit entspricht eine organschaftliche Prozeßstandschaft im Prozeß“[8].

Einer derartigen rechtlichen Konstruktion steht nicht etwa Art. 19 Abs. 4 GG entgegen. Denn es ist durchaus zulässig, über den *verfassungsrechtlich garantierten Individualrechtsschutz* hinaus zugunsten Einzelner oder aber auch zugunsten von Organisationen und Funktionssubjekten Rechtsschutzmöglichkeiten oder auch schlechthin gerichtliche Kontrollmöglichkeiten einzuräumen. Die Verfassungsnormen garantieren nur ein Mindestmaß an Schutzeinrichtungen, verbieten es aber umgekehrt nicht, ein Mehr an Schutzeinrichtungen als in der Verfassung vorgesehen zu entwickeln.

---

[7] S. 238.

[8] Ebd. Eine durchaus diskutable Lösung schlägt — wie an anderer Stelle bereits gesagt — auch Kisker im Rahmen der Behandlung des *Jnsichprozesses* vor (JuS 1975, S. 704 [706 ff.]). Ausgehend von der Funktion des Verwaltungsprozesses, *Interessenkonflikte* zu lösen, steht nach Auffassung Kiskers die Einweisung von Organen in die Rolle von Trägern *subjektiver Rechte* überall da zur Diskussion, wo „Die Rechtsordnung Organ und Organ bzw. Organ und Organisation in *ein Spannungsverhältnis hineinstellt, das Interessenkonflikte* als *akzeptierte Möglichkeit einschließt*“. Hierzu auch Tsatsor, Der verwaltungsrechtliche Organstreit, 1969.

IV. Zusammenfassung der Ergebnisse

1. Die Vorschrift des § 42 Abs. 2 VwGO ist im Lichte des § 113 Abs. 1 u. Abs. 4 VwGO zu interpretieren. Unter Berücksichtigung dieses Gesichtspunktes läßt § 42 Abs. 2 VwGO die Auslegung zu, daß an die Klagebefugnis für Anfechtungs- und Verpflichtungsklagen grundsätzlich keine strengeren Anforderungen als an die Prozeßführungsbefugnis im Zivilprozeß zu stellen sind. Der Kläger macht daher bereits dann geltend, in seinen Rechten verletzt zu sein, wenn er den Verwaltungsakt wegen — tatsächlicher oder vermeintlicher — Verletzung seiner Rechte mit dem Ziel der Beseitigung der Rechtsverletzung anficht, wenn er also um Rechtsschutz für sich nachsucht. Anders ausgedrückt bedeutet dies, daß es für die Zulässigkeit der Klage genügt, wenn der Kläger mit der Klage erkennbar *eigene* Rechte verfolgen *will*. Es kommt weder darauf an, ob der Klägervortrag für eine Rechtsverletzung *schlüssig* ist, noch darauf an, ob eine Rechtsverletzung *möglich* erscheint.

Soweit ausnahmsweise eine dahingehende gesetzliche Regelung im Sinne eines *formellen* und materiellen Bundes- oder Landesgesetzes vorliegt, kann der Kläger mit der Klage auch das *Allgemeininteresse* an der Rechtmäßigkeit des Verwaltungshandelns oder *fremde* Rechte geltend machen.

Die gewillkürte Prozeßstandschaft ist nicht zulässig.

Unterschiedliche Anforderungen an die Klagebefugnis der Adressaten von Verwaltungsakten einerseits und der Nichtadressaten andererseits bestehen nicht. Das gleiche gilt für Anfechtungsklagen einerseits und Verpflichtungsklagen andererseits.

2. § 42 Abs. 2 VwGO ist auf die allg. Leistungsklage weder unmittelbar noch entsprechend anwendbar. An die Klagebefugnis für allg. Leistungsklagen im Verwaltungsprozeß sind keine höheren Anforderungen zu stellen als an das Prozeßführungsrecht bei allg. Leistungsklagen im Zivilprozeß. Gesetzliche und gewillkürte Prozeßstandschaft sind zulässig.

3. Die Zulässigkeitsvoraussetzungen für die Feststellungsklage gem. § 43 VwGO sind mit den an die Klagebefugnis gem. § 42 Abs. 2 VwGO zu stellenden Anforderungen nicht identisch.

4. Für die Klagebefugnis bei den verwaltungsrechtlichen Organstreitverfahren bestehen Besonderheiten insofern, als die Funktionssubjekte (Organe oder Organteile der öffentlich-rechtlichen Körperschaft) als

solche nicht Träger von Individualrechten sind. Es erscheint aber vertretbar, für sie ein sog. intrapersonales subjektives Recht zu entwickeln, welches im Verwaltungsstreitverfahren wahrgenommen werden kann.

Schlußbetrachtung

Das eingangs aufgezeigte Problem der fehlenden Systematisierung der Klagebefugnis hat sich durch die historisch rechtsvergleichende Betrachtungsweise gelöst. Es hat sich dabei insbesondere gezeigt, daß sich die Regelung des § 42 Abs. 2 VwGO in ein die verschiedenen Gerichtsbarkeiten übergreifendes System einfügt, als dessen Kriterium sich die „Verfolgung eigener Belange" erweist. Dies wird durch die gemeinsame Aufgabe aller die Klage- und Antragsbefugnis einschränkenden Zulässigkeitsvoraussetzungen erreicht, die darin besteht, das Popularverfahren zu vermeiden.

In diese negatorische Funktion des § 42 Abs. 2 VwGO, die Popularklage für den Verwaltungsprozeß — von gesetzlich geregelten Ausnahmen abgesehen — auszuschließen, wirkt zugleich seine positive Funktion der Konkretisierung der Individualrechtsschutzgarantie des Art. 19 Abs. 4 GG hinein. Damit ist auch in § 42 Abs. 2 VwGO die der Verwaltungsgerichtsbarkeit verfassungsmäßig zukommende Rolle angesprochen, dem Einzelnen Rechtsschutz gegenüber der Verwaltung zu gewähren. Da auch den anderen Gerichtsbarkeiten die Funktion der Rechtsschutzgewährung zukommt, boten sich für die Frage, welche Anforderungen an die Klagebefugnis zu stellen sind, aufgrund rechtsvergleichender Untersuchung Lösungsmöglichkeiten an.

Ausgehend vom Sinn und Zweck der Rechtsschutzgewährung, dem Bürger durch Gerichtsentscheid eine verbindliche Antwort darauf zu geben, ob die von ihm geltend gemachten Rechte oder Ansprüche bestehen, kurz: eine Antwort darauf zu geben, was in seinem speziellen Fall rechtens ist, mußte fast zwangsläufig das Ergebnis gefunden werden, daß die Feststellung von Rechten und Ansprüchen ausschließlich der Begründetheit der Klage vorbehalten ist. Die Klagebefugnis als Sachurteilsvoraussetzung konnte damit von ihrer Befrachtung mit materiell-rechtlichen Fragen wie umgekehrt das subjektive öffentliche Recht, das seine Wurzel im materiellen Verwaltungsrecht hat, von seiner Befrachtung mit den prozeßrechtlichen Fragen der Klagebefugnis befreit werden.

Der Problemkreis um das subjektive öffentliche Recht selbst ist damit freilich nicht gelöst, sondern nur aus der Zulässigkeitsprüfung der verwaltungsgerichtlichen Klage in die Prüfung der Begründetheit der Klage verlagert worden. Eine Lösung dieser Problematik zu finden, war indessen nicht Aufgabe der vorliegenden Untersuchung.

Die gefundenen Ergebnisse zum Problemkreis der Klagebefugnis im Verwaltungsprozeß ermöglichen — bis auf die Frage der gewillkürten Prozeßstandschaft — eine einheitliche Handhabung des Prozeßführungsrechts in der Zivilgerichtsbarkeit, der Verwaltungsgerichtsbarkeit, der Sozialgerichtsbarkeit und der Finanzgerichtsbarkeit. Dem Rechtsuchenden wird so in allen genannten Gerichtsbarkeiten im Rahmen der Bestimmung des Streitgegenstandes, die dem Kläger obliegt, nur abverlangt, zu erkennen zu geben, daß er um Rechtsschutz *für sich nachsucht,* also *eigene, nicht* aber *fremde Rechte* oder *gar das Allgemeininteresse verfolgen will.*

Die Befürchtung, daß durch eine zu starke Reduzierung der Anforderungen an die Klagebefugnis zu viele gerichtliche Kontrollmöglichkeiten mit der Folge einer unerfreulichen Perfektionierung des Rechtsschutzsystems eröffnet würden, sind unbegründet. Denn die Gerichte werden ohnehin mit dem jeweiligen Streitfall befaßt und müssen sich mit Fragen des subjektiven öffentlichen Rechts auseinandersetzen, gleichgültig, ob das bereits in der Zulässigkeit der Klage oder erst — wie hier vertreten — in der Begründetheit der Klage zu geschehen hat.

Abgesehen davon ist die geschilderte Befürchtung nicht billigenswert. Denn unabdingbare Voraussetzung für die Funktionsfähigkeit des Rechtsstaats ist, daß sich das Recht *bewährt.* Es kann sich aber nur bewähren, wenn lückenlose *gerichtliche* Kontrollmöglichkeiten bestehen. Daher soll noch einmal wiederholt werden, was bereits auf S. 73 ausgeführt wurde: Aufgabe der Verwaltungsgerichtsbarkeit ist es, daß sich in ihr die Bewährung des Rechts durch die Gewährung von Rechtsschutz vollzieht.

Literaturverzeichnis

Bachof, Otto: Anmerkung zum Urteil des BVerwG vom 18.8.1960 — I C 42.59 —, DVBl. 1961, 128.

— Die verwaltungsrechtliche Klage auf Vornahme einer Amtshandlung, zugleich eine Untersuchung über den öffentlichrechtlichen Folgenbeseitigungsanspruch nach Aufhebung eines rechtswidrigen Verwaltungsaktes, Tübingen 1951.

— Reflexwirkungen und subjektive Rechte im öffentlichen Recht, in: Forschungen und Berichte aus dem öffentlichen Recht, Band 6, Gedächtnisschrift für Walter Jellinek, München 1955, S. 287.

— Verfassungsrecht, Verwaltungsrecht, Verfahrensrecht, in der Rechtsprechung des Bundesverwaltungsgerichts (Ergänzter Abdruck der Rechtsprechungsberichte aus der Juristenzeitung 1957 und 1962/63) Teil 1: BVerwGE Bände 1—3, Teil 2: BVerwGE Bände 4—12, 2. Auflage mit Sachregister, Tübingen 1964.

— Anmerkungen zum Urteil des BGH vom 19.3.1953 — III ZR 271/51 —, JZ 1953, 411.

Baring, Martin: Die Prozeßvoraussetzungen im Verwaltungsrechtsstreit, AöR 76, 435.

Bartlsperger, Richard: Das Dilemma des baulichen Nachbarrechts, VerwArch. 60, 35.

Baumbach/Lauterbach/Albers/Hartmann: Zivilproßeßordnung mit Gerichtsverfassungsgesetz und anderen Nebengesetzen, 33. neubearbeitete Auflage, München 1975.

Baur, Fritz: Zur „Beschwer" im Rechtsmittelverfahren des Zivilprozesses, in: Festschrift für Friedrich Lent zum 75. Geburtstag, München und Berlin 1957, S. 1.

Berg, Hans: Zulässigkeitsvoraussetzungen im Zivilprozeß, JuS 1969, 123.

Bernhardt, Rudolf: Zur Anfechtung von Verwaltungsakten durch Dritte, JZ 1963, 302.

Bettermann, Karl August: Das Verwaltungsverfahren, VVDStRL 17, 118.

— Recht und Staat, Heft 386/387: Die Beschwer als Klagevoraussetzung, Tübingen 1970.

— Klagebefugnis und Aktivlegitimation im Anfechtungsprozeß, in: Staatsbürger und Staatsgewalt — Verwaltungsrecht und Verwaltungsgerichtsbarkeit in Geschichte und Gegenwart — (Jubiläumsschrift zum hundertjährigen Bestehen der deutschen Verwaltungsgerichtsbarkeit und zum zehnjährigen Bestehen des Bundesverwaltungsgerichts), Band II, Karlsruhe 1963, S. 449.

— Die Legitimation zur verwaltungsgerichtlichen Anfechtung, in: Festschrift für Hans Schima, Wien 1969, S. 71.

Bettermann, Karl August: Die Verpflichtungsklage nach der Bundesverwaltungsgerichtsordnung, NJW 1960, 649.

— Wesen und Streitgegenstand der verwaltungsgerichtlichen Anfechtungsklage, DVBl. 1953, 163 und 202.

Bettermann/Nipperdey/Scheuner: Die Grundrechte, Handbuch der Theorie und Praxis der Grundrechte, Dritter Band, 2. Halbband, Berlin 1959.

Bleckmann, Albert: Die Klagebefugnis der Verbände im Anfechtungsprozeß, VerwArch. 63, 183.

Bleutge, Rolf: Der Kommunalverfassungsstreit, Berlin 1970.

Blomeyer, Arwed: Zivilprozeßrecht — Erkenntnisverfahren —, Berlin—Göttingen—Heidelberg 1963.

Blomeyer, Jürgen: Die Unterscheidung von Zulässigkeit und Begründetheit bei der Klage und beim Antrag auf Anordnung eines Arrestes oder einer einstweiligen Verfügung, ZZP 81, 20.

Bögershausen, Hans: Die Entwicklung der deutschen Verwaltungsgerichtsbarkeit unter besonderer Berücksichtigung ihres Verhältnisses zur Verwaltung und Justiz, Dissertation Köln 1951.

Bötticher, Eduard: Besinnung auf das Gestaltungsrecht und das Gestaltungsklagerecht, in: Vom Deutschen zum Europäischen Recht — Festschrift für Hans Dölle —, Band 1: Deutsches Privat- und Zivilprozeßrecht, Rechtsvergleichung, Tübingen 1963, S. 41.

v. Brauchitsch, M.: Verwaltungsgerichtsbarkeit, Band I, zweiter Halbband, 2., neubearbeitete Auflage, bearbeitet von Prof. Dr. Carl Hermann Ule, Köln—Berlin—München—Bonn 1962.

Brox, Hans: Die Beschwer als Rechtsmittelvoraussetzung, ZZP 81, 379.

Bühler, Ottmar: Altes und Neues über Begriff und Bedeutung der subjektiven öffentlichen Rechte, in: Forschungen und Berichte aus dem öffentlichen Recht, Band 6, Gedächtnisschrift für Walter Jellinek, München 1955, S. 269.

— Die subjektiven öffentlichen Rechte und ihr Schutz in der deutschen Verwaltungsrechtsprechung, Berlin—Stuttgart—Leipzig 1914.

Buermeyer, Volker: Rechtsschutzgarantie und Gerichtsverfahrensrecht, zur Vereinbarkeit rechtlicher und faktischer Erschwernisse in den verwaltungsgerichtlichen Verfahrensordnungen mit Art. 19 Abs. 4 Satz 1 GG, Prozeßrechtliche Abhandlungen, Heft 38, Köln—Berlin—Bonn—München 1975.

Buhren, Gert-Dieter: Der gerichtliche Rechtsschutz gegen Verwaltungsakte mit drittbelastender Wirkung, Dissertation Münster 1973.

Diederichsen, Uwe: Die Funktion der Prozeßführungsbefugnis in ihrer Beschränkung auf Drittprozesse, ZZP 76, 400.

v. Elbe, Joachim: Die Verwaltungsgerichtsbarkeit nach den Gesetzen der deutschen Länder, Dissertation Kiel 1925.

Ellwein, Thomas: Das Regierungssystem der Bundesrepublik Deutschland, 2. Auflage, Köln und Opladen 1965.

Engelhardt, Hanns: Zur Klagebefugnis im Verwaltungsprozeß, JZ 1961, 588.

Erler/Kruse/Pelzer: Deutsches Atomenergierecht, 3. Auflage, Abteilung Landesrecht — IV, Göttingen 1972.

Ernst/Zinkahn/Bielenberg: Bundesbaugesetz, München 1974.

Evers, Hans-Ulrich: Das BVerwG und der Nachbarschutz im unbeplanten, im Zusammenhang bebauten Ortsteil, DVBl. 1970, 12.

Eyermann/Fröhler: Verwaltungsgerichtsgesetz, 2., unveränderte Auflage, München und Berlin 1954.

— Verwaltungsgerichtsordnung, 6. Auflage, München 1974, und 7. Auflage, München 1977.

Faber, Heiko: Die Verbandsklage im Verwaltungsprozeß, Baden-Baden 1972.

Fleiner, Fritz: Institutionen des Deutschen Verwaltungsrechts, 8. Auflage, Tübingen 1928.

Friauf, Karl Heinrich: Anmerkung zum Urteil des BVerwG vom 25.10.1968 — VII C 90.66 —, DVBl. 1969, 368.

— Bemerkungen zur verfassungsrechtlichen Problematik des Subventionsrechts, DVBl. 1966, 729.

— Der Rechtsschutz des sog. Dritten in der verwaltungsgerichtlichen Rechtsprechung — Zur neueren Judikatur des Bundesverwaltungsgerichts und der Oberverwaltungsgerichte (seit 1967) —, JurA 1969—1970, 652.

Friesenhahn, Ernst: Über Begriff und Arten der Rechtsprechung, in: Festschrift für Richard Thoma zum 75. Geburtstag, Tübingen 1950, S. 21.

Gelzer, Konrad: Bauplanungsrecht — Bundesbaugesetz, Baunutzungsverordnung, Städtebauförderungsgesetz —, 2. völlig überarbeitete Auflage, Köln 1972.

Gliss, Jürgen: Die Entwicklung der deutschen Verwaltungsgerichtsbarkeit bis zur Bundesverwaltungsgerichtsordnung unter besonderer Berücksichtigung der Grundpositionen von Bähr und Gneist, Dissertation Frankfurt 1962.

Gneist, Rudolf: Der Rechtsstaat und die Verwaltungsgerichte in Deutschland, 3. Auflage — Fotomechanischer Nachdruck der zweiten umgearbeiteten und erweiterten Auflage von 1879 —, Darmstadt 1958.

Goessl, Manfred: Organstreitigkeiten innerhalb des Bundes, Eine Untersuchung des Art. 93 Abs. 1 Nr. 1 des Grundgesetzes und der zu seiner Ausführung ergangenen Bestimmungen des Bundesverfassungsgerichtsgesetzes, Berlin 1961.

Görlitz, Axel: Verwaltungsgerichtsbarkeit in Deutschland, Demokratie und Rechtsstaat (Kritische Abhandlungen zur Rechtsstaatlichkeit in der Bundesrepublik), Neuwied und Berlin 1970.

Grimm, Jakob u. Wilhelm: Deutsches Wörterbuch, 4. Band, 1. Abteilung, 2. Teil, Leipzig 1897.

Grunsky, Wolfgang: Grundlagen des Verfahrensrechts, Eine vergleichende Darstellung von ZPO, FGG, VerwGO, FGO, SGG, Bielefeld 1970.

Häberle, Peter: Öffentliches Interesse als juristisches Problem — Eine Analyse von Gesetzgebung und Rechtsprechung —, Bad Homburg v.d.H. 1970.

Haenel, Albert: Studien zum Deutschen Staatsrecht, Zweiter Band, Heft 2: Das Gesetz im formellen und materiellen Sinne, Leipzig 1888, Nachdruck Darmstadt 1968.

Hellwig, Konrad: Lehrbuch des Deutschen Civilprozeßrechts, Band I, Tübingen 1903.

Henckel, Wolfram: Parteilehre und Streitgegenstand im Zivilprozeß, Heidelberg 1961.

Henke, Wilhelm: Das subjektive öffentliche Recht, Tübingen 1968.

Henrichs, Wilhelm: Kommunalverfassungsstreitverfahren vor den Verwaltungsgerichten, DVBl. 1959, 548.

Hoffmann, Heinrich: Die Rechtsschutzbehauptung im Verwaltungsprozeß, Ein Beitrag zur Auslegung des § 42 Abs. 2 der Verwaltungsgerichtsordnung, VerwArch. 53, 297.

Holland, Ralf: Die Leistungsklage im Verwaltungsprozeß, Dissertation Göttingen 1964.

— Die Leistungsklage im Verwaltungsprozeß, DÖV 1965, 410, Ein Beitrag zum Aufsatz Rautenberg/Voigt, DÖV 1964, 259.

Hoppe, Werner: Organstreitigkeiten vor den Verwaltungs- und Sozialgerichten, Zum organisationsrechtlichen subjektiv-öffentlichen Recht innerhalb rechtsfähiger Verwaltungseinheiten, Siegburg 1970.

— Rechtsschutz bei der Planung von Straßen und anderen Verkehrsanlagen, München 1971.

Jellinek, Georg: System der subjektiven öffentlichen Rechte, 2. Auflage, Anastischer Neudruck der Ausgabe von 1905, Tübingen 1919.

Jellinek, Walter: Verwaltungsrecht, 3. Auflage, unveränderter Neudruck, Offenburg 1948.

Kemnade, Gerhard: Der Rechtsschutz des Nachbarn im Baurecht, Göttingen 1965.

Kern, Fritz: Recht und Verfassung im Mittelalter, Sonderausgabe, 2. Auflage, fotomechanischer Nachdruck der 1. Auflage 1952, Darmstadt 1958.

Kisker, Gunter: Insichprozeß und Einheit der Verwaltung, Zur Frage der Zulässigkeit von Insichprozessen vor den Verwaltungsgerichten, Baden-Baden 1968.

Klinger, Hans: Die Verordnung über die Verwaltungsgerichtsbarkeit in der britischen Zone, 3. unveränderte Auflage, Göttingen 1954.

— Verwaltungsgerichtsordnung, 2., neubearbeitete Auflage, Göttingen 1964.

Kluge, Friedrich: Etymologisches Wörterbuch der Deutschen Sprache, 19. Auflage, Berlin 1963.

Köhler, Alexander: Verwaltungsgerichtsordnung vom 21. Januar 1960, Berlin und Frankfurt a.M. 1960.

Kohler, Josef: Weiterer Beitrag zur Prozeßstandschaft und zur prozessualen Succession, in: Gesammelte Beiträge zum Civilproceß, Berlin 1894, S. 346.

Kopp, Ferdinand O.: Verwaltungsgerichtsordnung, München 1974, und 2. Auflage, München 1976.

Leibholz/Rupprecht: Bundesverfassungsgerichtsgesetz, Rechtsprechungskommentar, Köln—Marienburg 1968.

Lemayer, Karl: Apologetische Studien zur Verwaltungsgerichtsbarkeit, Grünhuts Zeitschrift, Bd. 22, 353.

— Der Begriff des Rechtsschutzes im öffentlichen Recht (Verwaltungsgerichtsbarkeit), Grünhuts Zeitschrift, Bd. 29, 1.

Lent/Jauernig: Zivilprozeßrecht, Ein Studienbuch, 11. Auflage, neubearbeitet von Othmar Jauernig, München und Berlin 1963, und 13. Auflage, München und Berlin 1966.

Lerche, Peter: Die verwaltungsgerichtliche Klage aus öffentlich-rechtlichen Verträgen, in: Staatsbürger und Staatsgewalt — Verwaltungsrecht und Verwaltungsgerichtsbarkeit in Geschichte und Gegenwart — (Jubiläumsschrift zum hundertjährigen Bestehen der deutschen Verwaltungsgerichtsbarkeit und zum zehnjährigen Bestehen des Bundesverwaltungsgerichts), Band II, Karlsruhe 1963, S. 59.

Lüke, Gerhard: Die Abgrenzung der Klagebefugnis im Verwaltungsprozeß, AöR 84, 185.

— Die Prozeßführungsbefugnis, ZZP 76, 1.

Marschall, Ernst A.: Bundesfernstraßengesetz, 3. überarbeitete und auf den neuesten Stand gebrachte Auflage, Köln—Berlin—Bonn—München 1971, und 4. Auflage, Köln—Berlin—Bonn—München 1977.

Maunz/Dürig/Herzog: Grundgesetz, Band I, Art. 1—37, München 1973.

Maunz/Sigloch/Schmidt/Bleibtreu/Klein: Bundesverfassungsgerichtsgesetz, München 1972.

Mayer, Otto: Deutsches Verwaltungsrecht, 2. Band, 2. Auflage, München und Leipzig 1924.

Meiss, Wilhelm: Die gesetzliche Abgrenzung der Kompetenzen der Zivil- und Verwaltungsgerichtsbarkeit, Karlsruhe 1953.

Menger, Christian-Friedrich: Aus der Praxis der Verwaltung und der Verwaltungsgerichtsbarkeit — Höchstrichterliche Rechtsprechung zum Verwaltungsrecht —, VerwArch. 52, 305.

— System des verwaltungsgerichtlichen Rechtsschutzes, Eine verwaltungsrechtliche und prozeßvergleichende Studie, Tübingen 1954.

— Über die Identität des Rechtsgrundes der Staatshaftungsklagen und einiger Verwaltungsstreitsachen, in: Forschungen und Berichte aus dem öffentlichen Recht, Band 6, Gedächtnisschrift für Walter Jellinek, München 1955, S. 347.

— Allgemeine Prozeßrechtsgrundsätze in der Verwaltungsgerichtsordnung, in: Staatsbürger und Staatsgewalt — Verwaltungsrecht und Verwaltungsgerichtsbarkeit in Geschichte und Gegenwart — (Jubiläumsschrift zum hundertjährigen Bestehen der deutschen Verwaltungsgerichtsbarkeit und zum zehnjährigen Bestehen des Bundesverwaltungsgerichts), Band II, Karlsruhe 1963, S. 427.

Menger/Erichsen: Aus der Praxis der Verwaltung und der Verwaltungsgerichtsbarkeit — Höchstrichterliche Rechtsprechung zum Verwaltungsrecht —, VerwArch. 57, 175, und VerwArch. 61, 168.

Mittermeier, C. J. A.: Über das Verhältnis der Justiz zur Verwaltung, über Verwaltungssachen, Administrativjustiz und Competenzconflikte, AcP XXII, 47.

Mössner, Jörg Manfred: Die öffentlich-rechtliche Konkurrentenklage — BVerwGE 30, 191 —, JuS 1971, 131.

v. Mutius, Albert: Zulässigkeit der Verbandsklage?, VerwArch. 64, 311.

Naumann, Richard: Klagebefugnis von Verbänden im Verwaltungsprozeß, DÖV 1971, 378.

— Zum Stand der Beratungen über den Entwurf einer Bundesverwaltungsgerichtsordnung, DVBl. 1952, 584.

Niese, Werner: Über den Streitgegenstand der Anfechtungs- und Vornahmeklagen im Verwaltungsprozeß, JZ 1952, 353.

Nikisch, Arthur: Zivilprozeßrecht — Ein Lehrbuch —, 2. Auflage, Tübingen 1952.

v. Oertzen, Hans Joachim: Zur Zulässigkeit der Aufsichtsklage nach der Verwaltungsgerichtsordnung, DVBl. 1961, 650.

Peters, Hans: Der Dritte im Baurecht, DÖV 1965, 744 und DÖV 1968, 547.

Peters/Sautter/Wolff: Kommentar zur Sozialgerichtsbarkeit (Ausführliche Erläuterungen zum Sozialgerichtsgesetz), 4. Auflage, Stuttgart—Berlin—Köln—Mainz 1958.

Rautenberg/Voigt: Probleme der sog. allgemeinen Leistungsklage, DÖV 1964, 259.

Redeker, K.: Nachbarklage — öffentlichrechtlich oder zivilrechtlich?, NJW 1959, 749.

Redeker/v. Oertzen: Verwaltungsgerichtsordnung, 5. überarbeitete Auflage, Stuttgart—Berlin—Köln—Mainz 1975, und 6. Auflage, Stuttgart—Berlin—Köln—Mainz 1978.

Rehbinder/Burglacher/Knieper: Bürgerklage im Umweltrecht, Berlin 1972.

Rohwer/Kahlmann: Aufbau und Verfahren der Sozialgerichtsbarkeit, Bonn—Bad Godesberg 1953.

Rosenberg, Leo: Lehrbuch des deutschen Zivilprozeßrechts, 8., verbesserte Auflage, München und Berlin 1960, und 9. Auflage, München und Berlin 1961.

Rosenberg/Schwab: Lehrbuch des deutschen Zivilprozeßrechts, 10., neubearbeitete Auflage, München 1969, und 12. neubearbeitete Auflage, München 1977.

Rupp, Hans Heinrich: Grundfragen der heutigen Verwaltungsrechtslehre, Verwaltungsnorm und Verwaltungsrechtsverhältnis, Tübingen 1965.

v. Sarwey, Otto: Das öffentliche Recht und die Verwaltungsrechtspflege, Tübingen 1880.

Schlichter, Otto: Klageformen bei der verwaltungsgerichtlichen Durchsetzung von Subventionsansprüchen, DVBl. 1966, 738.

Schönke/Kuchinke: Zivilprozeßrecht — Ein Lehrbuch —, 9. Auflage, Karlsruhe 1969.

Schrödter, Hans: Bundesbaugesetz, 2., neubearbeitete Auflage, Berlin und Frankfurt a.M. 1969.

— Die verwaltungsgerichtliche Entscheidung, Eine Anleitung für Prüfung und Praxis mit Klausuren für die große Staatsprüfung, Düsseldorf 1961.

Schunck/De Clerck: Verwaltungsgerichtsordnung mit ergänzenden Bundesgesetzen und den Ausführungsgesetzen der Länder, 2., neubearbeitete Auflage, Siegburg 1967, und 3. Auflage, Siegburg 1977.

Schwarze, Jürgen: Die Klagebefugnis der Ehefrau gegen die Ausweisung ihres ausländischen Ehemannes, DÖV 1972, 273.

— Rechtsfragen bei der Errichtung von Kernkraftwerken, Zum Urteil des Bundesverwaltungsgerichs vom 16.3.1972 — BVerwG I C 49/70 — „Kernkraftwerk Würgassen", DÖV 1973, 700.

Sellmann, Martin: Entwicklung und Problematik der öffentlich-rechtlichen Nachbarklage im Baurecht, DVBl. 1963, 273.

— Die Problematik der Verwaltungsakte mit Doppelwirkung, NJW 1964, 1545.

Sendler, Horst: Der Nachbarschutz im Städtebaurecht, Teil 1: Nachbarschutz im Planbereich, BauR 1970, 4.

Stein/Jonas/Schönke/Pohle: Zivilprozeßordnung, 19. Auflage, Tübingen 1964.

Stern, Klaus: Sachlegitimation, Prozeßführungsbefugnis und Beiladung unter besonderer Berücksichtigung der Rechtsprechung des Bundessozialgerichts, in: Rechtsschutz im Sozialrecht — Beiträge zum ersten Jahrzehnt der Rechtsprechung des Bundessozialgerichts, — Köln—Berlin—Bonn—München 1965, S. 223.

— Verwaltungsprozessuale Probleme in der öffentlichrechtlichen Arbeit, 4. Auflage (1978).

Stich, Rudolf: Notwendigkeit und Inhalt eines modernen Naturschutz- und Landschaftspflegerechts, DVBl. 1972, 201.

Thomas/Putzo: Zivilprozeßordnung mit Gerichtsverfassungsgesetz und den Einführungsgesetzen, 8., neubearbeitete Auflage, München 1975, und 10. neubearbeitete Auflage, München 1978.

Ule, Carl Hermann: Verwaltungsprozeßrecht, Ein Studienbuch, 5., neubearbeitete Auflage, München 1971, und 6., neubearbeitete Auflage, München 1975.

Ule/Laubinger: Gutachten B für den 52. Deutschen Juristentag, München 1978.

Wach, Adolf: Handbuch des Deutschen Civilprozeßrechts, Band I, Leipzig 1885.

Wacke, Gerhard: Vollstreckbare „Leistungsbescheide" wegen „Eigenschäden" gegen Beamte?, DÖV 1966, 311.

Weyreuther, Felix: Empfiehlt es sich, die Folgen rechtswidrigen hoheitlichen Verwaltungshandelns gesetzlich zu regeln (Folgenbeseitigung, Folgenentschädigung)?, Gutachten für den 47. Deutschen Juristentag, in: Verhandlungen des siebenundvierzigsten Deutschen Juristentages Nürnberg 1968, Band I Teil B, München 1968, S. B 1 (Gutachten).

Windscheid, Bernhard: Die Actio des röm. Civilrechts vom Standpunkte des heutigen Rechts, Düsseldorf 1856.

Wolf, Manfred: Die Klagebefugnis der Verbände, Ausnahme oder allg. Prinzip?, Tübingen 1971.

Wolff, Hans J.: Organschaft und Juristische Person, Band I: Juristische Person und Staatsperson (Band II: Theorie der Vertretung), Berlin 1933/34.

— Verwaltungsrecht I — Ein Studienbuch —, 8. Auflage, München 1971.

— Verwaltungsrecht III (Ordnungs-Leistungs- und Verwaltungsverfahrensrecht), Ein Studienbuch, 3., überarbeitete Auflage, München 1973.

Wolff/Bachof: Verwaltungsrecht I, — Ein Studienbuch —, 9., neubearbeitete Auflage, München 1974.

Ziemer/Birkholz: Finanzgerichtsordnung, München und Berlin 1966.

Zinser, Hans-Walter: Über die Württembergische Verwaltungsgerichtsbarkeit, in: Aus 100 Jahren Verwaltungsgerichtsbarkeit, Köln—Berlin—Bonn—München 1963, S. 94.

Zorn, Philipp: Zum Problem der Verwaltungsgerichtsbarkeit, in: Festgabe für Paul Krüger, Berlin 1911, S. 511.

FSC
www.fsc.org
MIX
Papier | Fördert gute Waldnutzung
FSC® C083411

Kolibri 360 GmbH
Ferdinand-Jühlke-Straße 7
99095 Erfurt, Deutschland
produktsicherheit@kolibri360.de

Druck:
CPI Druckdienstleistungen GmbH
im Auftrag der
Kolibri 360 GmbH
Ferdinand-Jühlke-Str. 7
99095 Erfurt